恨の誕生

李御寧、
ナショナル
アイデンティティー、
植民地主義

古田富建

駿河台出版社
SURUGADAI SHUPPANSHA

目次

目　次

目次

補論　321

汎

・大韓民国は韓国、朝鮮民主主義人民共和国は北朝鮮と表記する。
・一九四五年以降について日本の文脈では「戦後」、韓国の文脈では「解放後」を用いる。
・引用以外では韓民族ではなく朝鮮民族を用いる。
・引用は二字下げて表記し、韓国語訳は筆者が行った。

プロローグ

韓国に住む人々の「固有の情緒」は恨《ハン》だと説明する人がいる。韓国に興味を持った人であれば、どこかで見聞きしているのではないだろうか。

しかし、「恨とは具体的に何か」となると、おそらくネイティブからも明快な答えは返ってこない。インターネットや書籍で調べると、「恨とは自分の内部に沈殿してつもる情の塊であり、自分の願いが何かの挫折にあったときに生じる実現されなかった夢、あこがれ」「恨とは抑圧され収奪されてきた民衆の内面につもったしこり」「恨の文化は儒教道徳＝朱子学の持つルサンチマンがルーツ」「恨は定義できません。大変広い意味を持つから……」と、取り留めのない説明が羅列されるばかりなのである。

さらに、

一体、恨とは何なのか。本書は、この問いに答えるために、韓国の恨言説を約七〇年にわたって追跡したものである。また、日本での恨言説もつぶさに見ていくことで、日韓で起きている理解のズレがどこにあり、ズレをひき起こす原因は何かを探ることも本書が目指すもう一つの目的である。

二〇二一年に出版された『「日韓」のモヤモヤと大学生のわたし』（大月書店）は、韓国研究者界隈では、ちょっとした話題になった本である。韓国大衆文化を「カジュアル」に消費し隣国である韓国に偏見を持たない若い世代が、昨今の険悪化する日韓関係という「重たい」課題について真剣に考えたものだ。

集団の記憶である歴史認識の不自由さ、難解さ、そして日韓両国の政治的に折り合えない空気感や自分の思いを、「モヤモヤ」という擬態語で表したのは見事である。集団の記憶という見えない文化を理解しようとした学生の議論は、おそらくは隣国の人々が大切にしているアイデンティティーを理解しようとした試みであったのだろう。

恨も、認知度の高さのわりに、理解が難解なものの代表格である。日韓両国の近現代史が大きく関わる「恨の物語」も、実は大きな「モヤモヤ」を抱えた物語なのである。

「恨の物語」・「恨の文化」の誕生とその後

一章　恨の概要と問題意識

一節　問題の所在：恨とは

一、日本における恨言説

日本で、韓国の「固有の情緒」を語る上で欠かさず言及されてきたのが「恨（한《ハン》）」である。

二〇〇〇年代の韓流ブーム以降にあっては、小倉紀蔵が大衆文化に見られる恨について語り、「あこがれ」の裏返しとしての恨について指摘した[1]。その後は、両国の近現代史や韓国社会の急成長を説明する際のキーワードとしても使われるようになった。

韓国の人々は、大きくて強い存在が好きだ。あこがれにも似た気持ちを抱き、時に闘争心を燃やす。そして自らも確固たる地位を目指し、そのための努力を惜しまない。韓国の人々は、自尊心という一言をよく使う。結果がどうであれ、その過程でプライドを傷つけられれば、そこに「恨」（ハン）が生まれる。「恨」は単なる恨みではない。やるせない、無念の思いのかたまりのようなものだ。アジアの成功者であり、国を奪った侵略者。日本は韓国にとって長く「特別な国」だった。だが、最近は日本の動きを気にかける韓国人は確実に減り、「普通の国」になり始めている。日本経済の低迷が引き金をひき、政治の混乱が加速させた感がある。

「東亜日報との両国相互に対する認識調査」『朝日新聞』二〇一〇年六月一〇日、八面

（強調引用者）

これは、日本による朝鮮半島植民地化一〇〇年の節目に日韓両国で実施された両国の歴史認識のイメージ調査に対して、朝日新聞ソウル支局長の箱田哲也（当時）が記した解説である。日本による植民地支配と解放、民族の分断と内戦、軍事独裁政権下の経済成長とともに、民主化を果たして先進国入りしていったのが、韓国にとっての一〇〇年であった。自国を植民地にした「恨めしい」日本は、戦後に経済大国となり、自分たちよりはるか先を行く一目置かざるを得ない「あこがれ」であり、いつか追い越したい「ライバル」であった。二一世紀に入り、韓国は「恨」をテコにして驚異的な成長を遂げ、元宗主国である日本から逆に「あこがれられる」立場にまでなったというのである。

その後、二〇一六年に朴槿恵大統領退陣デモが行われるようになると、韓国政治通が、虐げられてきた者

の恨がパワーに変わったことがデモの原因だと指摘した[2]。さらには、二〇一二年の李明博竹島上陸をきっかけに、二〇一七年以降の文在寅政権、第二次安倍政権下などで「反日」「嫌韓」現象が広がると、韓国の執拗な「反日」は植民地宗主国である日本への「怨念」から来るものだと、韓国非難に利用されるようになった[3]。

次は、ジャーナリストの池上彰の『知らないと恥をかく世界の大問題一一』（KADOKAWA、二〇二〇）に登場する恨言説である。池上は「なぜ日韓関係は最悪なのか」というテーマの中で、韓国は、自分たちは中国よりはワンランク下だが、日本は自分よりもさらに格下だという「小中華思想」[4]から抜け出せていないことを指摘した上で、次のように記述している。

その格下の国に侵略され、占領されたという過去の歴史は屈辱であり、とても受け入れ難いのです。韓国の朴槿恵前大統領は「加害者と被害者の立場は、一〇〇〇年たっても変わらない」と言いました。この「恨」の思想が朝鮮文化にはあるのです[5]。（池上彰）

この朴槿恵の発言は、二〇一三年の三・一節（植民地期最大の反日運動が起こった記念日）の記念講演で語られたものである。二〇一三年の麻生副総理（当時）の「国が異なれば歴史の見方はそれぞれ異なる」という発言に対して、被害者と加害者という関係性には多様な見解はないことを主張しようとして、「一〇〇〇年」という例えを用いたのだろう。恨を用いた代表的な慣用句の一つに「千秋の恨」というものがある。「千秋」は千年を意味し、日本にも「一日千秋」や「一刻千秋」などの四字熟語が存在する。この「千秋の恨」

は、韓国では日常的に使用されてきた言葉であり、歴史を語る文脈で使い古された表現でもある。しかし、日本では馴染みが薄かったのか、「千年恨み続ける国」という強烈なインパクトを与え、当時マスコミなどで大きく取り上げられた。[6]「千秋の恨」については、三章で新聞調査における恨言説を扱う際にも言及する。また、箱田の語った恨に比して、池上の恨は「小中華思想」という儒教的価値観と結びつけられている点に特徴がある。

二、韓国における恨言説

では、韓国で恨はどう定義されているのだろうか。実は、恨について理解することは容易なことではない。『韓国民族文化大百科辞典』には、「欲求や意志の挫折とそれに伴う人生の破局など、それに直面している偏執的で強迫的な心の姿勢と傷が意識・無意識のうちに絡まった複合体を指す民間用語。しこり」[7]と記されている。この説明から具体的に恨のイメージを描ける人がどれほどいるだろうか。

韓国で恨が議論に上るようになったのは、解放後間もなくである。発端は詩人・金素月の作品論だが、次第に韓国文学全体にその議論が広がっていった。その後、民俗学や宗教学、神学に広がり、現在は心理学や社会学、医学・看護学などの社会および自然科学分野においても研究が行われている。次は、代表的な恨論者による定義を要約したものである。

「恨」とは自分の内部に沈殿して積もる情の塊であり、恨は自分自身の所望が何かの挫折にあったときに生じる実現されなかった夢であり、怨恨とは異なるものである。（李御寧）

「恨」とは抑圧され収奪されてきた民衆の内面に積もったしこりであり、その恨が積もり積もるとき、その内部に強力なエネルギーが生じる。恨の内部から押し出されるこのエネルギーが噴出するとき社会変革の推進力が生じ、民衆に及ぼした恨の誘因が消滅して恨が消滅する。（金芝河）

韓国人の「恨」の観念には二つの様相が存在する。自虐的な涙の中に痛みよりも甘さを感じ、容易く諦める情恨のような感情と、復讐感情を持つ怨恨のような感情である。（文淳太）

李御寧は恨の「内部に沈殿して積もる」点を強調したが、金芝河は社会変革の推進力となる恨の「噴出」についても述べている。二つの定義は強調する箇所がずれることで、「沈殿」と「噴出」という概念の不一致が起きている。そのことを文淳太は、諦念の「情恨」と復讐心の「怨恨」の二つの様相として説明している。このような恨をめぐる概念の複雑さは、辞書上の定義あるいは外国語への翻訳がままならない要因にもなっている。(8)

二節　理論的な枠組みと先行研究および本書の目指すところ：恨をどう捉えるか

本書は、恨言説の誕生と変遷を明らかにするために、恨に関する知識人の言説および新聞報道、大衆文化を分析し、恨の大衆的な言説の形成過程や変容、社会的背景を考察するものである。近代以前から日常的に使われてきた恨という言葉が、どのようにして韓国社会や文化に深く根ざしたものとなっていったのか。別の言い方をすれば、いつから、どのようなイメージを共有して、恨を自らの「固有の情緒」として認識するようになったのかを明らかにすることを目指している。さらには、恨をめぐる各言説の展開を一つの「物語」として捉え、恨言説が韓国社会でいかなる意味を持ち、機能していたかも併せて考察しようとするものである。

一、恨の先行研究：思想研究と言説研究

恨の先行研究は、恨という自明のものがあり、恨とは何かを明らかにしようとする本質論的立場の思想研究が大半を占めている。こうした文学評論や哲学として恨を扱う研究は、一九九〇年代までの恨研究の主流であった。「恨は怨とは異なるものなのか」「恨は解けるものなのか」「恨は民族固有のものなのか」の三点を主要な論点とし、こうした思想研究の集大成となるのが千二斗の『恨の構造研究』（ソウル：文学と知性社、一九九三）である。この時点で韓国の大衆においては、「恨と怨は異なる」「恨は解けないもの」「恨は韓国固有の文化」といった恨のイメージが形作られていったようである。

一方で、二〇〇〇年頃から別の位相の研究が登場する。恨を自明のものとして捉えず、一つの言説として捉える言説研究である。言説研究とは、古くはフーコーの諸研究に影響を受け発展を遂げた研究手法で、言葉（テクスト）の誕生や変化といった社会的な文脈（コンテクスト）に着目する。言葉の解釈は、時代や社会的文脈によって異なり、また新たな概念が生み出されることもあるため、その言葉を分析するだけでなく、その言葉を誕生させた社会的文脈や、逆に言説による社会への影響の考察が重要な課題となる。

こうした言説研究は、植民地主義研究の広がりとともに現れるようになった。沈善映[9]や高美淑[10]は植民地主義研究の中で、恨の原点とされている「悲哀」のメンタリティーは、植民地史観によって形成された植民地主義の残影だと指摘している。しかし、言説研究の業績数は思想研究のそれには遠く及ばず、恨を専門的に扱う言説研究は多くない。

二、恨の先行研究：「文化的アイデンティティーとしての恨」の言説研究

そこで、筆者が注目するのは、上別府正信の『韓国のアイデンティティ論としての恨：恨の言説の形成過程を中心に』[11]（二〇〇八）である。

上別府は、伝統社会から近代社会までの空白を、自らの手と言葉で埋めていく過程、つまり文化的アイデンティティーの形成過程を考察することで、韓国人にとっての恨、あるいは恨の言説化の意味をより正確に捉えられるのではないか[12]と考え、既存の恨の思想研究の通時的整理を行い、恨が登場する各文化のコンテクストを順に見た。

具体的には、一九七〇－八〇年代のコンテクストとして、金素月の詩、古典文学「春香伝」、パンソリ、巫俗、柳宗悦、小説『運の良い日』、小説『南道の人』、金芝河、民衆神学、火病、甑山教などについて取り上げ、九〇年代の映画『風の丘を越えて／西便制』（以下、『西便制』）、二〇〇〇年代のメディア、大衆音楽についても考察している。その結果、八〇年代までは「韓国的なもの」の表象としての恨の形成期で、九〇年代には恨が一般化し、二〇〇〇年代には恨が定着していることを確認した。

この文化的アイデンティティーとしての恨の誕生の背景については、七〇年代の急激な経済成長により政

治的・社会的に様々な葛藤が生まれ、既存の共同体アイデンティティーに危機が訪れたため[13]とした。そして、七〇年代以降に知識人の間で行われた活発な恨の議論こそが文化的アイデンティティーの形成そのものであり、「一種の国学的な運動」であったと結論付けた。コンテクストの中で特に注視したのは、九〇年代の映画『西便制』への熱狂に見られた「共同幻想」の存在で、韓国人は文化的アイデンティティーとして恨を受け入れている実態を確認したと述べた。

三、上別府論文を乗り越える

上別府論文は、恨の唯一で本格的な言説研究である点で画期的である。特に、恨に関わる韓国内のコンテクストを十三も拾ってまとめたこと、恨を文化的アイデンティティーとして捉えたこと、一九七〇年代以降の恨言説の興隆、九〇年代の映画『西便制』で恨が国民に共有されていることを確認したことは大きな功績といえる。

一方で、「恨とは韓国的概念か」という問いに答える形で、普遍性を併せ持つものの「極めて韓国的な概念」といった結論に導くなど、恨の本質論的議論に傾いているという限界も抱えている。

そこで、本書を恨の言説研究である上別府論文を補完・発展させるものとして位置付け、次のような論点からの記述を試みることとする。

一つ目に、考察の時期である。上別府は文化的アイデンティティーの興隆の社会的文脈として、七〇年代以降のみを解説している。しかし、文化的アイデンティティーの創出の理由を共同体アイデンティティーの危機に求めるのならば、植民地時代や朝鮮戦争といった、より衝撃的な社会的体験のあった時代についても確認しておくべきではないかとの考えから、七〇年代よりも遡って考察する。

二つ目に、「文化的アイデンティティーとしての恨」とは異なり日常にも恨言説が存在すると記載しているものの、日常使いの恨についての具体的事例や考察がない。そのため、日常使いの恨に関しても考察を深め、「文化的アイデンティティーとしての恨」との対比を試みる。

三つ目に、二〇一〇年代以降に起きた日韓の政治的軋轢の中で、日本における恨言説が活発化したという事実がある。これは上別府論文発表以降の出来事であるため当然考察されていない。本書では日本における恨言説の展開も考察対象とする。

四、考察の対象と手法

本書の研究課題は、恨という「思想」の解明ではなく、恨に関する「言説」が、近現代の韓国社会の言説空間の中でどのように形成され、それらがどう変容していったかをつぶさに考察することにある。そのため、既存の恨の研究業績のほぼ全てを占める思想研究についてページを割くことはせず、紹介に留めることとする。

上別府の「文化的アイデンティティーとしての恨」のように、本書では「恨こそ民族的なアイデンティティーと捉えること」を「恨の文化」と呼ぶことにする。そして、個々の恨概念の持つ意味の違いや分類に意識を向けるのではなく、恨言説そのものが「恨の文化」にたどり着くまでを一つの「物語」として捉えてみたい。さらに、恨研究を時間軸で追ったときの転換点をあぶり出しやすくするために、国民的エッセイストで文学評論家の李御寧の言説にフォーカスすることにする。

また、先行研究では恨研究者や知識人の恨言説が考察の中心であったが、一九七〇年代以前の社会的文脈と恨言説の関係、大衆の恨理解や日常における恨を明らかにするために、エッセイや新聞、大衆歌謡、映画、教科書といった、先行研究が取り上げていない素材も考察対象に含める。

二〇〇八年の上別府論文の時点では、二〇一〇年以降に起きた日韓関係の亀裂や嫌韓ブーム、あるいは世界的なKカルチャーブームを考察の対象に含めようがなかった。そこで「恨の物語」以降の日韓における恨言説も考察の対象とする。

主な分析対象は、「一九四五年から二〇二〇年代に発表された韓国の書籍と論文、映画・歌謡などの大衆文化」「一九四五年から七五年の韓国の新聞記事」「一九八〇年代から二〇二〇年代の日本の書籍と論文」とする。

新聞は、通時的な分析が可能である点、知識人と大衆が混交する空間である点から、社会的文脈の理解や大衆の恨理解を考察するのに適していると考える。具体的には、戦前から発刊されている韓国を代表する全国紙である朝鮮日報と東亜日報の二紙を分析対象とする。

また、日本での約四〇年分の恨言説から、日本ではどのように恨言説が受容され発展したのか、日本の恨言説は韓国の恨言説と一致するのか否かを考察し、日韓のすれ違いの要因となるものを探る。

補論では、恨の議論が盛んだった七〇年代の宗教界でどのように恨が語られていたのかを明らかにするために、民衆運動とキリスト教が結び付いた韓国土着の神学である民衆神学を考察する。

論文や書籍についてはテキスト分析を行い、新聞に関してはテキスト分析を補完するための定量分析を行う。恨研究での定量分析は過去に例がなく、「代表性」を追うテキスト分析と「典型性（ある種のパターンや表象）」を追う定量分析を併用することで、既存の恨研究の手法であったテキスト分析を補完しうると考える。

新聞の言説研究では、歴史社会学者である赤川学の言説分析（言説の歴史社会学）[14]や「精神疾患」言説を新聞記事のキーワード検索から考察した佐藤雅浩[15]の手法に依拠し、樋口耕一が開発した分析用ソフトウェアＫＨＣｏｄｅｒを使用して「計量テキスト分析」を行う。ソフトウェアを使う目的は、大量の記事を精読しただけでは気が付かない「潜在的な論理」の発見が可能な場合があるからである。[16]

三節　本書の構成

本書は本論と補論の二部構成をとっている。

本論では、日韓社会の中に登場した恨言説を、社会的文脈の中で考察するものである。二章では六〇年代に発表された、李御寧の『土の中に、あの風の中に』（六三）と咸錫憲の『意志から見た韓国の歴史』（六二）という二本のエッセイ集を中心に、恨言説の「黎明期」を考察する。三章では、考察対象を新聞、映画、抵抗詩人の金芝河の言説に広げ、七〇年代までの韓国社会の中での恨理解を確認するとともに、新たに登場する「解し／解きの文化」言説に着目する。四章では、恨が韓国固有の文化として認識されていく「恨の文化」の完成過程に迫る。五章では、「恨こそ民族的なアイデンティティー」という言説の確立後を追う。植民地主義研究の視点を取り入れ、「恨の文化」の周辺に起きた言説や日本での恨言説を概観する。

注

（1）小倉紀蔵『心で知る、韓国』（東京：岩波書店、二〇〇五年）、二頁
（2）ドラナンダ・ロヒモネ「韓国人はなぜデモがそんなに好きなのか」『ニューズウィーク（日本版）』（二〇一九年八月一九日）https://www.newsweekjapan.jp/stories/world/2019/08/post-12786l.php（確認日二〇一九年九月二五日）
（3）呉善花『韓国を蝕む儒教の怨念』（東京：小学館新書、二〇一九年）、二二一－二五八頁
（4）小中華思想とは滅びた明を「大中華」と捉え、清に代わり朝鮮王朝が「小中華」として儒教の伝統を維持し、清朝や周辺国、西洋を夷狄とする思想を指す。
（5）池上彰『知らないと恥をかく世界の大問題一二』（東京：角川新書、二〇二〇年）、一九一－一九二頁
（6）松木國俊『こうして捏造された韓国「千年の恨み」』（東京：WAC、二〇一四年）といった題名の書籍が出版されている。
（7）文淳太他「恨」『韓国民族文化大百科事典』（二三）（ソウル：ウンジン出版社、一九九一年）、八五三－八五七頁
（8）沈善映「*THE COLONIAL ORIGIN OF "DISCOURSE OF HAN" AND ITS RELIGIOUS SIGNIFICANCE IN MODERN KOREA*」（筑波大学大学院修士論文、一九九八年）、一頁
（9）前掲「*THE COLONIAL ORIGIN OF "DISCOURSE OF HAN" AND ITS RELIGIOUS SIGNIFICANCE IN MODERN KOREA*」
（10）高美淑『韓国の近代性　その起源を探して』（ソウル：チェクセサン、二〇〇一年）、『啓蒙の時代：近代的時空間と民族の誕生』（ソウル：ブックドゥリマン、二〇一四年）
（11）上別府正信『韓国のアイデンティティ論としての恨：恨の言説の形成過程を中心に』（中央大学大学院博士論文、二〇〇八年）同論文は、二〇二三年に『恨とは何か？韓国の文化的アイデンティティを読み解く』という題名で書籍化されている。
（12）前掲『韓国のアイデンティティ論としての恨：恨の言説の形成過程を中心に』、四五三－四五四頁
（13）前掲『韓国のアイデンティティ論としての恨：恨の言説の形成過程を中心に』、四五三頁

（14）赤川学『構築主義を再構築する』（東京：勁草書房、二〇〇六年）

（15）佐藤雅浩『精神疾患言説の歴史社会学』（東京：新曜社、二〇一三年）、六四頁

（16）川端亮『宗教の計量的分析―真如苑を事例として』（https://ir.library.osaka-u.ac.jp/repo/ouka/all/1397/18137_Dissertation.pdf）（大阪大学大学院博士論文、二〇〇三年）、四一頁

二章　「恨」探求の始まり

一節　李御寧の見た恨Ⅰ：「恨の物語」の始まり

一、六〇年代のナショナリズム：「民族的アイデンティティー探し」

1　日韓基本条約

朝鮮戦争後の韓国社会においてナショナリズムを強く意識せざるを得ない最初のタイミングは、一九六〇年代に訪れた。解放後の半島は、冷戦を理由に南北に分断され、異なるイデオロギーに基づく二つの国家体制が対峙していた。四八年から始まった南側の李承晩政権は、北との体制間競争と政権存続に邁進した。五〇年に勃発してから三年余り続いた朝鮮戦争によって国土が荒廃し、経済復興や政治的混乱の収拾がつかない中、人々の鬱憤が爆発したのが六〇年四月一九日に起きた学生による四月革命であった。李承晩政権が崩壊すると、六一年の五・一六軍事クーデターによって朴正熙軍事政権が誕生した。クーデターを正当化する必要性にも迫られた朴正熙政権は、国土再建を掲げて経済成長政策へとシフトしていった。

一方で、同じ自由主義陣営に属する日本との国交回復をアメリカから求められる中、朴正熙政権は秘密裏に日本政府と交渉を進め、六五年六月二二日の日韓基本条約締結によって経済協力金一一億ドルを獲得する。六四年から始まったベトナム派兵の見返りとしてアメリカから得た援助金も合わせて、これらを経済成長のための資金とし、重工業化、産業化を推し進めた。

他方で、日韓会談の進行は国民を不安にさせるものでもあった。日本との国交回復は日本の経済侵略ではないのか、再び植民地になるのではないかという危機意識から、大学生を中心とした反対運動が盛り上がっていった。六四年三月二四日にはソウル大学の学生が、交渉を担当した中央情報部長の金鐘泌に見立てた「李完用人形火刑式」(1)を行った。同年五月二〇日には複数の大学から三千人の学生が集まり、前年の大統領選における論戦で朴正熙が掲げたスローガンである「民族的民主主義」を皮肉った「民族的民主主義葬礼式」を執り行い、弔辞として朴正熙政権への批判文を読み上げた。デモが一万人規模に膨れ上がると、朴正熙政権は翌六月三日、ソウル市に戒厳令を敷き、武力で鎮静化を図ろうとした。戒厳令が解かれたのは、それから約二カ月後の七月二九日である。

2　朴正熙の自国認識

朴正熙が自国に対してどのような認識を抱いていたのかを知るために、韓国の近代化に対する課題と提言について朴正熙自身が著した『わが民族の進むべき道』(2)（ソウル：東亜出版社、一九六二）について確認する。

同著の章立ては次の通りである。

Ⅰ、人間改造の民族的課題
Ⅱ、わが民族の過去を反省する
Ⅲ、韓民族の受難の歴程
Ⅳ、第二共和国のカオス
Ⅴ、後進民主主義と韓国革命の性格と課題
Ⅵ、社会再建（国家）の理念と哲学

このうち「Ⅱ、わが民族の過去を反省する[3]」の章の「五、李朝社会の悪遺産たち」には次のことが書かれている。

（1）事大主義的自主精神の欠如
（2）怠惰と不労所得観念
（3）開拓精神の欠如
（4）企業心の不足
（5）悪性的利己主義
（6）名誉観念の欠如
（7）健全な批判精神の欠如

驚くほど劣等意識にまみれた自国認識である。朴正熙は、経済発展を阻害するこれらの「悪遺産」を一掃しようとした。

ここでは、朴正熙が「悪遺産」の一つとして羅列した、「開拓精神の欠如」に注目したい。

> 外国人らは韓国人が皆、悲しみ、哀傷、悲劇を好むという。わが国の民謡を見ても、か弱い哀調が基層にあり、その悲しみは強い反抗として爆発するのではなく、「なるようになれ」「クッ（巫俗の宗教儀礼）でもして餅でも食おう」「仕方がない」という意識が固まり、消極的諦念に埋もれてしまう。……たくましく切り開いていこうという西欧的悲劇意識が韓国にはなく、いくじがなく涙と安い同情があるだけである。こうした軟弱な同情心なんかでは、民族性の中に力強い人生の勇気や強い開拓精神を生むことができない。……韓国といえば「アリラン」の歌を連想するように、われわれの心を代表する調べである。しかしこの歌の歌詞を詳細に検討すると、「私を捨てて行くあなたは、十里も行けずに病気になりますように」。――これは、自分を捨てて行く相手を恋しがりながらも、「あなた、私を置いてどこへ行くの」と止めることもできずに、もしや十里ほど行ったところで運悪く足を痛めて戻ってきてくれまいかと願う、いじらしさが宿っている。……こうした諦念は、対決意識がなく後退したり屈服したりする人生の態度であり、運命に従順に屈服してしまう態度である。したがって、運命を開拓したり新たな道を模索したりしない。特に民間信仰である占い、観相、四柱、択日（日取り選び）などといった運命観に深く留め置かれ、不可能を可能に転換させる勇気が不足していた。[4]（括弧の補足、強調は引用者）

「悲しみ」「哀傷」「悲劇」といった表現は、現在われわれが認識している恨のイメージと類似している。こうした「恨のようなもの」が民謡「アリラン」と結び付けられている点にも留意したい。「アリラン」は現在ユネスコ無形文化遺産に登録され、南北で愛されている最もポピュラーな民謡である。この時点で、「恨のようなもの」を民謡という伝統的歌唱と結び付ける思考が確立されていたことが分かる。

3　「韓国的なるもの探し」

「民族」や「国家」を取り巻く状況が周辺他者によって大きな脅威に晒され、急激に変動をきたす状況に陥ったときに敏感に反応し形成されていく、もしくは高揚していくものがナショナルアイデンティティーである。脅威が大きい時こそ、ナショナリズムを通じて集団的なアイデンティティーを確認する必要性が生まれる。日韓会談の進行により、再び旧宗主国の日本と向き合わなければならないという現実がナショナルアイデンティティーを刺激する中で登場したのが、「韓国的なるもの探し」という動きである。

「韓国的なるもの探し」にいち早く着手したのは、大学の思想系サークルであった。彼らは、韓国社会の後進性の根本的な原因は分断による矛盾と外国への依存にあるとし、民族の自主統一を目指そうとした。「民族」という言葉は、近代化を推し進める上で古めかしく非合理的な「因襲」を思い起こさせる概念であることに加えて[5]、北朝鮮までも含む概念であることから、国是である「反共」に馴染まないものであった。そのため、彼らは必然的に反体制派となった。この集団をルーツとするのが、後に民族左派と呼ばれる人たちである。抵抗詩人として名を馳せる金芝河（一九四一－二〇二二）も学生時代に、文化的表象として「伝統」や「民族」を探し出し、意味を付与している[6]。

他方で、朴正熙政権の政策にとっても、「韓国的なるもの探し」は必要であった。経済発展に向けて国家の自主と自立を課題として掲げ、それらを妨げる先に挙げたような「悪遺産」を一掃し、いわゆる「善遺産」

を発見するという「韓国的なるもの探し」に注力するようになった。

もっとも、解放後の韓国は「反共・反日」を国是としていたが、朴正熙政権は日本から資金調達して経済発展のために日本を利用するという「用日」的な立場をとり、「反共」に軸足を置いて政策を展開した。(7)

朴正熙政権は「国難克服」「国籍のある教育」「民族文化」「民族主体性」という命題の下、ある特定の歴史や伝統から「韓国的なるもの」を生産・創造・再発見する作業を進めた。(8)力を入れた文化振興は次の通りである。

六三年に文化財補修五カ年計画を策定して、慶州石窟庵の復元（六四）や景福宮の正門である光化門の復元（六八）、釜山梵魚寺の大雄殿の補修（六九）、旧千ウォン札に描かれていた安東陶山書院の補修（七〇）などを行った。また、民族文字のハングルに再注目し公文書のハングル専用実施（七〇年関係法制定）も進めている。(9)

七二年には文化芸術政策の柱となる文化芸術振興法を制定し、文化芸術発展のための総合計画である第一次文芸中興五カ年計画（七四－七八）を推進した。この計画では①基盤造成②民族史観定立（国楽、伝統芸術、文化財）③芸術振興（文学、美術、音楽、演劇、舞踊）④大衆文化創達（映画、出版）の四分野に四八五億ウォンの予算を投じており、中でも民族史観定立分野が七〇・二％という圧倒的な比重を占めていた。その民族史観定立分野の中でも六三％を割いたのが、文化財管理予算であった。(10)特に力を入れたのは、慶尚北道の慶州古都開発事業で、花郎徒を中心とした新羅文化の復元を行った。これは北が高句麗の遺跡の発掘調査を盛んに進めたのと対照的な動きである。

七〇年代にはさらに、農村政策としてセマウル運動を展開し、農村の生活文化のうち、非近代的なものを撤廃して近代化しようとした。伝統文化に関しては、贅沢すぎる祭祀の簡素化やシャーマニズムを排撃する動きを進める一方で、民俗学がブームになり[11]、信仰や儀礼を切り離した農楽を民俗芸能として教育現場に採り入れるなどした。また、全国各地で無形文化財の指定を行い、全国民俗芸能競演大会を相次いで開催している。

二、『土の中に、あの風の中に』における恨論

1 韓国文化のプロデューサー李御寧

韓国における「韓国的なるもの」の輪郭は、一九六〇年代前半の時点では決してはっきりとしたものではなかった[12]。当時「韓国的なるもの」の構築を担っていた美学界や文学界は、植民地時代に高等教育を受けてアイデンティティー形成を終えていた重鎮が牛耳っており、彼らの言説には自文化を軽視する傾向が強く表れていた。一方、自文化を前向きに捉えようとする戦後生まれの世代が、研究や学会で影響力を持つ存在になるのはまだまだ先のことであった[13]。

「韓国的なるもの」の誕生に向けて先陣を切ると同時に、後に「韓国的なるもの」を量産、整備した人物がいる。植民地期と解放後の両方の教育を受けて育った李御寧である。

植民地期生まれの李御寧（一九三四－二〇二二）は、小説家、エッセイスト、文学評論家の顔を持ち、文化部長官を務めた韓国文化勲章受章者で、まさに韓国文化の功労者といえる人物である。李は、多感な一〇代の頃に植民地解放と朝鮮戦争を経験した。その後、ソウル大学国文科に進学し、同大学院を経て、二六歳から三八歳（一九六〇－七二）までソウル日報、京郷新聞で論説委員を務めた。李を韓国文化を牽引する存在にならしめたのは、二九歳のときに記した韓国の風土に関するエッセイ集『흙 속에 저 바람 속에』（ソウ

ル：玄岩社、一九六三）である。その後も、『「縮み」思考の日本人』（学生社、一九八二）などのベストセラーを上梓し、『李御寧全集』（二二巻）が編纂されるほどの多作ぶりである。書籍以外でも、韓国文化のイメージを大々的に世界に発信した八八年ソウル五輪の開閉会式の演出を担い、九〇年から九一年まで第二九代文化部長官（現文化体育観光部長官）を務め、二一世紀の国家ビジョンを推進する大統領諮問機構である新千年準備委員会委員長も歴任した。二〇〇二年のサッカーW杯の演出も手掛けている。小倉紀蔵が「国家的総合文化プロデューサー」[14]と呼んだように、「韓国文化」にまつわる李の華やかな経歴は、解放後の韓国文化をプロデュースした人物と位置付けて良いだろう。

2　『土の中に、あの風の中に』の概要

『흙 속에 저 바람 속에』（以下『土の中に、あの風の中に』）（六三）は、一九六三年に李御寧が京郷新聞に約三カ月にわたって連載したコラムを同年にまとめて出版したものである。韓国の風土をテーマに記したエッセイであるが、「風土（풍토）」という漢字語を、固有語の「土（흙）」や「風（바람）」に言い換えたタイトルからも、民俗・民族文化を意識して執筆した意図が感じられる。

鋭い考察と洗練された文体は、一般大衆のみならず、文学評論家の金潤植（一九三六－二〇一八）などの知識人からも評価された[15]。「新聞の発行部数に匹敵するほど売れている」「歴代ベストセラーの記録を破った」といった六五年の新聞広告が同著の反響を裏付けており[16]、七〇年代時点で販売部数が三〇万部に達している。

最新版は二〇〇二年にソウルの文学思想から出版されており、「韓国初の韓国人論」の副題がついている。日本語の訳書である『恨の文化論』および『韓国人の心　増補恨の文化論』（以下『韓国人の心』）の訳者あとがきによれば、六三年の初版には「これが韓国だ」の副題があったようである[17]。

『土の中に、あの風の中に』は四九本のコラムで構成されており、一コラムで一トピックずつ「韓国的なるもの」を紹介している。「カシリ」「西京別曲」などの古典や民謡は、他の文学評論家も韓国的作品として取り上げているが、ことわざや語源、説話、慣習、芸能などを引き合いに出した点はユニークであった[18]。また、「助けてくれ」という意味の韓国語と英語を比較した「生かしてくれとヘルプ・ミー」、日韓の説話を比較した「桃太郎と太陽と月」、朝鮮半島とヨーロッパの伝統衣装を比較した「パジとズボン」、韓国人と欧米人の仕草を比較した「咳払いとノック」など、比較の手法も巧みに使われてもいる[19]。

自文化への愛着や温かい眼差しの一方、全体としては自己批判や内省の態度が垣間見られる部分が多い。というのも、西欧や日本と大きな隔たりがある韓国の現実や特殊性を浮き彫りにして、自文化への卑下や劣等感、自己嫌悪に端を発する、韓国社会の停滞性、脆弱性、没個性、主体性のなさ（他人依存）、曖昧さを指摘しているからである。

3　『土の中に、あの風の中に』の中の恨

『土の中に、あの風の中に』（六三）で恨はどのように語られているのだろうか。恨の記述が登場するのは、「月下の風俗」「女人たち」「新羅五陵とピラミッド」「色彩について」のエッセイと、「結語　城隍堂峠にたたずんで」を含む五カ所である。

「月下の風俗」「女人たち」の恨

「月下の風俗」では、八月の満月の夜（秋夕）に催された月遊びで歌う、民謡「カンガンスウオルレ（カン

ガンスルレとも呼ぶ）」の歌詞を紹介している。二〇〇九年にユネスコ無形文化遺産に登録された「カンガンスウオルレ」は、主に朝鮮半島南西部で盛んだった女性たちの民俗遊びである。手をつなぎ輪になって、独特のリズムに乗りながら歌う。

次の引用はエッセイ全体の雰囲気が伝わる箇所である。

「カンガンスウオルレ」は李舜臣将軍が人心を収拾するために創り出した遊びであるといわれている。あの「月遊び」の裏面にどんなに多くの涙が、そして溜息が漏れそぼっていたことだろう。「カンガンスウオルレ」の曲節を聴くだけで、胸が締め付けられる哀愁を覚える。さらにその歌詞を分析すれば、一層気が滅入る。「灯盞　灯盞　玉石の灯盞にカンガンスウオルレ」で始まるその謡は、一女人の死を哀惜する内容で構成されている。嫁仕事に明け暮れる女人が、夜通し灯盞の薄明りで針仕事をしている。誰も灯を消して寝床につくように言ってくれる人がいない。障子戸の目張から吹き込んだ隙間風が灯を消してくれ、女人はやっと眠りについたということだ。そのとき夫が帰宅をし、姑は、針仕事を口実に嫁は寝てばかりいると告げ口をする。こうして女は銀の刃で胸を刺して死ぬという話である。美しくも寂然とした月光を浴びながら、どうしてこんな殺伐とした血なまぐさい謡を歌ったのだろうか？　このように月は幸福とは無縁の、「恨」の象徴であった。[20]（強調引用者）

このエッセイは次の文で締めくくられる。

「カンガンスウオルレ」の曲節も、やはりこのような喜悦と涙が入り混じった逆説の謡である。悲哀が多いゆえに、そしてまた「恨」が多いゆえに、われわれは朦朧としたあの月光を愛したのである。[21]

同エッセイのテーマは「月光」である。李御寧は「美しくも寂然」「朦朧とした」などの言葉で表現した「月光」と、「喜悦と涙が入り混じった逆説の謡」である「カンガンスウオルレ」の歌詞に注目する。「カンガンスウオルレ」は女性たちが楽しみにしていたという名節の遊びである割には、「祭り」のような賑やかさや陽気さが感じられない。このように、「月光」と「カンガンスウオルレ」はアンビバレンツさを内包している点で共通している。最後に、われわれがそれらを愛した理由が、われわれに「恨が多い」からだとする。

さらに、李御寧が恨をどのような意味で用いたのかを見てみたい。「幸福とは無縁」と書くことで「幸福」と「恨」が対比の関係にあり、「悲哀が多いゆえに、そしてまた恨が多いゆえに」と羅列していることから「悲哀」と「恨」が同列の関係にあることが分かる。さらに文全体に、「多くの涙」「嘆息が濡れそぼって」「胸が締め付けられる哀愁」「気が滅入る」「殺伐とした」「血なまぐさい」といった暗鬱な情緒感が溢れている。「女人たち」の章では、西洋社会と比較し、儒教道徳に虐げられる韓国（東洋）女性を浮き彫りにしている。女性たちは「愛」よりも儒教の「礼と倫理」が重視された社会で「忍従と屈辱の歴史」を送っており、「女性は、その大多数が愛の挫折感を抱いて、恨と涙で暮らさなければならない[22]」という箇所に恨が登場する。ここでも恨は、「涙」と同列に扱われている。

「新羅五陵とピラミッド」「色彩について」の恨

「新羅五陵とピラミッド」では、古代の王陵の比較を行っている。「直線」のピラミッドに対して、朝鮮王陵の形式は優しい「曲線」であるとし、「直線」が飛躍と意志と挑戦、功利性と物質主義を象徴するなら、「曲線」は停滞と情感と順応、ゆとりと精神主義を代表するとする。

このコラムで特筆すべきは、柳宗悦という日本人民芸評論家の主張を紹介していることである。「柳宗悦氏は、韓国の芸術が線の芸術であり、線のなかでも曲線の美であったと言及したことがある。……さらに氏は、韓国人が線（曲線）に美を求めようとした理由を、次のように説明している」として、日中韓の芸術の特徴について解説している。大陸（中国）は「地に安んじ」、島国（日本）は「地に喜び」、半島（韓国）は「地を離れる」とした上で、日中韓の芸術のそれぞれの特徴は「強さ・形」「楽しさ・色」「寂しさ・線」だとし、「強さは崇められるために、楽しさは味わわれるために、寂しさは慰められるために与えられた」とした。その後は、「韓国の歴史が苦悶の歴史であったゆえに、韓国人の生活が悲哀に濡れそぼっていたゆえに、地上を飛びたって彼岸に想いを寄せる、あの物寂しい線に、慰みの線に倚りかからざるをえなかったということだ」と自身の見解を述べている。「伸びやかに反り返った韓式家屋の屋根」「細く長い酒瓶の頸部」「扇」「ゴム沓」など、韓国にある多様な曲線を紹介し、「現世で慰められなかったその孤独を、永遠の曲線に託してみようとするしずかな願いがこめられている」とする。

李御寧は最後を次のように結んでいる。

涙の跡にも似て曲折するその曲線の美に託して、ひりひりと痛む痣（あざ）ある胸を、人知れずあやしてみる韓国人の情恨。やはりわれわれには、あの威厳ある中国の「形」や、喜々楽々と生を楽しもうとした日本の「色」のようなものを探すのは容易ではない。……虚空をはう蔓草の、あの曲線の哀切の美、これがすなわち苦難と飢餓と虐待の中でひそかに守り続けた、この民族の心であったのかもしれない。(23)

このエッセイは「韓国の芸術」がテーマであることから、前述した二つと比べて、より克明に韓国の「固有の情緒」を語っている。前二本の主体は韓国の女性あるいは東洋の女性であったが、ここでの主体は韓国人あるいは朝鮮半島に暮らす民族である。韓国人が「寂しさ」を持つ所以は、「苦悶の歴史」「生活が悲哀に濡れそぼっている」「現世で慰められなかったその孤独」「苦難と飢餓と虐待」で、「哀切の美」こそ「民族の心」だと締めくくっている。

涙を持ち出しているところは、前エッセイから引き続いている点である。一方で、「慰みの線に倚りかかる」「永遠の曲線に托してみようとするしずかな願い」「曲線の美に託して、ひりひりと痛む痣ある胸を、人知れずあやしてみる」など、「慰み」「倚りかかる」「托す」「あやす」などの表現が新しい。こちらは、柳宗悦が用いた「寂しさは慰められるために与えられた」の慰めを具体化したような記述である。寂しさと慰めをセットで論じたところは、その後の恨言説研究にも通じるところである。

「情恨」という表現にも着目したい。「情恨」は、当時文学界の重鎮であった金東里（一九一三－一九九五）が、四八年に文壇で詩人金素月の作品論を語る際に最初に使ったとされている。金東里は金素月の情緒を「ニム（愛しき人）を好むよりも本質的に思慕する方に立っている」と述べ、「永遠に埋めることができない素月の思慕の感情」を「情恨」と呼んだ(24)。

「色彩について」では、「憂鬱な苦悶の歴史のなかで、生命を抑制しながら生きてきた、涙の絶えることのなかった韓国人には、色彩も自ら貧弱にならざるをえなかった」という意見があると述べ、主に高麗青磁の翠色を取り上げている。

語り出しそうで躊躇うこの矛盾の青磁の色、これこそ韓国人でなければ創造することも理解することもできない色調である。

それは一言でいって、内面に打ち身を秘めた色である。悲哀と孤独の涙に満ちた恨のなかで生きたがゆえに、陽和で能動的で明るいあの色彩を、灼紅の黄白色のあの火焔の色彩を知らなかったのである。

現世の愉楽よりも、そして燃え上がる生命の讃美よりも、暗闇のなかで光明を、死のなかで生を得ようとした人たちである。踏みにじられてきた生であったから、涙の絶えることのなかった運命であったからこそ、存在はしないが永遠であり、そして空虚ではあるが無限である、あの「無」の色（青色）によって虚な心を満たすほかなかったのであろう。[25]（強調引用者）

色彩についても、相反する概念を同時に持つ二面性で説明している。「暗闇のなかで光明」「死の中で生」「語り出しそうで躊躇う」「存在はしないが永遠」「空虚ではあるが無限」などである。そして、貧弱な色彩に対して、「苦悩のなかで爪先き立って何かを希求しようとしたこの民族の眼の前でちらついたもの」「韓国人が安らぎを求めた色彩の故郷」といったポジティブな言葉を添えている。

「結語　城隍堂峠にたたずんで」の恨

結語は連載のまとめを担っているだけに、李御寧の描く韓国人像が分かりやすく示されている部分である。城隍堂（서낭당《ソナンダン》）とは、村の境界などに村の守り神を祀ったお堂のことで、石を積んだだけのものや、長丞（장승《チャンスン》）という魔除けの人面の柱を立てたものなどがあった。城隍堂はみすぼらしいが、「道ゆく人たちは誰もが足を止め」、「石塊を捧げ、沈黙の中に合掌」し、「祈念してきた場」だという。その後に続くのが次の文である。

とりわけ涙の絶えない、恨の多いこの民族だったが、彼らがひざまずき身を伏して祈る祭壇は、このように倹素なものばかりである。……だがわれわれは、荒れて硬張ったあの掌で捧げた「石塊」に、まことに多数の事由が、測りしれない願いが、こめられているのを知っている。(26)

このように、涙と悲哀が多い中でも「願い」を持ち続けてきたことが語られており、これまでと様相の異なる表現が続く。

掠奪し、踏みにじり、侮蔑の生き様だけを残した者たちに、憤怒すらも感じたことのない人たちである。行けといえば行き、おれといれば居つづけた人たち。……内に秘めた怨恨をひっそりとあやしながら、忍従のうちに現実を耐え忍んできた彼らではあるが、それでもなお、耐えなければならない不幸の数々が残っている。地上に足を踏みしめることができず、自然の中に隠居しようとしたあの逃避意識も、いまや許されない。……生ぬるい、そして中腰の姿勢で生きてきたこの民族の心に、火を点ける世（とき）がきたのである。……四千年も年老いたこの隠士が、己れの傷跡を直視し、ふたたび若返る日、侮辱の歴史に憤怒を覚える日、新しい韓国が誕生するであろう。(27)（強調引用者）

「涙」「悲哀」あるいは「忍従」「逃避意識」「生ぬるい」「中腰の姿勢」とリンクする「情恨」から、「憤怒」「火を点ける」「傷跡を直視する」「ふたたび若返る」「侮辱の歴史に憤怒を覚える」という「怨恨」へと変化することを求めているのである。後に日本で出版される『韓国人の心』で李御寧自身が主張することになる「恨と怨は違う」という言説を、この時点では意識していないように読める。この「怨恨」と表現される恨のイメージは、その後七〇年代に抵抗詩人の金芝河が、あるいは八〇年代に金烈圭がより一層深めていく。

4　李御寧の恨のまとめ

最後に、李御寧が恨という言葉を用いた箇所だけを連載順に並べてみる。

・このように月は幸福とは無縁の、「恨」の象徴であった。悲哀が多いゆえに、そしてまた「恨」が多いゆえに、われわれは朦朧としたあの月光を愛したのである。（「月下の風俗」）

・女性は、その大多数が愛の挫折感を抱いて、恨と涙で暮らさなければならない。（「女人たち」）

・涙の跡にも似て曲折するその曲線の美に託して、ひりひりと痛む痣（あざ）ある胸を、人知れずあやしてみる韓国人の情恨。（「新羅五陵とピラミッド」）

・悲哀と孤独の涙に満ちた恨のなかで生きたがゆえに、陽和で能動的で明るいあの色彩を、灼紅の黄白色のあの火焔の色彩を知らなかったのである。（「色彩について」）

・とりわけ涙の絶えない、恨の多いこの民族だったが、彼らがひざまずき身を伏して祈る祭壇は、このように倹素なものばかりである。うちに秘めた怨恨をひっそりとあやしながら忍従のうちに現実を耐え忍んで生きてきた彼らではあるが、それでもなお、耐えなければならない不幸の数々が残っている。（「城隍堂峠にたたずんで」）

恨を抱く主体が「カンガンスウオルレ」の歌詞の中の女性（われわれ）、東洋の既婚女性、韓国人（新羅人から現代人まで）、高麗人、民族へと移行している。李御寧自身が韓国の細部を過去にまで遡って一つ一つのぞいていくうちに、最終的に民族がどんな姿なのかが浮かび上がったようである。ただ、浮かび上がった「民族の心」が涙や悲哀などネガティブな精神性であったことから、憤怒や傷跡の直視という怨恨へといざなって、エッセイは終結している。

三、六〇年代の文学界の恨論：情恨

1　詩人金素月の「つつじの花」

ここで、前述した植民地期を代表する詩人・金素月（一九〇二－三四）について述べておく。

金素月は韓国で最も愛される民族抒情詩人、哀愁詩人の一人で、一九〇二年に平安北道亀城に生まれた。独立運動家の李昇薫が定州に開校した民族系の学校である五山中学に入学し、そこで詩人の金億（一八九六－？）らから詩創作の手解きを受けた。二〇年に詩を発表しており、彼が作家活動を行ったのは主にこの時期である。三・一運動加担を理由に校舎を焼かれたため、二二年に京城のキリスト教系の培材高等普通学校五年次に編入し、翌年に渡日し東京商科大学（現一橋大学）に入学するものの関東大震災に遭い帰国する。二六年には家族のいる平安北道亀城に戻り、東亜日報の支局を経営するなどの仕事をしながら文壇活動を続けたが、事業がうまくいかず貧困に陥り、三二歳でこの世を去った。死因はアヘンによる自殺とみられている。八一年に芸術分野の最高格である金冠文化勲章を授与されている。

彼の作品は伝統的な民衆情緒を基盤とする民謡的なリズム（七・五調や三・四調など）の形式を取り、郷土的素材や説話的な内容が多い。彼の詩は生前から人気があり、一九三〇年代に作られた「歌曲」の多くが[28]、彼の書いた詩にメロディーを付けたものだった。

金素月が二五年に発刊した、生前唯一の詩集である『つつじの花』から、最も有名な詩「つつじの花」を紹介する。

私に倦きて
立ち去るときには
何も聞かずにそっとお送りします
寧邊の薬山に咲いている
つつじの花を一抱え摘んで
行かれる一足ごとに、蒔いてさし上げます
行かれる一足ごとに置かれた
その花を
そっと踏んでお出でなさいませ
私に倦きて
立ち去る時には
死んでも涙は流しません

「つつじの花」

韓国文学における「つつじの花」の一般的解釈は、愛する人と離別した女性を歌ったものとされている。[29] 恋の挫折に耐え気丈に振る舞いながらも、どこか未練のある姿が描かれている。

2　金東里の「情恨」

「金素月の作品＝恨」という認識は、解放後に成立する「民族文学」で主導的な役割を果たした金東里と徐廷柱によって広がっていった。四八年に発表された金東里の「青山との距離―金素月論」[30]（一九四八）が最初の指摘[31]で、徐廷柱も、金素月の詩の世界の核を「洗うことのできない悲しみの塊」「情の末に来る恨」だと説明している。[32]

解放後における文学界では、植民地期に抑圧され排除された朝鮮文学を再構築することが喫緊の課題であった。そのため、一九五〇－六〇年代には民族文学、つまり「朝鮮的性格」や「民族精神」とは何かについての議論が活発化し、社会変革を促す参与文学よりも純粋文学が民族文学として重視された。その純粋文学派の重鎮である金東里が作り上げたのが、金素月の作品に関する恨言説である。[33]

金東里らは、金素月の詩を「去っていくニム（愛しい人）に対する切望」や「剥奪感や切実さ」「何者かによってもたらされた不幸」といったイメージで解釈し、[34]「センチメンタリズム」「悲哀」「感嘆」「女性性」「受動性」「憧れの感情」「脆弱さ」といった言葉で論評した。これが「情恨」のイメージを形作ったのである。

金東里と徐廷柱が始めた「情恨」論は、純粋文学派の間で強く訴えられ、[35]六〇年代には金素月以外の詩歌や民謡、小説、随筆など他ジャンルの文学作品も考察したり、歴史を遡って「黄鳥歌」「カシリ」など古代の俗謡や漢詩、時調などからも「情恨」のイメージを見出そうとした。共時的、通時的に議論が拡大したことで、金素月に端を発する「情恨」は韓国の伝統文学の特徴として捉えられるようになり、やがて「民族が共有する情緒[36]」だと拡大解釈されるようになっていった[37]。

河喜珠は徐延柱の「情恨」を引用し、「この恨こそ、悠久の昔から我々の血脈の中に絶え間なく流れてきた詩歌上の正統的伝来情緒」と述べ、恨は「民族」という集団的な情緒であると主張している[38]。鄭百秀は、恨の議論を次のようにまとめている。

「恨」の言説は、六〇年代以後、民族固有の普遍情緒として「恨」を確認するために、すなわち「恨」の自己構築のために、積み重ねられていくことになる。第一、「恨」という概念の用例がどのように分布しているか、第二、「恨」の情緒が表現されている文学テクストをどこまで探し求めることができるか、そして第三、「恨」の表象を文学以外の領域、たとえば音楽、舞踊、美術、建築などの芸術文化一般、宗教、思想などの精神文化一般からどのように導き出すことができるかという問題をめぐって、一方では具体的な資料を提示しながら、他方では「恨」の論理を広範囲に一般化してきたのである[39]。

近代的発想の一つに、現在のある物事を意味付けるために、その起源やルーツを探ろうとする態度がある。まさに韓国社会は、恨を自文化の一つのルーツ、アイデンティティーとして規定するために、各分野で恨を探した。「情恨」のイメージを「民族性」「韓国的なるもの」へと昇華していく議論のピークは八〇年代まで続いた。鄭百秀が第三に指摘した文学以外のジャンルへの拡大は、八〇年代に本格化していく。

このように恨の議論は、金素月の詩の解釈を皮切りに、中国や日本とは異なる独自の文化、民族の固有性を追求しようとする「韓国的なるもの探し」の一環として始まったものであった。

3　李御寧の「情恨」

李御寧自身も純粋文学派で、一九六八年の純粋対参与論争で純粋文学派側に立ち議論したこともある。もちろん金東里の語った「情恨」は認知していただろうし、「新羅五陵とピラミッド」で、「情恨」という語も用いている。六三年の時点で、文学に限らず芸術など韓国文化の話題にまで「恨」を絡めて記述している点でも、李御寧の恨言説は先進的であったといえよう。

二節　恨のルーツ

李御寧は「新羅五陵とピラミッド」の中で、「情恨」「哀切の美」「民族の心」という言葉を用いている。柳宗悦が解いた「悲哀の美」と恨とを結び付ける「悲哀の美＝恨」のイメージは、その後の韓国文化・芸術を語る際の典型的言説の一つとなっている。

一、柳宗悦の芸術論：「悲哀の美」

1　朝鮮の美

ここで、前述した柳宗悦（一八八九－一九六一）について確認しておく。

柳宗悦は、一九一六年から一九四〇年にかけて約二〇回植民地朝鮮を訪れ、朝鮮に関する多くの著作を残している[40]。一九二二年には王宮の正門である光化門の破壊計画を撤回させ、朝鮮民族美術館を設立するなど文化財保護にも尽力した。主著である『朝鮮とその芸術』（一九二二）は韓国において複数回翻訳されるなど朝鮮美学に大きな功績を残しており[41]、解放後に大韓民国政府から勲章を授与されている。柳の「朝鮮の美」に関する記載は次の通りである。

長い間の酷い痛ましい朝鮮の歴史は、その芸術に人知れない寂しさや悲しみを含めたのである。そこにはいつも悲しさの美しさがある。涙にあふれる寂しさがある。私はそれを眺めるとき、胸にむせぶ感情を抑え得ない。かくも悲哀の美がどこにあろう[42]。（強調引用者）

さらに柳は、中国との比較における朝鮮の美の特徴について次のように語っている。

私は朝鮮の芸術―特にその要素ともみられる線（Line）の美は実に彼等が愛に飢えている心のシンボルであると思うのである。美しく長く長く引く朝鮮の線は、ともに連々として訴える心そのものである。彼等の怨みも、彼等の祈りも、彼等の求めも、彼等の涙も、その線を伝って流れるように感じられる。……涙にあふれるもろもろの訴えがこの線に託されている。彼等はその寂しい心持と、何者かに憧れる苦しみの情とを美しくも又応はしくもそれほどの長くたわやかな線に含めたのである。強大な泰然とした支那の形（Form）の美の前にその線は実によき対比であろう。彼等は美しさに寂しみを語り、寂しみに美しさを含めたのである。迫せられ抑圧せられた彼等の運命は、寂しみと憧れとに慰めの世を求めたのである[43]。（強調引用者）

李御寧の選ぶ単語の数々が、柳のものと重なっていることがよく分かる。朝鮮の人々は、「長い間の痛ましい歴史」があるゆえに、「芸術」に「悲しみ」を込め、「悲しみ」に「慰めを求める」という柳の「朝鮮の美」理論は、解放後の韓国史学・美学研究の第一世代（高裕燮・崔淳雨・金雲龍）の間でもてはやされた(44)。解放後、初めて朝鮮文化史をまとめた趙芝薫（一九二〇－一九六八）の「韓国文化史序説」にも顕著に踏襲されているし、美学分野の重鎮・金元龍（一九二二－一九九三）も韓国美学の特徴として「悲哀の民族性」を取り上げている。朝鮮の美を「線」に求める言説は、八〇年代の「韓国文化論」の対談集でも確認できる(45)。

2　植民地政策で作り出された「朝鮮人像」

実は、このような「弱々しい朝鮮人像」は柳以前から語られている。日本は近代化以降、往往にして、隣国の朝鮮人像を鏡像として日本人像を形成してきた。日清戦争勝利後、日本は過剰な自意識に目覚め、この時、国内における朝鮮像・朝鮮人像も大きく変容した。悪徳性や堕落した面が強調され、「独立心」や「武の魂」がなく「文弱」だとか、朝鮮社会は空理空論の党争に明け暮れた「停滞した社会」という見下した目線で描いたのである(46)。

日露戦争後も同様の状況が生まれた。芳賀矢一の『国民性十論』（一九〇七）など、日本人の美徳を強調する「日本人論」の影で、朝鮮人は「受動的」「冷淡」「凶暴」などと否定的に描いた。これらを官界、経済界、マスコミ、知識人がこぞって行ったのである。

さらに、日本の朝鮮像・朝鮮人像は国内事情によって都合よく変化した。一九一〇年の韓国併合後になると、「凶暴・悪徳な朝鮮人像」を強調していては朝鮮への植民者がいなくなるという政策的理由から、「従順・温和な朝鮮人像」が広められた(47)。植民地政策の都合で作り出された朝鮮人像は、人種学や人類学、歴史学にも取り込まれていった(48)。

こうしてみると、柳の語った「悲哀の美」が、宗主国日本が作り上げた従順・温和な朝鮮人像の延長線上にあることは否定しようがなく、「悲哀の美」が植民地主義的言説であることは、七〇年代に詩人の崔夏林（一九三九－二〇一〇）によっても指摘されている。

不運が韓国近代史としての韓国美術の特質を決めるとか、不運が悲哀の感情を生むという考え方は危険である。それは韓国人を敗北感に追い込もうとする術策と、韓国史を事大そのものとみる非自主的である歴史におとしめようとする日本帝国主義の政策が巧妙に混じり合っている考え方だ。柳の韓国美術に対する理解は、実は日本帝国主義の朝鮮政策と彼のセンチメンタルなヒューマニズムが混合胚胎したものだ(49)。

3　悲哀と芸術

日本の「強大さ」の裏返しとして作り出されたものであったにせよ、柳は恨言説において重要な務めを果たしている。「悲哀」と芸術を結び付けたことである。冒頭で朴正熙も、「悲しみ」を好む民族性について語る際に民謡「アリラン」を持ち出している。朴は「悪遺産」なるものを複数指摘したが、民族的アイデンティティーとして語られ続けたのは恨だけであった。そのほかの「悪遺産」が一掃されたのに対して、なぜ恨だけが語られ続けたのだろうか。恨は、伝統や風俗などの民俗文化、詩や民謡、古典などの文学作品と結び付けることで、ポジティブにも転換できる余地を残していたからである。

4 『土の中に、あの風の中に』の中の植民地史観

『土の中に、あの風の中に』（六三）は現在も読み継がれており、二〇〇〇年までに二〇〇万部発行されていることを鑑みれば、李御寧の韓国文化論は韓国社会において多大な影響力があったことは間違いない。ただ、二〇一〇年前後を境に、研究者の間で批判が出始めている(50)。

李自身も同著について、「序　見知らぬ友人へ」（原著後記より）と一章「風景の背後にあるもの」の中で次のように書いている。

私はここで、韓国の自画像を描いてみた。慣れない手つきに加えて、醜悪に崩れかけているものもなくはない。暗く、殺伐として、胸苦しくなるものもある。それを見ても怒ってはいけない。健康な韓国、美しい韓国、明るい韓国――そのような韓国の姿を描けなかった私の作業に、あまり腹を立ててはならない。愛情が大きければ絶望も大きく、自尊心が高ければ自分への幻滅も増すのである(51)。

美しいというよりは何か苦痛が、ものうい悲哀が、ねむっているような停滞が、大きな傷口のように、うつろのように拡がっている。その傷口と空洞を覗き見ない限り、そこに拡がっている淡々しい色の風景を正しく理解することはできないだろう(52)。

『土の中に、あの風の中に』は前述した通り、連載したエッセイをまとめたもので、論文のように論理的な構成を想定して書かれたものではない。したがって、連載を書き終えて、あるいはしばらく間を置いて初めて、韓国人の心が恨であると整理しているのである。ただし、その心は「悪遺産」であって、変えていかな

ければならない負の遺産として綴られている。

戦前に幼少期を過ごした李御寧は、二〇〇〇年代に出版されたインタビュー集で、『土の中に、あの風の中に』について、次のように証言している。

『土の中に、あの風の中に』のような韓国文化論の言説を書いた時の私は伝統断絶論者の立場であった。近代化のために前近代的な韓国人の生活風習や思考方式を突破しなければいけなかった。……日本を自分の祖国として習い日本語を学び成長しました。ハングル世代とは（自分たちは）異なります。文学と言語は分けて考えることはできませんが、我々は小学校と中学校で日本の国語の教科書で国語を学びました。北原白秋の詩を徐延柱や韓龍雲の詩よりも先に学んだ世代でした。植民地から解放されて、自分の祖国を初めて発見した時と同じように、ハングルを学んで初めて触れた韓国文学に対するその幻滅感、そして期待と愛情が大きければ大きいほど失望と憎悪も大きかったです。心理学でいう「父親殺しの象徴」の伝統の不在、断絶または破壊にまで向かいました。(53)

『土の中に、あの風の中に』の執筆動機を近代化のための伝統の「断絶」と「破壊」という言葉で表現しているように、李御寧の恨言説は、西洋近代や日本への「憧れ」と自文化への「劣等意識」というナショナリズムの「葛藤」から生まれたものなのである。

二、咸錫憲の苦難史観：「苦難の歴史」

1　咸錫憲の生涯

一九六〇年代序盤に「韓国的なるもの」を模索する動きが社会的に広がりを見せる中、のちの韓国社会に長く影響を及ぼすことになる一冊の歴史エッセイが出版された。『뜻으로 본 한국역사』（ソウル：一宇社、一九六二）である。日本では八〇年に『苦難の韓国民衆史』（新教出版社、一九八〇）の書名で出版されている。副題が原著のタイトルを訳した「意味から見た韓国歴史」となっているが、ここでの뜻は「（神の）御旨、御心」のことを指しており、本書では「意味」ではなく「意志」の訳を用いて『意志から見た韓国の歴史』と記すこととする。

著者は元歴史教師で思想家・文筆家の咸錫憲（一九〇一－八九）である。同著は「解放は盗人のようにやってきた」という名言で知られ、この名言は「独立を勝ち取った」という当時の一般認識に疑問を呈し、独立のために自分たちが直接成し得たことは何もないという省察と自戒の意味を込めたものだった。

彼はキリスト教精神に基づく民族教育を行う中等教育機関・五山学校を卒業後、日本の東京師範学校を経て母校五山学校の歴史教師に着任した。日本史を学び日本のエリート教育を受けた咸錫憲が、朝鮮史に誇りを持てずに葛藤する中、無教会主義者の金教臣が主筆を務める『聖書朝鮮』(54)に寄稿したのが「聖書的立場から見た朝鮮の歴史」（一九三四年二月号－一九三五年一二月号、全二二回）であった。

当時は、植民地当局の検閲によって「苦難の意味」「歴史が示す我らの使命」といった一部の章が削除されたが、解放後の五〇年三月に、削除箇所も含めて『聖書的立場から見た朝鮮の歴史』（ソウル：聖光文化社、一九五〇）の名で単行本化された。「人間の歴史には神の介在がある」という宗教史観を説明するところから始まり、人生の出来事ひいては人間の歴史は神の「意思」によって起こるという「神の摂理観[55]」から、古代神話時代から現代史までの朝鮮民族の歴史を見つめ直そうとした。

五二歳の時にキリスト教を含むすべての宗教宗派に属さない立場を宣言し、『聖書的立場から見た朝鮮の歴史』を『意志から見た韓国の歴史』（六二）に改題して出版した。大幅な加筆により、分量は五〇年版のおよそ二倍になっている。その後も歴史的事件が起きるたびに改訂されたが、大枠はそのままとなっており、現在も韓国史、韓国文化を概説する古典として、大学生の必読書に位置付けられている。

その後咸錫憲は、月刊誌『思想界』を舞台に、独裁政権や保守的なキリスト教会への批判を展開した。晩年も雑誌『シアルの声』を創刊（七〇）して民主化運動の一端を担い、「韓国のガンジー」と呼ばれ、七九年と八五年にノーベル平和賞候補に推薦されている。

死後の二〇〇二年に国家褒章を受賞し、〇五年の解放六〇周年には、韓国現代知性史に影響を与えた人物一位（ＫＢＳ調べ、分野別学者一〇〇人が回答）に選出されている。さらに〇六年に独立有功者として国立墓地に埋葬された。

植民地期に民族主義を貫き、独裁政権下で民主化を担った彼は、「行動する知識人」として語り継がれている。

2　歴史エッセイ『意志から見た韓国の歴史』

韓国史における苦難の意味

同著のキーワードは「苦難」である。邦題はそのまま『苦難の韓国民衆史』であるし、咸錫憲の歴史観を苦難史観と呼ぶ人もいるくらいである。

苦難の歴史！　韓国史の底に秘められて流れる基調は苦難だ。この地も、人も、大きな事も、小さな事も、政治・宗教・芸術・思想も何もかもがことごとく苦難を示すものだ。これを聞いて驚く人はいないだろう。だが恥ずかしく、心痛む事実であることはどうしようもない[56]。

キリスト教の背景を持つ咸錫憲は、「地理」「民族の特性」に加えて、神が歴史に影響を及ぼすという「神の意志[57]」を歴史の三大要素と捉え、韓国史の基調は苦難[58]だとした上で、朝鮮の歴史の出来事から様々な「苦難」を記述していった。次は、現代の南北朝鮮において最も評価されている歴史遺産の一つ、ハングル文字の創設に関する記述である。

正音[59]の制作は民族の自覚運動の芽生えである。民衆が目を得たのだ。五千年の歴史を持つ民衆が、今から五百年前にやっと目を開き、自己解放の道具を得たということは、なんと不思議なことか。どれほど残酷で恥ずかしいことか。ではそれまでは盲の歴史ではなかったのか。だから苦難の歴史だというのだ[60]。

「偉大な」ハングル文字の創成においても、独自の文字成立前にスポットを当て、苦難の歴史に読み替えている。

では、なぜ「神の意志」は朝鮮民族に苦難を与えようとするのだろうか。咸錫憲は「不義への制裁」あるいは「歪んだ民族的特性の矯正」のためとした。神による「不義への制裁」は、イスラエル民族史を記した旧約聖書に頻繁に登場するモチーフである。

そもそも咸錫憲は、韓国史の主体を、個人や階級ではなく民族という単位に置いた。罪を個人に還元するのではなく民族の負債・過失と捉え、連帯責任として民族単位に災いが降りかかるものとして描き出している。民族の連帯責任という捉え方は、「聖書的立場から見た朝鮮の歴史」執筆当時の一九三〇年代に流行していた国学民族運動や申采浩の民族史観などを取り込んだのであろう(61)。歴史上起こった、下剋上のような「道徳的不義」(儒教道徳における不義)に対しても、その罪を個人に還元せず民族の罪とし、烈火のごとく怒った神が、不義に対する代価として試練を与えたと説明している。

キリスト教神学に登場する民族の苦難と言えば、一般的には旧約聖書のイスラエル民族の苦難を彷彿とさせる。イスラエル民族は、苦難の渦中においても全能なる神が助けてくれない、隠れてしまわれた所以の解答として、神への不信や、神と交わした律法に違反するという神との契約不履行に原因があるという自己断罪の意識から、罪概念を発生させている。さらに、放浪、多民族の支配(奴隷、捕囚)という民族的苦難の中で、イスラエル民族の神は、遊牧民的な神から全宇宙を創造し支配する唯一神へと変わっていく。

三〇年代当時の植民地朝鮮において、一部の朝鮮人クリスチャンは、放浪、奴隷、捕囚の民となる弱きイスラエル民族に、朝鮮民族が置かれた状況を投影しようとした。エジプト、ローマ、バビロンは「日本」、パロやネブカドネザルは「天皇」、十字架のイエスは「受難の愛国者」であり、モーゼは朝鮮民衆を解放する待望の「メシア的指導者」と考えたのである。[62]植民地末期に、当局が旧約聖書の購読を禁止した[63]ことからも、イスラエル民族の暗喩の存在が裏付けられる。

「歪んだ〈民族的特性〉の矯正」と「民族改造論」

次に「歪んだ〈民族的特性〉の矯正」としての苦難とはどういうことだろうか。咸錫憲は朝鮮民族が本性を開示して善なる方向に向かうためには大きな過ちを直す必要があり、その過ちを神が直そうとするが故に歴史的に苦難を与えたと解釈した。

> 苦難を受けるべきだ。われわれが犯した罪に因って苦難を受けるべきだ。災難が来ればまず避けることのみを考え、悲嘆に暮れるだけだが、その党派心を捨てない限り、猜疑心を捨てない限り、義人を大切にもてなすことを知らない限り、患難は決して去らないだろう。ハナニム（神の固有語）の永遠の法則によってそうであろう。……我々の平面的な人生観を直すため苦難を受けねばならない。自我に忠実であるために、姑息主義を破るために、隠遁主義から脱するために、より厳しい苦難といえども受けねばならない。[64]（補足引用者）

われわれの本性をあらわすために、苦難を受けねばならない。優しさが惰弱に陥らないようにするため、失った勇気を再び取りもどすために、要領だけに堕落した知恵を生かすために、中途でできあがった奴

隷の習性をなくすために、力強い意志が自我になり、高潔な魂を鍛え上げるために火のような苦難が必要だ。(65)

神の厳しい苦難によって「党派心」「猜疑心」「姑息主義」「隠遁主義」といった朝鮮民族の負の民族性が矯正されるとしている。

罪概念を持つイスラエル民族の苦難と咸錫憲が解釈した朝鮮民族の苦難とを比較すると、一神教の伝統のない朝鮮民族には、神との契約不履行によって生じる罪概念は存在しない。代わりに、咸錫憲は、朝鮮民族の苦難の原因は「歪んだ民族的特性」である「宿命論的態度」にあるとし、同著の結論でも、「宿命論的態度」を変えていくべきだと強く主張している。イスラエル民族は苦難の原因が罪であるとして苦難を受け入れる。一方、朝鮮民族は苦難の原因が「歪んだ民族的特性」であることから、「歪んだ民族的特性」つまり「宿命論的態度」を改めることが求められていると解釈したようである。

ここから、「歪んだ民族的特性」という言葉で語られた、咸錫憲の民族観を見ていく。

わが国の歴史では、この自我を失ったということ、自分を求めようとしなかったことが、百の病、百の弊害の根本原因である。自分を失っているために理想がなく、自由がない。民族的な大理想がないために大同団結が出来ない。……また自由がないために党派をつくるようになる。党争の目的は小さな勢力を競うことになるので、強い者に対して卑屈になる者ほど激しい。だから、党争は奴隷根性から生じたものである。(66)（強調引用者）

迷信はどの社会にもある。けれどわが国ほど甚だしいところはない。なぜかというと民衆の精神が萎縮してしまい陰性になったからである。開けっぴろげに堂々と学問を信じることができず、圧迫者の下でどう生きのびるか、それだけを考えるから革命する力がなく、世の中がいつになったら変わるのかと思うだけでは、発達するのは迷信しかない。おまけに政治は正当な宗教を与えず、しきりに迷信を奨励して利用してきた。民衆は精神的バックボーンをすっかり失ってしまった。(67)（強調引用者）

引用を見ていくと、「歪んだ民族的特性」の具体的イメージを捉えることができる。自我の喪失による「奴隷根性」が根本的な歪みのようである。自我の喪失により民族の「理想」や「自由」がないため、「大同団結」できず、強い者に卑屈な「党争」が生まれるとする。「奴隷根性」は「精神の萎縮」とも言い換えられ、「精神的バックボーン」が欠如しているので健全な宗教が育たず、「迷信」に溺れているという。また「温順で情け深い性質は気候の影響が大きく、穏やかな性質の所に、特徴の無いピリッとした味のない場所に居住するため、生ぬるい性格になった(68)」とした。

このように咸錫憲は、「他律性」「消極性」「党派性」「地理的要因(69)」などの言葉で、民族的特性をネガティブに説明したが、これらは、植民地期の日本が、支配の論理を笠に着て語っていた朝鮮の民族観であった。

南富鎮は、近代日本から見た朝鮮の民族性の起源を「悪政」と「風土」の二つに整理している(70)。「悪政」とは主に朝鮮時代の党争のことである。例えば、青柳南冥の著作である『朝鮮文化史大全』（朝鮮研究会、一九二四）には、朝鮮は深刻な党争によって分裂していたと記されている。儒学における党争の歴史と朝鮮王朝の滅亡を結び付ける主張は、当時しきりに見られたものであった。

「風土」と民族性を結び付ける言説では、例えば矢津昌永が「朝鮮の植民地的資格」『太陽』（一九〇四年三月）において、朝鮮半島は「四囲の優勢なる各種族の競争植民地」であるため、そこに住む住民は自ずと「植民的」「移民的」な性質を持ち、その結果、国家による「独立」も困難であるとした。白田二荒は「朝鮮統治の根本義」『満韓之実業』（一九一一年四月号―一〇月号）で、朝鮮の中途半端な気候が朝鮮人の全ての悪徳の要因であると説いた。このような民族性論は、歴史学の分野に留まらず人種学や人類学という学問体系にも取り込まれていった(71)。

これらの日本人が発表した朝鮮史や文化史は、被支配層にも自己内省や自己改造を促す思想的背景として影響を及ぼした。代表的なのが、李光洙（一八九二―？）の論文「民族改造論」(72)（一九二二）である。李光洙は日本留学も経験している植民地期きっての知識人であり、朝鮮近代文学の父ともいわれる人物である。彼は「民族改造論」の中で、朝鮮民族の衰退原因について、利己、虚偽、沈淪など、朝鮮民族の「劣等性」を指摘し、朝鮮人の覚醒、自覚による精神的な改造を説いた(73)。「民族を改造する」という過激な表現には激しい批判も集まり物議をかもしたものの、李光洙以降、朝鮮の多くの新聞や雑誌が民族改造論を発表するようになるなど(74)、朝鮮社会に多大な影響を与えた。

李光洙より九歳年下の咸錫憲の「歪んだ民族的特性の矯正」の言説は、同時代を生きた李光洙の「民族改造論」と、当然ながら気脈が通じている。

苦難の結果としての「民族的特性」

「これらのすべての習性は苦難の暴君が我々に背負わせた荷物(75)」であるとし、苦難の歴史によって、後天的に生まれたものであるとしている。

苦難に押しつぶされた韓国は生命が衰弱してしまった。魂は躍動する力を失い、心は静寂を奪われ、気がくじけ、勇気をなくした。すなわち、退廃的になり、消極的になり、固陋に陥り、卑俗に陥った。高麗時代以来、宗教・文学・美術・風俗を問わず、一切が一貫して萎びていくだけで、三国時代に見られるような生命力に満ちた雄壮で優雅な思想や作品をみることができなくなった。苦難の悲痛な文字は彼らの骨格にも、顔のようすにも、声にも、そして心臓の上にも、刀で刻んだ様に深く刻まれた。[76]（強調引用者）

また柳宗悦の主張にあるように高麗王朝以降、宗教、文学、美術などに「悲哀」が見られるのも受難の歴史の結果だとした。

韓国の芸術は悲哀の芸術だとよくいわれている。それはうそではない。三国時代以前はそうではなかったが、少なくとも高麗以降はそうだ。芸術は自己実現、生活の反映である。その生活が受難であり、その心が痛むのに、そのうたう歌、えがく画が悲しみでなく痛みでないものがあろうか。[77]（強調引用者）

民族改造の必要性を声高に叫ぶ一方で、咸錫憲は朝鮮人の「民族的特性」について、ポジティブな側面も見出している。わが国の人は根が優しい人間で、慈悲深く、善良な「仁」の特性を持ち、優しい民であるが故に平和民族であり道徳性が高く、「勇」も兼ね備えているが[78]、現在はこれらポジティブな「優しさや勇ましさ」は皆目見られなくなってしまっているとした。朝鮮の民族的長所に関する主張は一九二〇年代の東学系雑誌でも展開されている。[79]

つまり朝鮮の「民族的特性」は、本来ポジティブなものであったが、気候の影響や満州を失うといった歴史の過程で歪められ、「歪んだ民族的特性」を矯正するための苦難の歴史によって、ますます歪められたというのである。

実はこのポジティブな側面の「民族的特性」は同著において極めて重要である。「世界からすれば語る余地もない[80]」韓国人に、世界的な使命があり、韓国人にしかできない任務を付与し、勇気付ける希望を与えることになるからである。

「宿命論的態度」から「摂理論的態度」への転換

聖書の示す真理によって、「苦難こそが韓国がかぶるいばらの王冠である[81]」と表現している。「いばらの王冠」はイエスの象徴であるから、イエスの受難と民族の苦難を重ね合わせようとしたようである。次の引用は、咸錫憲が苦難の必要性を訴えている箇所である。

> われわれは苦難のない生を想像できない。死は生の一つの果てであり、病はからだの一部分である。十字架の道が生命の道である。苦難は罪を清める。苦難は人生を洗い清める。不義によって傷つき汚れてしまった霊魂は、苦難の苦汁で洗ってはじめて回復される。……苦難は人生を偉大にする。苦難に耐え得ることによって生命は一段と進化する。抑圧されることによって敵を抱容する寛大が生まれ、窮乏と刑罰をこらえることによって自由と高貴を得ることができる。[82]

咸錫憲は、歴史に見られる苦難を甘受する態度に、より積極的な意味を持たせようとした。「宿命論と摂理論は遠くなく、互いに似ており、違いは統一的、道徳的な意味をもっているかどうか[83]」だと述べている。つまり、両者を分かつのは道徳的な意味を自覚しているかどうかであり、歪んだ民族的特性である「宿命論的態度」ではなく、苦難の摂理を甘受するという「摂理論的態度」で接することができれば、未来の世界に大きく貢献できるとした[84]。

「世界の不義」を背負う者が果たす世界的使命

苦難を「摂理論的態度」で受け止めたときに「使命」が生まれる。

世界の不義の結果をわれわれが負わされているゆえ、それを洗い清める人はわれわれの他にいない。だから、われわれの使命だというのだ。使命はわれわれでなければ果たせないのだ。……負債の精算はわれわれだけができる。過去においても新しい歴史の芽はつねにごみだけから生えたが、将来の歴史ではことにそうだ。それゆえ韓国、インド、ユダヤ、黒人、これらが抑圧の不義の苦難から勝利を得て本来の役割を果たすようになれば人類は救われるであろうし、でなければこの世界は運命が決まったも同然である。人生は物質の奴隷ではないことが、われわれによって証明されなければならない。……愛でサタンに勝ち、苦難ゆえに人類を救えることが嘘でないことをわれわれは証明しなければいけない。罪は赦すことによってのみ消えるということをわれわれは世界に明らかにしなければならない。全ての人類の運命がわれわれにかかっているというのはこのためである[85]。（強調引用者）

朝鮮民族は、「インド、ユダヤ、黒人」と同様に「世界の不義」を背負う者で、これら「世界の不義」を背負う者は、「愛」や「赦し」によって世界的使命を果たすという。苦難があるのは「世界の不義」を一身に背負ったからであること、「苦難ゆえに人類を救える」というロジックの完成である。
　また、彼らによって世界がどう変わるかについて、次の通りに記している。

信仰は世界をひっくりかえす。ふつう、理性で知る世界は現象の世界だ。それは真ではない。真の世界は現象の背後の真の信仰へ開かせる。それゆえ世界が変わる。信仰の立場でみる時、世の中の大きいというものが小さく、強いというものが弱く、世の中の正しく貴いというものが、間違って賤しいものになる。それは真があらわれるからである。つまり正しく言えば、信仰が世界をひっくりかえすのではなく、世の中がひっくりかえしておいたのを信仰がもとに直すのである。……いま、人類歴史にそれが起ころうとしている。いや、「時が来る、今がその時だ」、すでに起こっている。韓国が世界の韓国になり、アフリカ黒人が世界列強を鼻であしらうことは何を意味するか。今まで弱肉強食を根本原理としてきた文明が、次第にその目標が虚像であることを知り始めた。これから先、歴史の方向は一八〇度変わるだろう。(86)（強調引用者）

　ここで意味する「大きい」「強い」「正しく貴い」とは、弱肉強食の世界を作り上げ、世界をわが物顔で牛耳るこの時代の列強の帝国主義を意味するのであろう。逆に、「小さく」「弱く」「間違って賤しいもの」とは帝国主義に踏みにじられた弱小国のことである。このような列強の帝国主義を否定する記述がある章「苦難の意味」と「歴史が示すわれらの使命」は、植民地時代には検閲を受けて削除され、目次のみの記載となっている。

イザヤ書の「苦難の僕」と韓国の「受難の女王」

苦難の民族こそが世界を救う民族であるというロジック、世界史において取るに足りない弱小国が逆転し、大国に勝ることを示すロジックは、旧約聖書のイザヤ書の中にある、第二イザヤによって記された「苦難の僕」の物語を彷彿とさせる。このことは、咸錫憲研究者が既に指摘している。(87)

第二イザヤとは、バビロン捕囚時代に活躍した預言者である。「苦難の僕」の物語は、旧約聖書の中で最も有名な聖句の一つで、キリスト教においては、イエス・キリストの生涯を予言する重要な聖句と認識されている。

「苦難の僕」は「見よ、わがしもべは栄える。彼は高められ、あげられ、非常に高くなる(88)」から始まる。人々に軽蔑され、病を持ち忌み嫌われていた僕がいた。僕は、人々の咎《とが》や不義のために苦しめられていたが、人々は、そのことに気付かなかった。僕を苦しめることは神のみ旨であり、黙って苦しみを受け、咎の供え物となったことから、神は僕を高められたという物語である。

荒井章三によれば、「僕には受動的ではない、むしろ能動的な姿を見てとることができ、〈苦難〉という受動を通じて〈贖い〉という能動をあらわすという神の性格がここに現れている(89)」という。すなわち、哀れで力のない僕は、自らのものではない咎を積極的に引き受ける、苦難を担うという代理的犠牲、つまり代贖を行っている。僕は、自らは潔白であるにも関わらず、他者の罪と罰、死という苦難を神の憐みと義の心によって受け入れているから、「苦難・屈辱」から「栄光・高挙」へと持ち上げられるのだという。

この「苦難の僕」が誰なのかについては、様々な解釈がされてきた。荒井は栄光から苦難へと下がり、そのことを通じて神の栄光をあらわにするこの僕は、個人であれ、集団であれ、歴史の彼方に待望されるメシアとして位置付けられているとする。[90] キリスト教神学において、「苦難の僕」は「苦難の十字架を通じて人類の贖罪を行うイエスキリスト」だと解釈されているし、同時代に生きた苦難を背負う捕囚のイスラエル民族であるとも考えられてきた。預言書を書いた第二イザヤとは、エレミヤやエリアではないかという説もある。

苦難の歴史を持ち、取るに足りない朝鮮民族にこそ世界史的な役割があるというのは、まさにこの「苦難の僕」の論理である。世界史を形成するには常に苦難を背負う者が必要であるが、どの民族も世界史の華麗な舞台に出ることを望み、「苦難の僕」の任に就こうとはしない。その役割をわれわれが担おうというのが「受難の女王」思想である。

この苦難こそ韓国がかぶる茨の王冠であると教えてくれるのであった。そして、それは世界の歴史をひっくりかえして裏面を見せてくれるものであった。世界史全体が人類の進む道の根本が元々苦難であると悟った時、今まで虐待され端女としか思わなかった彼女は、いばらの王冠をかぶった女王である。[91]

「受難の女王」とは、「賤しい女であるとしか思われなかった韓国の歴史が、聖書と思想的な思索により、実は王冠をかぶった女王であることに気付く[92]」というものである。朝鮮民族は、世界の救済のため、世界的な不義や苦難を一身に引き受ける代贖の役割を担っており、朝鮮民族が苦難の主人公になったのは世界史における神の摂理であるという使命感を見出したのである。

苦難の歴史という終末論的歴史観[93]は、最も下にある者が最も栄光の地位にあるという発想の逆転をもたらした。このことは、国際的地位においても取るに足りなかった六〇年代の韓国の人々に、大きな希望を与えたことはいうまでもない。だからこそ、この著作は韓国社会に受け入れられ、今なお韓国社会で大切にされているのである。

三節　小結

解放後の韓国では、朝鮮戦争を経た六〇年代に入った頃から民族主義が高揚し始め、「韓国的なるもの探し」が活発になった。その中核を担ったのは文学界である。恨が一目置かれたのは金素月の作品考察の過程で抽出されたのがきっかけであったが、六〇年代になると「韓国的なるもの探し」の潮流の中で、恨の抽出作業が金素月以外の作品にも拡散し、恨が韓国文学一般の特徴となったとされる(94)。こうした文壇の動きとともに、「韓国的なるもの探し」の著述も行われた。そこで著者が注目したのが、当時のベストセラーであった李御寧の『土の中に、あの風の中に』(六三)である。

李御寧は、『土の中に、あの風の中に』で恨を明確に定義付けてはおらず、直接言及した箇所もそれほど多くない。にも関わらず、日本語翻訳版発行時に、先のエッセイは「恨の文化」を記述したものであったと李御寧自身が振り返っている。一方、後に翻訳版のタイトルを『恨の文化論』と名付けるほど、恨をアイデンティティーとして肯定的に受け入れているのとは対照的に、六三年当時は恨を無くすべきネガティブなものとして捉えていたことが分かった。「中途半端」「曖昧模糊」「脆弱性」「没個性」「主体性の無さ」「宿命論的」など、李御寧の捉えた恨のようなものを拾い上げていくと、否定的な記載が多い。こうした記述の多くは、現在の恨のイメージからは打ち消されている。またエッセイの中で、恨の主体を伝統社会の女性から朝鮮民族へと、少しずつ押し広げていく様子も読み取れた。

他方で李御寧は、芸術分野には比較的肯定的な視線を向けていた。悲哀を込めた芸術を美しいと語った柳宗悦の主張を借りて、恨のようなものをポジティブな態度で綴っている。現在の恨につながるイメージ、中でも「情恨」のイメージが、悲哀、涙などの言葉を用いて同著全体に散りばめられているのが特徴である。『土の中に、あの風の中に』を読み込んでいくと、考察の土壌に「苦難」を抱えた民族の歴史があることに気が付く。個人ではなく民族として恨を持ち得たのは、「苦難の歴史」を共有しているからだという帰結になるのである。そこで新たに注目したのが、朝鮮民族の苦難をテーマにした咸錫憲の『意志から見た韓国の歴史』（六二）である。

咸錫憲は、古代から現代までの通史を中心に民族の文化や社会について緻密かつ詳細な記述を試み、朝鮮民族の苦難を浮き彫りにしようとした。そして、四千年の苦難の歴史があるからこそ、世界の不義を精算する歴史的使命を担うことができるというパラダイム転換を促している。『意志から見た韓国の歴史』は、われわれの歴史は「苦難の歴史」という共通認識を韓国の人々に抱かせ、かつ「苦難にこそ希望がある」「虐げられた者こそが貴い」というロジックの源泉だと考えられる。現在でもこの著作が「古典」として大学生の必読書に定められているのは、ナショナルアイデンティティーのルーツとしての認識があることの証左といえよう。

咸錫憲が『意志から見た韓国の歴史』によって、朝鮮の歴史に「苦難」のイメージを植え付けたことは、恨が民族性として認識されていく過程において大きな役割を果たしたと考えられる。「苦難の歴史」という共通認識こそが、韓国社会において「恨の民族」言説が広く普及する土壌となっているからである。

『土の中に、あの風の中に』と『意志から見た韓国の歴史』を考察したことで、明らかになったことがある。文学界で恨、特に「情恨」がナショナルアイデンティティーへと発展していく議論には、恨の美しい様相しか登場しないが、実際にはネガティブな性質が相当伴っていたということである。

両著作に見られる自国認識や自文化の評価は、「萎縮し無気力な宿命論的な存在」という至極自虐的なものである。他民族の支配の中で自己像が歪められたからでもあろうし、朝鮮戦争による被害や世界有数の貧困国家といった「当時の悲惨な状況」も影響したであろう。

クォン・ボドゥレは、李御寧や咸錫憲といった文学界の知識人や朴正熙について、「後進国コンプレックスにもがき苦しむナショナリストーナルシストであった。ナルシズムの過大な自己理想は自己愛の対立物である劣等感と自己嫌悪を常に同伴している」[95]と述べている。苦難のイエスが人類を解放するというモチーフに自国の歴史を重ね合わせ、苦難にこそ希望を見出そうとした『意志から見た韓国の歴史』は、劣等感を同伴した過大な自己理想ともいえる。

このように当初の恨は、彼らが「受難の叙事」を繰り返す中で登場する、劣等感と自己嫌悪の表象、後進性の嘆きと象徴であったのである。しかし、やがて恨の雑味や濁りが浄化され、透き通った玉のように美しく磨き上げられていくことになる。

注

（1）韓国併合に強く関与し、韓国では現在でも「売国奴」して名を残す政治家。

（2） 朴正熙『わが民族の進むべき道』（ソウル：東亜出版社、一九六二年）、八四－九六頁
（3） 「Ⅱ、わが民族の過去を反省する」の章は次の節で構成されている。
一、李朝建国理念の形成
二、李朝の社会構造が持つ病理
三、李朝の専制的土地制と「両班」経済
四、李朝党争史の反民主的弊習
五、李朝社会の悪遺産たち
六、伝承すべき遺産たち
七、李朝亡国史の反省
八、破滅から再建へ
九、韓国の近代化のために
（4） 前掲『わが民族の進むべき道』、八九－九〇頁
（5） キム・ジュヒョン「一九六〇年代の〈韓国的なるもの〉の言説地形と新世代の意識」『尚虚学報』（尚虚学会、二〇〇六年）、三九二頁
（6） キム・ウォン「〈韓国的なるもの〉の占有を巡る競争―民族中興、内在的発展、そして大衆文化の痕跡」『社会と歴史』（九三）（韓国社会史学会、二〇一二年）、一九一頁
（7） 木宮正史『ナショナリズムからみた韓国・北朝鮮近現代史』（東京：講談社、二〇一八年）、八二頁
（8） 前掲「〈韓国的なるもの〉の占有を巡る競争―民族中興、内在的発展、そして大衆文化の痕跡」、一八八頁
（9） 前掲「一九六〇年代の〈韓国的なるもの〉の言説地形と新世代の意識」、三八二頁
（10） 前掲「〈韓国的なるもの〉の占有を巡る競争―民族中興、内在的発展、そして大衆文化の痕跡」、一九八頁
（11） 伊藤亜人『アジア読本 韓国』（東京：河出書房新社、一九九六年）、一七三頁

(12) アン・スミン「一九六〇年代のエッセイズム」(延世大学大学院碩士論文、二〇一五年)、五三頁
(13) 前掲「一九六〇年代のエッセイズム」、五四頁
(14) 小倉紀蔵「李御寧」古田博司・小倉紀蔵編『韓国学のすべて』(東京:新書館、二〇〇二年)、二三二頁
(15) クォン・ボドゥレ他『一九六〇年代を問う』(ソウル:千年の想像、二〇一二年)、三〇三頁
(16) 前掲『一九六〇年代を問う』、三〇三頁
(17) 李御寧『恨の文化論』(東京:学生社、一九七八年)、二七八頁
(18) 各エッセイのタイトルは次の通り。「風景の背後にあるもの」「涙の文化」「ひもじさの跡」「ユンノリの象徴」「東海の海老」「ヌンチで生きる」「生かしてくれとヘルプミー」「桃太郎と太陽と月」「耳の文化と目の文化」「石垣の意味」「咳払いとノック」「政治家とアリラン」「飲み物文化論」「衣装について」「翼よ生えよ」「パジとズボン」「白衣論争」「帽子の論理」「長竹に見る反行動性」「〈紐〉の社会」「〈仲間同士〉で生きる」「食膳から見た社会」「〈われわれ〉と〈私〉」「だれの歌か?」「愛について」「長い長い夜の歌」「月下の風俗」「女人たち」「〈嫁暮し〉の分析」「ノンゲかファンジニか」「花札とトランプ」「〈土亭秘訣〉が暗示するもの」「〈商店〉と〈市の立つ日〉と」「〈背負子〉を嘆く」「左側通行か右側通行か」「玩具なき歴史」「汽車と反抗」「春香とヘレン」「新羅五陵とピラミッド」「パガチの形態美」「色彩について」「ハスキー・ヴォイスの由来」「〈モッ〉と〈スタイル〉」「独楽鞭を折れ」「耕耘作業」
(19) 四九本のエッセイのうち、①欧米や日本との比較が一五本、②民族的な思考法などを見出そうとしたものが一六本、それ以外もしくは①と②をミックスさせたものが一八本。
(20) 李御寧『韓国人の心 増補恨の文化論』(東京:学生社、一九八二年)、一六九―一七〇頁
(21) 前掲『韓国人の心 増補恨の文化論』、一七〇頁
(22) 前掲『韓国人の心 増補恨の文化論』、一七五頁
(23) 前掲『韓国人の心 増補恨の文化論』、二三四頁
(24) 金東里「青山との距離―金素月論」『文学と人間』(ソウル:白民文化社、一九四八年)

(25) 前掲『韓国人の心　増補恨の文化論』、二四五頁
(26) 前掲『韓国人の心　増補恨の文化論』、二八六頁
(27) 前掲『韓国人の心　増補恨の文化論』、二八七－二八八頁
(28) 一説によると一五％ほどであったという。
(29) 鄭百秀『コロニアリズムの超克』（東京：草風社、二〇〇七年）、三一九頁
さらなる詳細な議論は鄭百秀「韓国文学・文化論における民族中心主義と恨」、高市順一編著『文化研究の新地平』（はる書房、二〇〇七年）を参照。
(30) 前掲「青山との距離－金素月論」『文学と人間』
(31) 前掲『コロニアリズムの超克』、三〇三頁
(32) 千二斗『韓国的恨の明と暗』（広島：エミスク企画、二〇〇四年）、四五頁
(33) 前掲『コロニアリズムの超克』、三〇一－三〇三頁
(34) 沈善映「*THE COLONIAL ORIGIN OF "DISCOURSE OF HAN" AND ITS RELIGIOUS SIGNIFICANCE IN MODERN KOREA*」（筑波大学大学院修士論文、一九九八年）、四五頁
(35) 前掲『コロニアリズムの超克』、三〇三頁
(36) 前掲『コロニアリズムの超克』、三〇五頁
(37) 代表的な例として『現代文学』（七二）（ソウル：現代文学社、一九六〇年一二月号）に掲載された「金素月特集」の九本の論文が挙げられる。
(38) 前掲『コロニアリズムの超克』、三〇三頁
(39) 前掲『コロニアリズムの超克』、三〇四頁
(40) 一九一九年の三・一運動の際に書いた「朝鮮人を思う」は有名な小論であり、柳宗悦は朝鮮美術の専門家ではなかったが、朝鮮の美術や工芸についての論文を多く残した。

(41) 高崎宗司「柳宗悦」伊藤亜人他編『朝鮮を知る事典』(東京：平凡社、二〇一四年)、五四八頁
(42) 柳宗悦「朝鮮の友に送る書」鶴見俊輔編『近代思想体系二四　柳宗悦集』(東京：筑摩書房、一九七五年)、一九〇－一九一頁
(43) 柳宗悦「朝鮮人を思う」鶴見俊輔編『近代思想体系二四　柳宗悦集』(東京：筑摩書房、一九七五年)、一八〇頁
(44) 前掲「一九六〇年代の〈韓国的なるもの〉の言説地形と新世代の意識」、三八六頁
(45) 呉世栄の語りでは次のように柳宗悦の言説が再生産されている。
「韓国人の音楽はとても弱弱しいながらも一本の線のような感じを与えます。例えば伽耶琴の音色は消えるようで消えずに一つの線をなし、パンソリの旋律が絶えそうで絶えないのは韓国の恨の表現のように思われます。韓国の建築や美術の美しさは線の中にあるとの指摘をしばしば耳にしますが、この場合の線は直線ではなく曲線です。(中略)韓国建築の隅木の線とか、韓国女性服のチョゴリの付紐や衿、足袋の線などいずれも曲線です。したがって音楽から美術、建築、服装に至るまで視覚的な線のすべてを恨の表現と考えてみました。ではなぜこれらが恨と関連するかという問題が起こります。私は恨は一本の線ではないかと思う。決断したり解決したりする感情でなく、未解決の感情として切れずにどこまでも続いていく感情です」国際文化財団編『韓国文化のルーツ』(東京：サイマル出版会、一九八七年)、一〇五頁
(46) 南富鎮『近代日本と朝鮮人像の形成』(東京：勉誠出版、二〇〇二年)、一四頁
(47) 前掲『近代日本と朝鮮人像の形成』、三六－三七頁
(48) 前掲『近代日本と朝鮮人像の形成』、七七頁
(49) 崔夏林「柳宗悦の韓国美術観について」柳宗悦『韓国とその美術』(坡州：知識出版社、一九七四年)、二五五－二五六頁
(50) 「李御寧の思考こそ(韓国を題材としながらも)韓国を逃避する精神であり、日本と西洋意識にあこがれる意識の残存である。一見日本と西洋の意識を蔑視しているが心では思慕している作家の意図を垣間見ることができる」ハン・スンオク「李御寧の帝国主義的視角と西洋の文献に見られる韓国文化比較」『ウリ語文研究』(二五)(ウリ語文学会、二〇〇五年)、

二七三頁
「(六〇年代のエッセイは)現実的で具体的な分析や客観的な論証がなされず、抽象的で感傷的な自己批判と反省にとどまっている。そしてそれを基盤とした前近代的で後進的な自国の像を反復的に証明、確認している」「六〇年代エッセイが扱った民族的な自己認識は興味以上のものを提供せず、抽象的、感傷的な自己批判と反省にとどまっていた」前掲「一九六〇年代のエッセイズム」、四六頁
「受難の叙事と植民地および戦争被害経験を根拠とした被害者民族主義」「後進コンプレックスにもがき苦しむナショナリストーナルシストだ。過大な自己理想は自己愛の対立物である劣等感と自己嫌悪が常に同居している」前掲『一九六〇年代を問う』、二九四頁
(51) 前掲『韓国人の心　増補恨の文化論』、六頁
(52) 前掲『韓国人の心　増補恨の文化論』、一八頁
(53) カン・ジンホ他「李御寧　戦後文学と〈偶像〉の破壊」『証言としての文学史』(ソウル:キプンセム、二〇〇三年)、六七頁
(54) 内村鑑三に影響を受けた人物たちが発行していた信仰同人誌。
(55) 長老派などのキリスト教では、「偉大な神」により人間は自由意志を与えられ判断ができるようになったが、人間の認識不足によって、神が元々定めた計画や予定を放棄していると考える。
(56) 咸錫憲『苦難の韓国民衆史』(東京:新教出版社、一九八〇年)、六九頁
(57) これら三つは演劇で例えると、それぞれ「舞台」「俳優」「脚本」に匹敵するという。
(58) 前掲『苦難の韓国民衆史』、七〇頁
(59) ハングル文字のこと。
(60) 前掲『苦難の韓国民衆史』、一九三頁
(61) パク・コルスン「咸錫憲の歴史叙述と歴史認識」『韓国史学史学報』(二二)(韓国史学史学会、二〇一〇年)、三六頁

(62) 倉塚平「朝鮮キリスト教とナショナリズム」『現代民主主義の諸問題』(東京：御茶の水書房、一九八二年)、一四四頁
(63) 李鍾聲「韓国キリスト教会の実態—過去・現在・未来—」『東京神学大学総合研究所紀要』(五)(東京神学大学、二〇〇二-〇三年)、一五六頁
(64) 前掲『苦難の韓国民衆史』、三六二頁
(65) 前掲『苦難の韓国民衆史』、三六三頁
(66) 前掲『苦難の韓国民衆史』、二二七頁
(67) 前掲『苦難の韓国民衆史』、二八七頁
(68) 前掲『苦難の韓国民衆史』、七八頁
(69) 前掲『苦難の韓国民衆史』、七五頁
(70) 前掲『近代日本と朝鮮人像の形成』、七六頁
(71) 前掲『近代日本と朝鮮人像の形成』、七七頁
(72) 李光洙は今日の朝鮮の衰退の原因について、排他的愛国心が持てないこと、彼岸的な楽園を求める宗教や深奥な哲学的思索や科学的探究に対する努力を軽視したこと、虚偽、非社会性、経済的衰弱などを挙げている。
(73) 李郁珍「李光洙の〈改造論〉の意味の再考察」『埼玉女子短期大学研究紀要』(三五)(埼玉短期女子大学、二〇一七年)、一四〇頁
(74) 前掲「李光洙の〈改造論〉の意味の再考察」『埼玉女子短期大学研究紀要』、一三九頁
(75) 前掲『苦難の韓国民衆史』、三四七頁
(76) 前掲『苦難の韓国民衆史』、三四七頁
(77) 前掲『苦難の韓国民衆史』、三五五頁
(78) 前掲『苦難の韓国民衆史』、九〇-九二頁
(79) 李敦化は雑誌『開闢』(一九二〇)の論説「朝鮮人の民族性を論じる」で、「朝鮮人の民族性は善である」と主張している。

安自山は『朝鮮文学史』（一九二二）の付録で、朝鮮民族の特徴として「礼節」「平和楽天」「人道正義」というポジティブな性格を挙げている。崔南善は『朝鮮の歴史』（一九二八）の付録「歴史を通じて見た朝鮮人」で、「韓国の歴史の特徴は道徳的であり、平和を愛する。また思想の基調は楽天的である」と述べている。具滋玉や韓偉健も『開闢』（一九二五）の特集「朝鮮自慢特集号」で、民族的長所について主張を展開している。

(80) 前掲『苦難の韓国民衆史』、三六七頁
(81) 前掲『苦難の韓国民衆史』、七一頁
(82) 前掲『苦難の韓国民衆史』、三六一頁
(83) 前掲『苦難の韓国民衆史』、三四九頁
(84) 前掲『苦難の韓国民衆史』、三六三頁
(85) 前掲『苦難の韓国民衆史』、三七七－三七八頁
(86) 前掲『苦難の韓国民衆史』、三七一－三七二頁
(87) 李正培「咸錫憲の意志から見た韓国の歴史の中に現れた民族概念の神学的省察」『神学と世界』（五五）（監理教神学大学、二〇〇六年）、一八三頁
(88) 「イザヤ書」五二章一三節『口語訳聖書』（東京：財団法人日本聖書協会、二〇一五年）、一〇二〇頁
(89) 荒井章三『ユダヤ教の誕生』（東京：講談社、二〇一三年）、一三三頁
(90) 前掲『ユダヤ教の誕生』、一三四頁
(91) 前掲『苦難の韓国民衆史』、七一頁
(92) 朴賢淑「咸錫憲における〈受難の女王〉解釈の推移について」『日本の神学』（四九）（日本基督教学会、二〇一〇年）、九四頁
(93) チョ・グァン「一九三〇年代咸錫憲の歴史認識と韓国史理解」『韓国思想史学』（二一）（韓国思想史学会、二〇〇三年）、五三〇頁

(94) コラムニストの李圭泰(『韓国人の意識構造』『韓国人の恨』)、民俗学者の金烈圭(『恨脈怨流』)は、韓国文化論の中で本格的に「韓国人の国民性は恨」言説を語っている。

(95) 前掲『一九六〇年代を問う』、二九五頁

三章　「解し／解きの文化」の発見：大衆にとっての恨とパンソリ・巫俗

풀이《プリ》とは韓国語の動詞の풀다《プルダ》の名詞形である。풀다は「解《ほぐ》す、解《と》く、解散する、解除する、解消する、和らげる」といった意味を持つ。풀이《プリ》は「解し／解き」、한풀이《ハンプリ》は「恨解き」と訳すことにする。恨解きは一般的に「雪辱を晴らす、リベンジする、願いがかなう」といった意味で使われており、宗教の分野では「鎮魂」という意味でも用いられる。

この章では、恨が解放後の韓国の大衆にとってどのようなものであったかを確認するために新聞や映画の恨言説を追う。また恨とデモを関連付ける言説のもととなるとされる抵抗詩人・金芝河の恨言説を振り返る。そして最後に、「解し／解き」の概念が李御寧や民俗学者・金烈圭の恨言説に取り込まれて行く過程を考察する。

一節　大衆における恨：新聞調査

一、新聞調査における恨言説

研究の概要

恨に関する先行研究は、文学研究者や思想家が「書いたもの」を対象として、恨の概念や世界観を考察するものが主であった。しかし、それらの研究だけでは、韓国社会全体における恨理解は明らかにならない。特に、恨が韓国の大衆社会の中でどのように使われてきたのか、恨が民族的なものとして理解される背景に何があるのかは見えてこない。そこで、この節では、より大衆性のある新聞記事を考察対象とすることにする。本研究の成果と既存の言説研究を重ね合わせることで、複視眼的に恨言説を捉えられるようになるものと考える。

考察する新聞は、戦前から発刊されている朝鮮日報と東亜日報である。韓国大手情報検索サイトＮＡＶＥＲが提供しているＮＡＶＥＲデジタルニュースアーカイブ[1]を用い、一九四五年から一九七五年までの新聞記事の中から、記事の見出しおよび本文に恨が登場するセンテンスを抽出した。

恨の韓国語である「한《ハン》」の入力だけでは、「一つ」や動詞「する（하다《ハダ》）」の連体形など、膨大な恨以外の語彙が検索されてしまうが、新聞の場合、漢字の「恨」あるいは「한《ハン》（恨）」と表記することが多いため、漢字によるキーワード検索を行った[2]。抽出した記事は、ソフトウェアＫＨＣｏｄｅｒ[3]を利用して、抽出語の

頻度や相関関係などを分析した。

一九四五－七五年の調査期間を、三つの期に分けた。この区分は、木宮正史のナショナリズムによる韓国現代史の時代区分を参照した。木宮は、四五年から六〇年代までを「冷戦体制下の分断・競争ナショナリズム（北朝鮮優位）」の時代とし、七〇年を韓国現代史のターニングポイントに捉えて七〇－八〇年代を「冷戦変容下の分断・競争ナショナリズム（韓国優位）」としている。[4] ただ、六一年五月一六日の朴正煕の軍事クーデターによる政権交代の前後で社会が大きく変容した点を考慮して、本書では解放直後から初代大統領李承晩が退陣する年までの四五－六〇年をⅠ期、朴正煕の軍事クーデターの年から日本との関係が正常化した六一－六九年をⅡ期、木宮がターニングポイントとした南北関係に変化が見られた七〇－七五年をⅢ期とする。

二、KHCoderを利用した記事分析

1　分析の全体像

恨が登場する朝鮮日報、東亜日報の各時代の記事件数および分類は次の通りである。恨を含む新聞記事は、Ⅰ期四九五件、Ⅱ期六四五件、Ⅲ期四五五件の計一五九五件が抽出された。恨を含む記事は、朝鮮戦争中を除けば徐々に増える傾向にあり、六〇年代初頭に一度目のピークが存在し、七〇年代になって再び増加している（図1）。

NAVERアーカイブに基づく政治、経済、生活／文化、社会、スポーツ、IT／科学、芸能、広告の八

図１　恨登場記事件数（1945－75年）

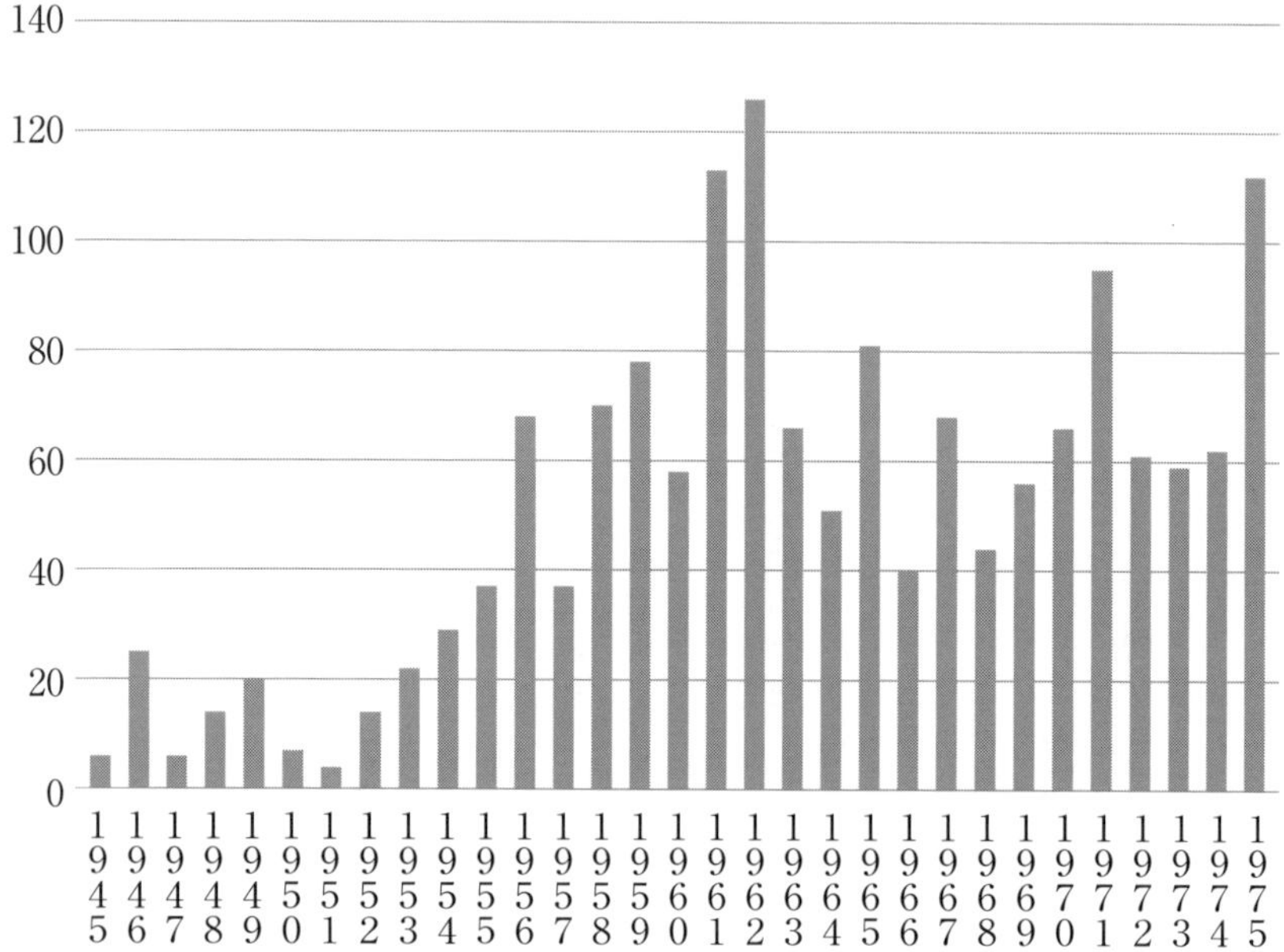

図２　恨登場記事の分類別割合（1945－75年）

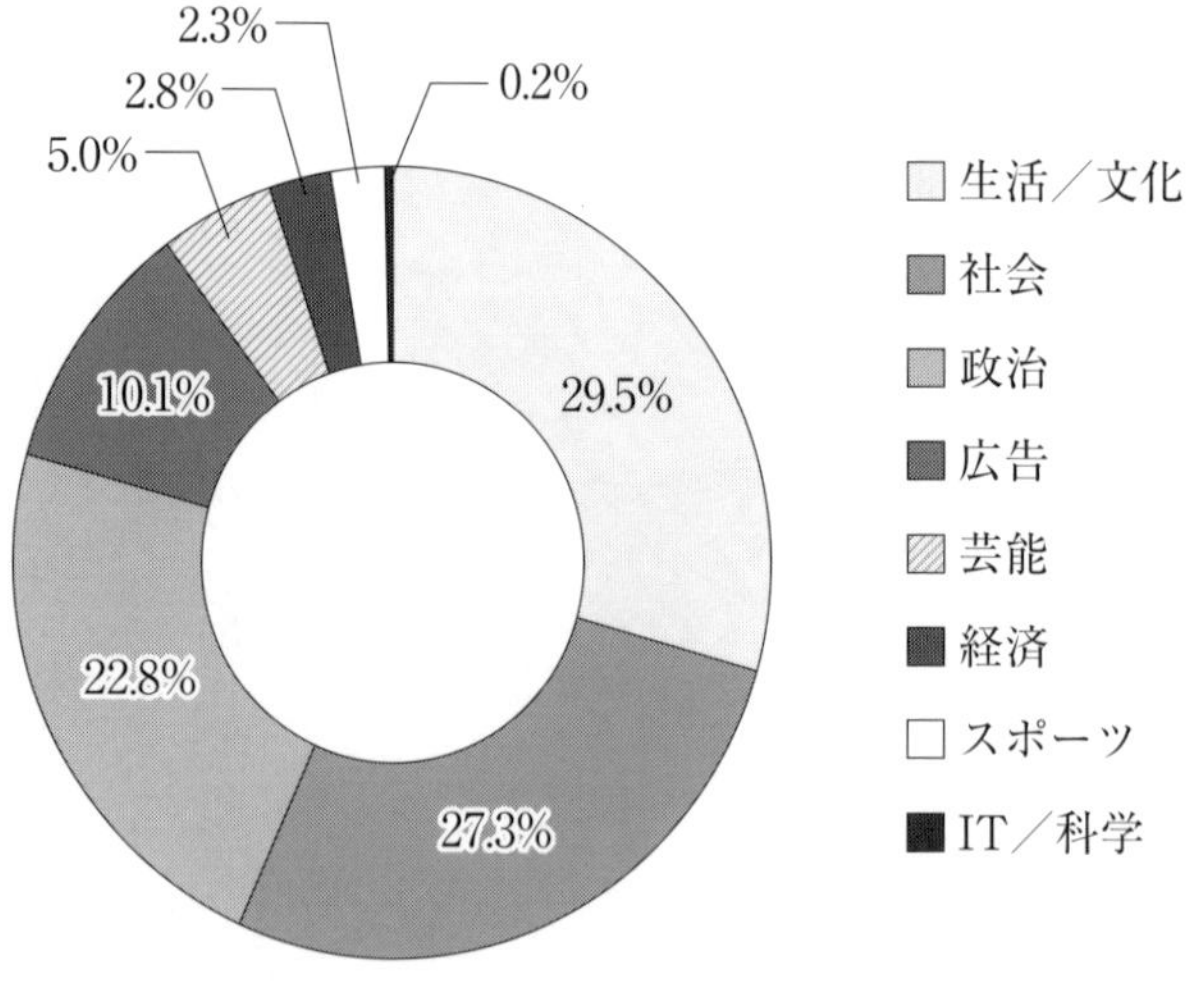

図３　恨登場記事件数（1945－75年）

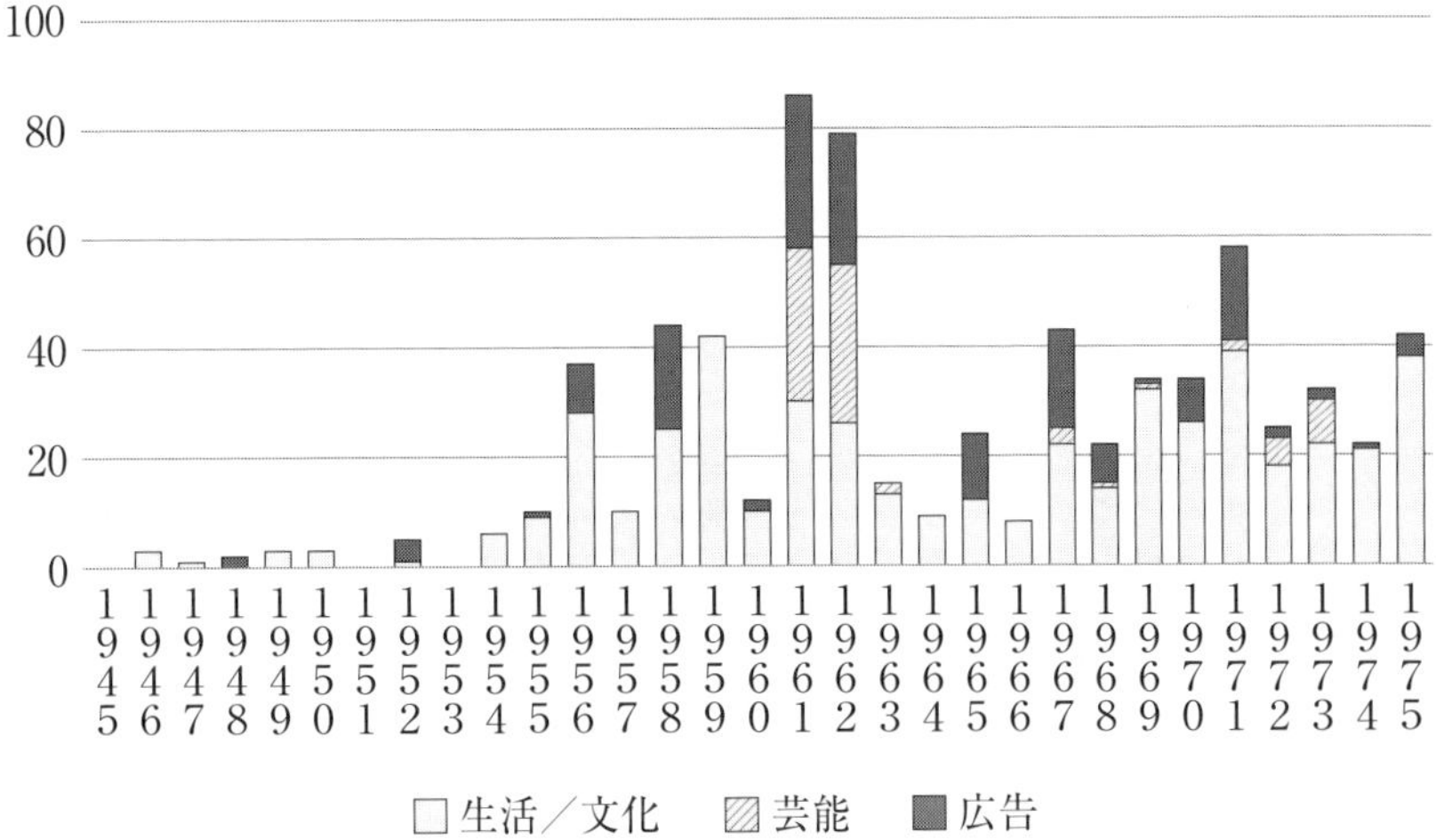

図４　恨登場記事件数（1945－75年）

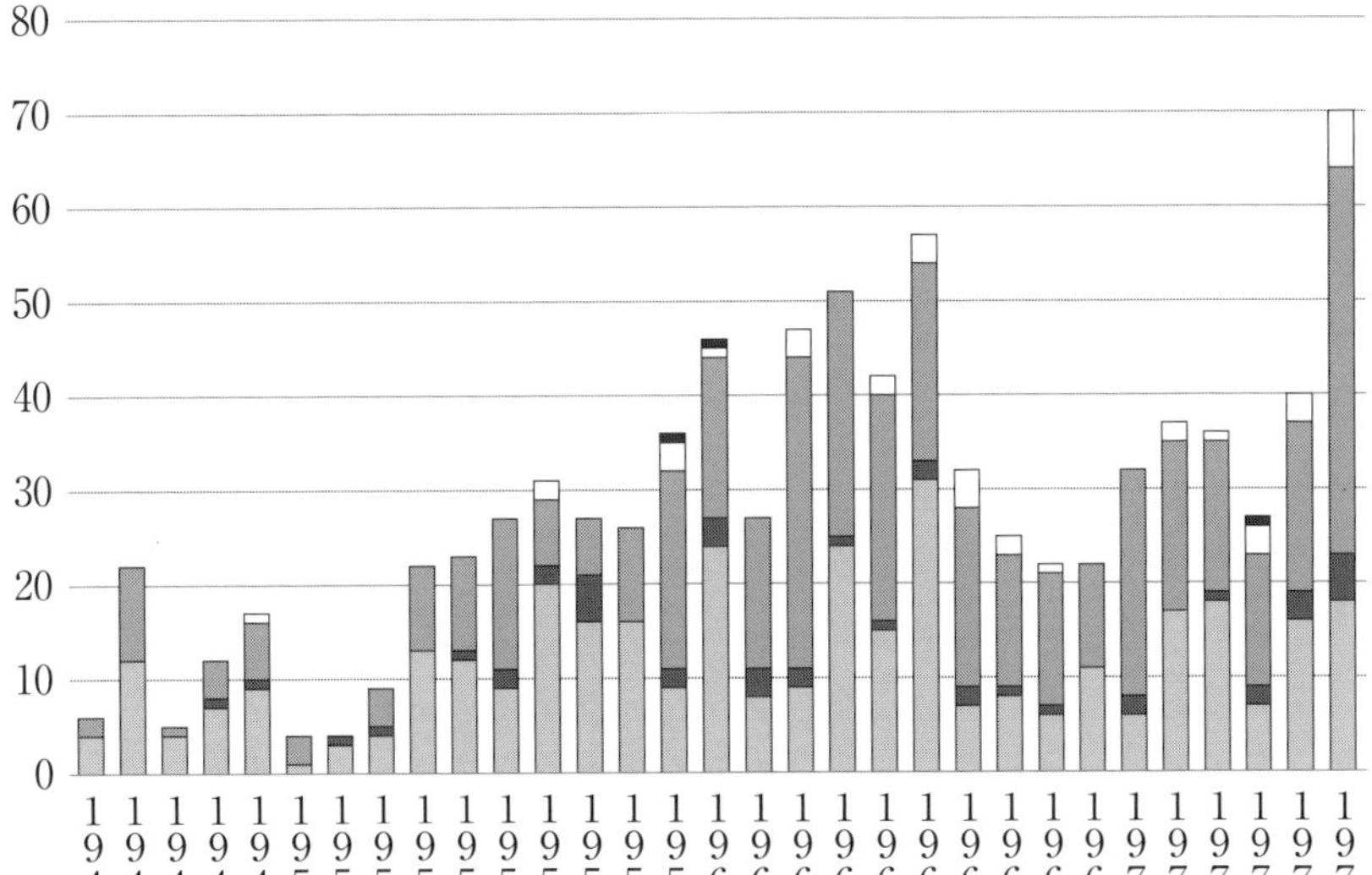

つの分類では、生活／文化面、社会面、政治面の順に恨の登場件数が多かった（図2）。また、考察期間の前期は政治面や社会面、一・二面が大部分を占めていたのに対して、後期では生活／文化面、四・五面での件数が増加している。IT／科学面には恨言説がほぼ登場しない。

芸能・広告面の特徴も確認しておく。朝鮮日報には芸能面がなく、芸能記事は生活／文化面に含まれている。これらの面では、映画や歌謡曲のタイトルおよび小説の章題目、解説などで恨が多数抽出された。そこには『怨恨の城』（一九五五）、『千秋の恨』（一九五六）、『恨多き青春』（一九五八）、『我が青春に恨はない』（一九六一）、『恨多きミアリ峠』（一九六二）、『恨多きソクのママ』（一九六五）、『恨』（一九六七）、『姉の恨』（一九七一）など、タイトルに恨を含む映画作品が二〇本ほど含まれていた。[5] タイトルではなく紹介記事に恨が登場する場合もあり、韓国映画に限らずアメリカ映画や香港映画などの海外作品の記事にも恨が含まれることがあった（図3）。映画については、二節で詳述することにする。

作品タイトルに恨が含まれる場合、同広告やイベント情報が複数日に渡って掲載されていたため、広告、芸能、生活／文化面を除いてみたところ、恨が登場する記事数は六五年にかけて伸び、一度落ち込んでから再び七五年に向かって増加していることがより明確になった（図4）。

2　恨とともに用いられる動詞

Ⅰ期では「残す（남기다）」や「抱く（품다）」が「解く（풀다）」を上回っていたのに対して、Ⅱ期は両者が同程度、Ⅲ期になると「解く（풀다）」が最多数を占めるようになった。「残す（남기다）」が徐々に減少する一方、「解く（풀다）」や「解ける（풀리다）」、「凝り固まる（맺히다）」に増加傾向が見られた。また「抱く（안다）」、「癒やす（달래다）」、「宿る（서리다）」もⅢ期に多く見られる動詞である。

図５　件数順に並べた動詞抽出リスト（Ⅰ期：1945－60年）

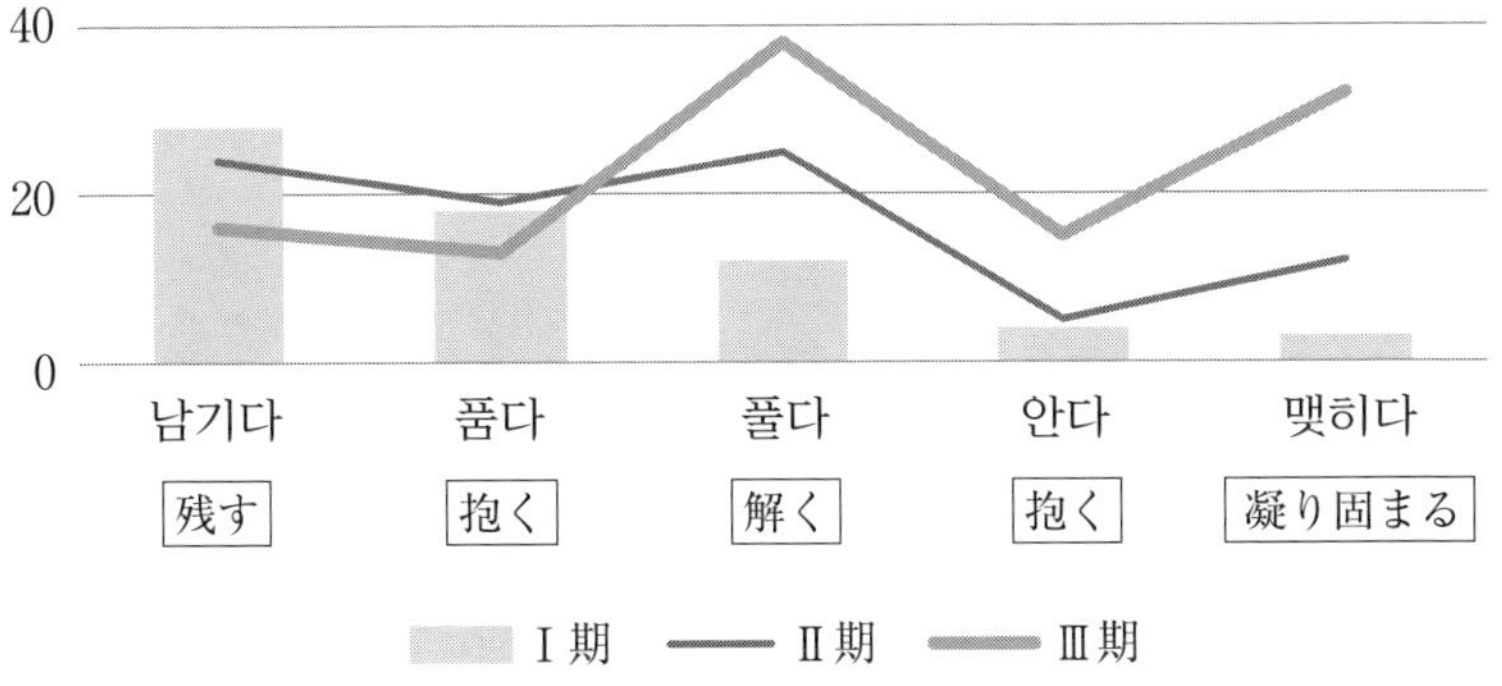

図６　件数順に並べた動詞抽出リスト（Ⅱ期：1961－69年）

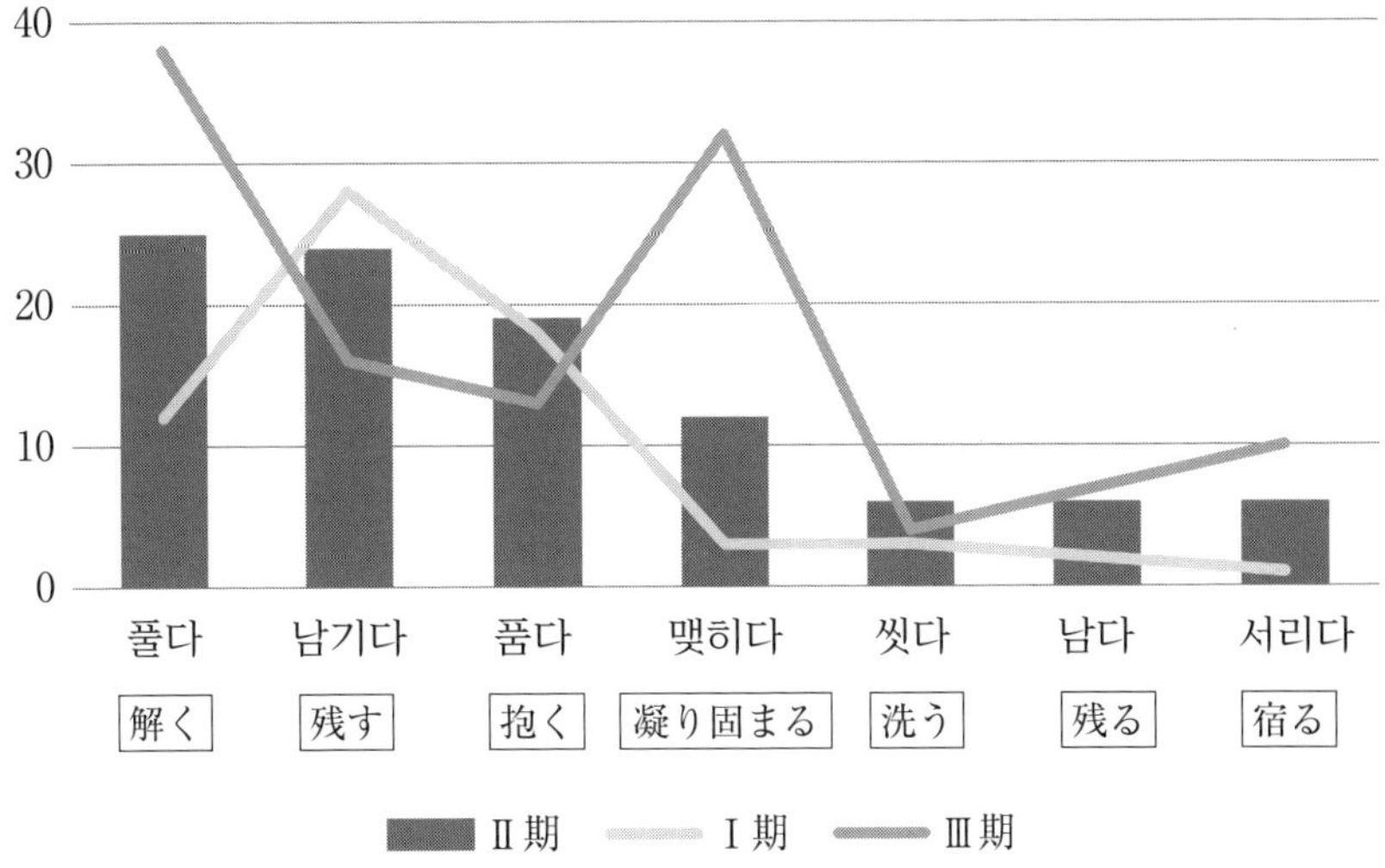

図７　件数順に並べた動詞抽出リスト（Ⅲ期：1970－75年）

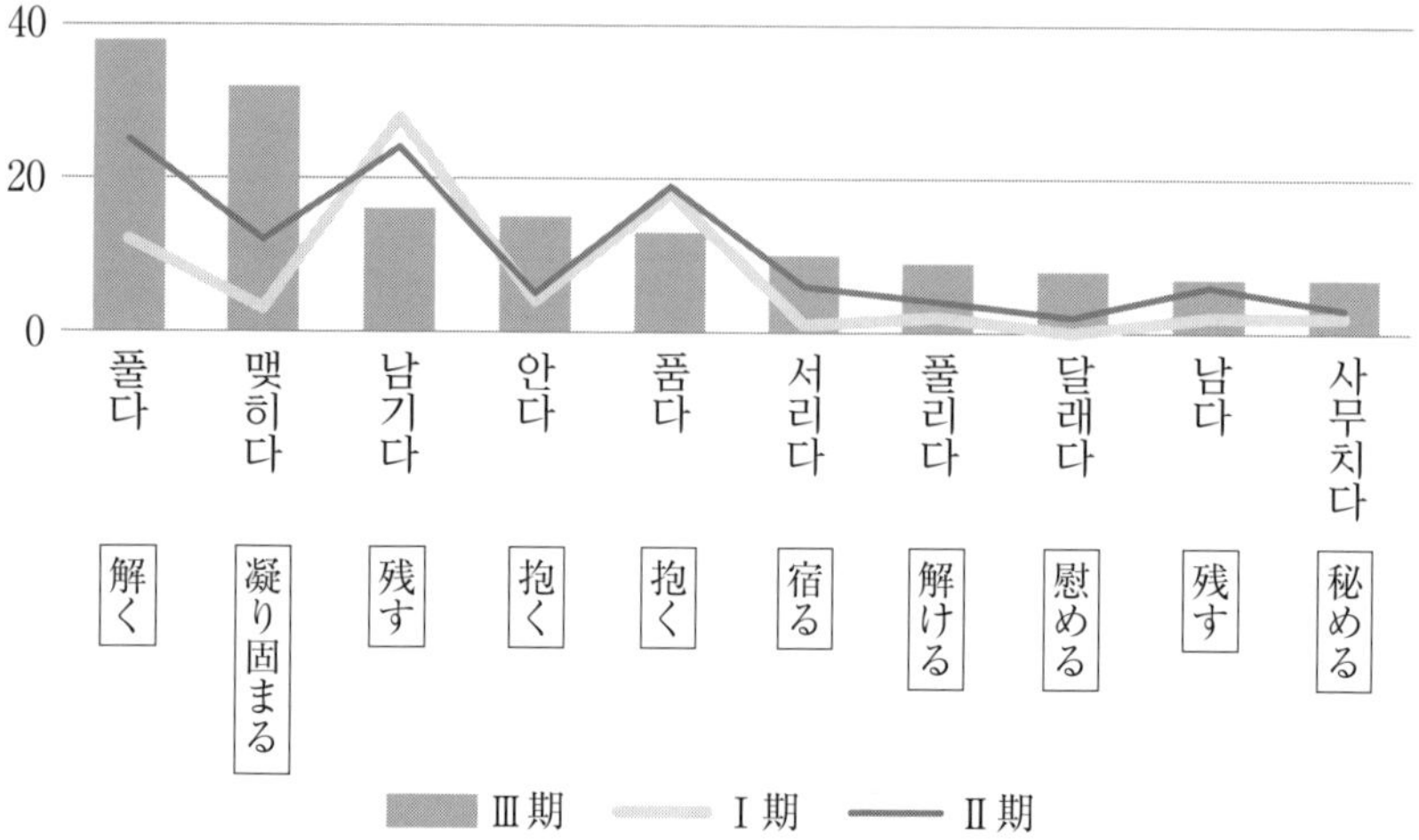

「残す（남기다）」は、「恨を残す（한을 남기다）」という言い回しで用いられることがある。以下、引用の下線部は全て引用者のものである。

・「吉夢は早く覚めやすく、多情な恋は恨だけを残しやすいというのが人生というけれど……」（「飛虎（五一二）葛藤（九）」東亜日報、一九六八年三月一四日、八面、生活／文化〈小説〉）

・「日本の官憲に追われて迫害されたことがある。彼の骨奥深く恨を残した事件である」（「植民地（八七）」東亜日報、一九七一年四月二六日、四面、生活／文化〈小説〉）

「抱く（품다）」は次のように登場する。「恨を抱く（한을 안다）」、「恨を噛みしめる（한을 씹다）」などの類似表現もあった。

・「朝鮮内にある学校は日本人の学生に引き渡され、朝鮮の学生は恨を抱いて玄界灘を渡って行かざるを得なかった」（「日本虐政三六年（八）奴隷教育に終始」朝鮮日報、一九四五年一二月二日、一面、政治）

・「六・二五動乱が起き、彼は後退できずにソウルで隠れ回った挙げ句に南下を決意し唐津まで来たが、傀儡軍につかまり膨らんだ夢を一つも実現できぬまま恨を抱いて彼らの銃弾に倒れてしまいました」（「故成者泰君を追慕する」朝鮮日報、一九六五年五月二日、二面、政治）

ちなみに成者泰は、韓国ボクシングの創設者を父に持ち、重量挙げ、ボクシング、水球などスポーツ万能な乗馬選手で、解放前後の乗馬界に彗星のごとく現れたが、二七歳で没した人物である。

「解く（풀다）」は次のように使用されている。「恨を溶かす（한을 녹이다）」、「恨を脱ぐ（한을 벗다）」、「恨を洗う（한을 씻다）」、「恨を振り払う（한을 털다）」、「恨を返す（한을 갚다）」などの言い回しも存在する。

一つ目は、歌詞集出版目前に亡くなったパンソリの名手である金演洙に関する記事である。

・「彼の執念は、先月末、文化財管理局がそれを出版すると本人に通告することで結ばれた恨を解きはしたものの、彼は本がこの世に出るのを見る前に他界してしまった」（「人間・金演洙氏」東亜日報、一九七四年三月一一日、五面、生活／文化）

・「自分たちは捨てられた身だが、子どもたちだけは自らの果たせぬ恨を解いてみせようと期待を膨らませた」（「『登校拒否─就学延期』の中、悲痛のハンセン病患者村『未感染児童は罪ですか』」朝鮮日報、一九七五年三月二一日、七面、社会）

スポーツ面で使われる動詞でも「解く（풀다）」が上位に来た。

・「ソウル代表の清涼総合高チームをはじめ、各チームは青龍旗を逃した恨を今回の大会では必ず解いて

みせようと固い決意が充満し」（「青龍旗を勝ち取る二〇回目のチャンス」朝鮮日報、一九六五年五月二七日、一面、スポーツ）

・「バスケ　延世としては恨を解いた雪辱戦だった。今年に入って六回目の対決で初めて高麗を負かした」（「高麗、初日二種目勝利　野球－アイスホッケー」朝鮮日報、一九七三年一〇月六日、六面、スポーツ）

このように、スポーツ面では「リベンジ」の意味で「恨解き」が使用されている。

また、恨を持つ行為の強弱によって、表現が変化するようである。最も弱いのが「恨が宿る（한이 서리다）」、ノーマルなのが「恨を抱く（한을 품다）」、最も強い表現が「恨が凝り固まる（한이 맺히다）」となっている。「恨が絡まる（한이 얽히다）」、「恨が積もる（한이 쌓이다）」といった表現もあった。さらに、音楽や詩に恨を込めるときには、「恨を載せる（한을 실다）」、「恨を込める（한을 담다）」、「恨を整える（한을 다듬다）」といった動詞を用いていることが分かった。

3　恨とともに用いられる名詞

名詞抽出リストを見ると「千秋」がずば抜けて多く、「一生」「民族」「亡国」が続き、「日本」「先生」「国」「韓国」「家族」「国民」「祖国」「この世」「女」「涙」「統一」が続いている。[6] 期毎の特徴はこの後詳述するため、ここでは全体としての傾向を確認しておく。

恨と強く結びつく名詞である「千秋」や「亡国」は、「千秋の恨」「亡国の恨」のような定型文として用いられていた。「千秋の恨」は五六年公開の映画のタイトルにもなっており、極めてよく使われる言い回しと

なっている。「千苦の恨」や「千載の恨」といった類似表現も見られた。ただし、「千秋の恨」は「적반하장（賊反荷杖：盗っ人猛々しい）」のような誇張表現でもあり、現在の韓国では時代劇のせりふ中くらいでしか聞かれなくなっている。

「千秋の恨」では、「千秋の恨を残す（남기다）」が最も多く見られる言い回しであった。

・「わが子孫に恨を千秋に残さないためにも……」（「分秒を争い精励第一一回臨時国会開会」朝鮮日報、一九五一年六月一日、二面、政治）

・「千秋の恨を残すことにならないはずがない」（「家族捜し運動の前提条件」東亜日報、一九七一年八月一六日、三面、政治）

・「下手に手を入れて千秋の恨を残すのではなく……」（「都市計画は総合政策で」東亜日報、一九七五年八月一

件数順に並べた名詞抽出リスト
（1945－75年）

		登場回数
천추	千秋	100
일생	一生・生涯	74
민족	民族	70
망국	亡国	56
일본	日本	39
선생	先生	38
나라	国	35
한국	韓国	33
가족	家族	30
국민	国民	29
조국	祖国	28
세상	この世	28
여자	女	28
눈물	涙	26
통일	統一	20
역사	歴史	18
정부	政府	16
북	北	15
독립	独立	15
슬픔	悲しみ	14
자유	自由	14
동포	同胞	11
가락	調べ	9
분단	分断	9
가난	貧しさ・貧困	8
혁명	革命	8
남북	南北	8
회담	会談	8
되풀이	繰り返し	8
국경	国慶	4
사연	エピソード	7
과거	過去	6

一日、二面、社会）

次に多いのが「千秋の恨を抱く（품다／안다）」で、その後に「千秋の恨になる（되다）」が続く。

・「奉化の池署長は……残忍な暴徒の銃弾に、千秋の恨を抱き『大韓民国万歳』を叫び永遠に戻らぬ護国の神になり……」（「暴徒悪戦と苦闘　奉化の池署長壮烈な殉職」東亜日報、一九四九年六月二五日、二面、社会）

・「今日が一二年前、わが三千万の民の千秋の恨になった七・二七休戦調印のその日」（「輓送李承晩博士」朝鮮日報、一九六五年七月二七日、二面、社会）

一方、「亡国の恨」は、植民地時代との相関が強いため、「日本」や「倭政（植民地時代）」、「民族」といった名詞とセットで登場することが多く、「亡国の恨を抱く（품다／안다）」という使用例が最も多く見られた。

・「倭族の圧迫を受けて鉄窓生活を続けやせ細り、亡国の恨を抱きながらこの世を去った故志山金先生……」（「志山文集行発起」東亜日報、一九四六年六月六日、二面、生活／文化）

・「亡国の恨を抱き海外に亡命し」（「真正愛国者論（上）」東亜日報、一九五五年一一月二一日、二面、政治）

「亡国の恨を癒やす（달래다）」や「亡国の恨が宿る（서리다）」などの表現も見られた。

・「大衆歌謡は流浪の悲しみと亡国の恨を癒やしてくれ」（「芸能手帳半世紀歌謡界（一）大衆歌謡の源流」東亜日報、一九七三年二月六日、五面、芸能）

・「日帝下、亡国の恨が宿っていた民衆の心の琴線を震わせた作品」（「麻衣太子公演」[7]朝鮮日報、一九七五年

七月三日、五面、生活／文化）

4　定型的な言い回しにおける恨

全体を通して、恨を用いた定型的な言い回しが多く使用されていることが分かった。

「～であることが恨（-인 것이 한）」または「～がないこと（없는 것이）・～でないこと（아니라서）・～できなかったことが恨（-지 못한 것이 한）」は、「～であること・～でないこと・～できなかったことが無念」の意味で使われている。

・「われわれの当面の実情があまりにも暗澹たることが恨である」（「新しい国の初日」東亜日報、一九四六年八月一五日、一面、政治）

・「授業料を払えないのが恨」（「登録金が出ないことが恨」東亜日報、一九五五年五月八日、三面、社会）

・「商売する人にとってはもっと売れなかったことが恨であり」（「野党の攻駁に緘口戦術」朝鮮日報、一九五六年二月四日、一面、政治）

・「教室に暖房装置を入れられなかったことが恨である」（「今年出来なかった教室の新築」朝鮮日報、一九五六年一二月一八日、四面、生活／文化）

・「アメリカの選挙権がないのが恨」（「無煙塔」東亜日報、一九七五年六月三日、一面、社会）

「～する恨があるとしても（-는 한이 있더라도）」は、「たとえ～な事態に陥ったとしても」という意味の定型的な言い回しである。

・「検察総長の言葉通り一〇人の犯罪者を逃す恨があるとしても、一人の罪のない罪人を作ってはならない」（「横説垂説」東亜日報、一九五八年二月一日、二面、社会）

・「たった一人の読者しか獲得できない恨があるとしても、それだけで十分に放送の目的は……」（「作壇時感　小説」東亜日報、一九六九年六月二一日、五面、生活／文化）

・「民主主義の自由が多少犠牲になる恨があるとしても、経済成長を遅らせてはならないという主張……」（「特別連載韓国人の価値観（四）パンなのか自由なのか」朝鮮日報、一九七二年一月二〇日、四面、生活／文化）

「～すれば（-면）・～しても（-도）恨はない（한이 없다）」は「～できれば・～しても悔いはない」の意味である。

・「自分の手で火を消せれば恨はない」（「美蘇医院に独立促成愛国婦人会」東亜日報、一九四六年四月一六日、一面、政治）

・「国民学校の校長から中学、高校、大学の教授まで、二一年間等しく教鞭を取って来ることができたので、いつ辞めても恨はないが……」（「デモ先導したと『政治教授』という政治発令、キャンパス追われた教授たち」東亜日報、一九六五年九月二五日、三面、社会）

・「ある老人は温かい部屋でお腹いっぱい食べられたら、今死んでも恨はないと溜息をついた」（「横説垂説」東亜日報、一九七五年一二月一六日、一面、社会）

「～すると恨になる（-면 한이 되다）」は、「～すると後悔する」という意味で使用される。

・「見ないと恨になります」（「壇上壇下」東亜日報一九五五年一月六日、一面、社会）

・「海雲台の夕月は見ないと恨になるとか」（「海雲台の月明かりと少女芸人と」朝鮮日報、一九六四年七月三一日、八面、社会）

「恨めしい（한스럽다）」という形容詞も見られ、次のような用例が見られた。

・「苦しみに耐えてまで着飾らなければならないのかとちっぽけな自分を笑いながらも、えいやと脱ぎ捨てることもできない自分の無気力さが恨めしくもある」（「納涼随筆（三）苦役」朝鮮日報、一九五六年七月一七日、四面、社会）

・「満開の花すらも見ることなく過ぎ去って行く春もまた虚しく、春を満喫した記憶などほぼないことが恨めしい。……楽しいはずの幼少期の春さえも、人知れず鬱憤と孤独にさいなまされていた二〇年余り前のあの憂鬱だった春の日を思い出す」（「E村の春」朝鮮日報、一九五九年四月二五日、四面、生活／文化）

・「『人生四〇とはこれほど遅いものなのか。貧しさと病が体から離れないことが恨めしい。国のない身となり歌って泣くことさえも思いのままにできない』。これは丹齋先生[8]が南満州各地を放浪しながら亡国の悲しみを詠んだ詩です」（「宇宙船」東亜日報、一九六〇年二月二〇日、一面、政治）

このように恨は、悔しさや恨めしさといった感情以外に、無念や願望を述べる際の表現となっている。文学界での議論では、韓国人だけの固有性を強調するがあまり、「恨は翻訳不可能」だとしてきたが、こうした定型文としての恨は、「悔い」や「無念」に置き換えても差し障りがないもののように思われる。

5　故人への哀悼、振り返りとしての恨

定型表現としての恨の中で、最も多く見られたのが「恨多き（한많은）」という言い回しである。

・「一〇〇余名が水中故魂に、恨多き渡江制限の犠牲　故郷に帰ろうとして水中の故魂になった数多くの生命が犠牲になったことが忘れられない。怨恨の漢江という代名詞で呼ばれるまでに、果たしてどれだけの物質と人命を奪ったのだろうか」（「一〇〇余名が水中故魂に」朝鮮日報、一九五三年九月八日、二面、社会）

・「世界で最も優秀な文字にもかかわらず、数百年もの間、諺文という烙印のもと冷遇され、李政権時に簡素化の大波にもまれた恨多きハングル」（「宇宙船」東亜日報、一九六〇年一〇月一一日、一面、政治）

・「恨多きミアリ峠、二五メートル道広げ」（「恨多きミアリ峠、二五メートル道広げ」朝鮮日報、一九六四年六月一八日、三面、社会）

・「越南した夫自殺　恨多き三八度線」（「越南した夫自殺」東亜日報、一九六二年六月八日、三面、社会）

・「恨多き六・二五もいつの間にか一三年を迎える」（「砲火が止んで一三年、呼んでも呼んでも答えなき山彦ああ懐かしき人々」東亜新聞、一九六三年六月二四日、三面、社会）

・「歴史はやはり孤臣白髪の恨多き情景を残す」（「横説垂説」東亜日報、一九七五年五月一〇日、一面、社会）

ものや歴史にかかる「恨多き」は「哀れな、悲しき」の誇張した表現のようにも思える。地名にかかるケースも見られ、「漢江」「豆満江」[9]「洛東江」[10]「三八度線・休戦ライン」「ミアリ峠」「金剛山」[11]「東海」などの地名が登場している。

故人の、あるいは晩年になってからの「人生の振り返り」として恨を用いるケースも多く見られた。

・「恨多き一生を捧げた憂国義士がどれほど多かったことか」（「脈々と流れる独立魂」朝鮮日報、一九五三年三月一日、一面、政治）

・「一生の願いであった自主独立を見ることなく恨多きこの世を去った」（「民族に捧げた心身」朝鮮日報、一九五四年一一月一五日、二面、社会）

・「ボイラーパイプの爆破で重傷を負い入院療養中だった運転助役のパク・チャノク君が五日、とうとう恨多き青春を残してこの世を去った」（「壇上壇下」東亜日報、一九五七年三月七日、一面、経済）

・「朴なにがしの恨多き死が、私の幼い頃の出来事を連想させ」（「私の解放前後」東亜日報、一九五七年八月一五日、四面、生活／文化）

・「恨多き娑婆を去った忠北が生んだ我らの革命家」（「壇上壇下」東亜日報、一九五八年九月一七日、一面、政治）

・「李朝末の吹きすさぶ嵐を経てとうとう国まで失い恨多き晩年を送った悲劇の君王・高宗」（「民族の歓声（一）前夜」東亜日報、一九六九年二月一五日、三面、政治）

・「六〇年前にすでに亡国の悲運が押し寄せたとき、李垠氏は一〇歳にもならない幼年で日帝の人質として故国を去った恨多き主人公だった」（「横説垂説」東亜日報、一九七〇年五月二日、三面、社会）

・「烈士朴烈先生は六・二五時に拉致された後、北朝鮮の地で恨多き人生を終えたという知らせ」（「横説垂説」東亜日報、一九七四年一月一九日、一面、社会）

・「五十を超えてもなお、母の願いに一つも応えられないまま夕刻になり、太陽にすがって恨多き人生を嘆息する」（「人生の峠を回想」東亜日報、一九五五年一月五日、四面、生活／文化〈詩〉）

・「恨多き生涯で言いたいことも多いが、言いたいことが余りにも多いため口を噤んで行くのだな」（「挽歌」東亜日報、一九五七年一〇月一六日、四面、生活／文化〈詩〉）

このようなケースでは、「恨多き」が「人生」「一生」「生涯」「死」「晩年」「最期」「婆婆」「この世」といった単語にかかっていた。抽出リストの上位に「一生」があるのは、「人生の振り返り」の表現と恨が強く結び付いているからである。抽出リストに「先生」が多いのも、「先生」の尊称で呼ばれていた故人を哀悼するのに用いられているからだと考えられる。哀悼の対象には、独立運動家の安昌浩（一八七八－一九三八）や金昌淑（一八七九－一九六二）、天皇暗殺を計画したといわれる運動家の朴烈（一九〇二－七四）、朝鮮末期から植民地期に活動した言論人の張志淵（一八六四－一九二一）などが見られ、彼らは尊敬の念を込めて「先生」と呼ばれることがある。その葬儀が三・一独立運動のきっかけの一つになった朝鮮二六代王であり大韓帝国初代皇帝の高宗（一八五二－一九一九）、朝鮮王朝最後の王で大韓帝国二代皇帝・純宗（一八七四－一九二六）、高宗の七男で大韓帝国最後の皇太子・李垠（一八九七－一九七〇）などの王族は、民族の象徴でもあることから恨との結び付きが強い。

他にも、幼い頃に中国王朝の元の人質になった高麗二四代王・元宗（一二一九－七四）といった歴史上の人物、インドの民族解放運動の指導者ガンジー（一八六九－一九四八）なども登場した。こうした哀悼などで使われる「恨多き」は「無念の、非業の、不遇な」といった意味である。

人物の生涯ではなく、一年を振り返るときにも「恨多き」が用いられている。

・「恨多き甲午の年（一九五四年）も暮れていくが」（「壇上壇下」東亜日報、一九五四年一二月二四日、一面、政治）

・「国会は恨多き乙未の年（一九五五年）を送るのにおいて」（「壇上壇下」東亜日報、一九五五年一二月二四日、一面、政治）

・「恨多き乙巳の年（一九六五年）の最後の鐘がなる」（「八面鋒」朝鮮日報、一九六五年一二月三一日、一面、社会）

・「第六回アジア大会ソウル開催を諦めなければならず、大会返上に東奔西走する恨多き年だった」（「アジア大会返上に東奔西走」朝鮮日報、一九六八年一二月二二日、八面、スポーツ）

・「再び恨多き庚戌の年（一九一〇年・一九七〇年）八月を迎え、多くの憤痛と感傷にあふれている」（「横説垂説」東亜日報、一九七〇年八月五日、三面、政治）

韓国では、暦に六〇年周期である六十干支を用いることがあることから、六〇年前と併せて振り返る言説が見られる。アジア大会の記事については、七〇年にソウル大会を開催する予定であったが、一九六八年に起きた北朝鮮特殊部隊による青瓦台襲撃未遂事件により開催を返上することになり、八六年に第一〇回大会をソウルで初開催した。「恨多き年」は「不遇な年、ついていない年、災難の年」といった意味になろう。

哀悼の記事では「恨多き」以外にも、次のような表現が見られた。

・「亡国の恨を抱いてこの世を去った」（「志山文集刊行發起」朝鮮日報、一九四六年六月六日、二面、生活／文化）

・「五月一日恨を千秋に残したまま三七歳で夭逝」（「言論人の師表ベセル公」東亜日報、一九五九年六月五日、四面、社会）

・「全国民の哀悼の中、凱旋ではなく怨恨の帰国をするとは！」（「横説垂説」東亜日報、一九六〇年二月二一日、一面、政治）

・「千秋の恨を抱いて倒れた尹奉吉（一九〇八－三二）義士」（「光復祭壇の偉業刻み　尹奉吉義士三五周忌」東亜日報、一九六七年一二月一九日、六面、生活／文化）

「恨を抱いて」「恨を残したまま」といった表現は、日本語の「失意のうち、志半ばで」に当たりそうだ。「怨恨の帰国」は、日本語では「無言の帰国」となろう。

他にも、故人を偲ぶ気持ちを恨で表現し、

・「この方（金性洙［一八九一－一九五五］）が政治の実地を担当する機会を得られぬままこの世を去ってしまったことが恨である」（「指導者としての仁村」東亜日報、一九六五年二月一六日、五面、社会）

・「光復三〇周の喜びより陸女史（陸英修［一九二五－七四］）失った恨の一周忌　椎名悦三郎[12]　八・一五迎え韓国民に書簡」（引用が見出し、朝鮮日報、一九七五年八月一四日、三面、政治）

といった表現もあった。

6　学べなかった恨

「学べなかった恨（못 배운 한）」も頻出するフレーズである。戦争や貧困、家長として働くなどして、願わずして低学歴となった無念を表している。こうした表現はⅢ期以降の九〇年代にも引き続き、若い頃に学べなかった高齢者などの事例で、学べなかった恨が登場し続けている。

・「学べなかった恨　少年が自殺で精算」（「学べなかった恨」朝鮮日報、一九五五年八月六日、三面、社会）

・「『学校に通えず貧しかったことが恨なので、今は食べられなくても（子どもたちを）学校に送って将来豊かに生きていけるようにしなければ』という一念のみ」（「学校に通えなかったことが恨にならないよう食べられなくても学校に行かせること」朝鮮日報、一九六七年五月七日、五面、社会）

・「『学べなかったことが恨だ。私もたくさん学べていたら、人と同じように出世できたろうに』と書き記したノートがあった……」（「（ソラ喫茶拉致事件犯人の）遺体を家族に引き渡し」朝鮮日報、一九七〇年九月

五日、七面、社会)

・「学べなかった恨解くために……貧しくて学校に通えなかったことが恨となり、四八歳のときにソウル中央神学校に入学して卒業したが、『一人でも、貧しくて学業を中断しなければならない自分のような若者が二度と生まれないことを願い……』」(「高麗大学構内理髪店の主人チョン・マンス氏　理髪で貯めた百万ウォンを奨学基金に」東亜日報、一九七三年八月二一日、七面、社会)

三、各時代の特徴：KHCoderの名詞抽出リストを中心に

1　Ⅰ期(一九四五－六〇年)の新聞に見られる恨言説の特徴

この時期には、植民地解放(一九四五)、三八度線を境界とした米ソによる三年間の信託統治(一九四五－四八)と南北政府の樹立(一九四八)、民族指導者である金九の暗殺(一九四九)[13]、朝鮮戦争(一九五〇－五三)、李承晩の三・一五不正選挙に反対する四月革命による退陣(一九六〇)といった激動の現代史が詰まっている。朝鮮戦争による経済的貧困状態、李承晩政権末期の政治的混乱が見られた時期であった。

解放直後の恨

四五年から六〇年までのⅠ期には、恨と関連する名詞として「千秋」「民族」「政府」「祖国」「統一」「独立」「貧しさ」「国慶」などがリストの上位に来ている(図8)。「千秋」はⅠ期からⅢ期の全期間に共通して登場回数が多く、とりわけⅠ期では、Ⅱ、Ⅲ期と比べて、あるいは他の頻出単語と比べてもその頻度が高い。

恨という単語は、前述したように慣用句として用いられることもあれば日常的に使われることもあり、さ

図８　件数順に並べた名詞抽出リスト（Ⅰ期：1945－60年）

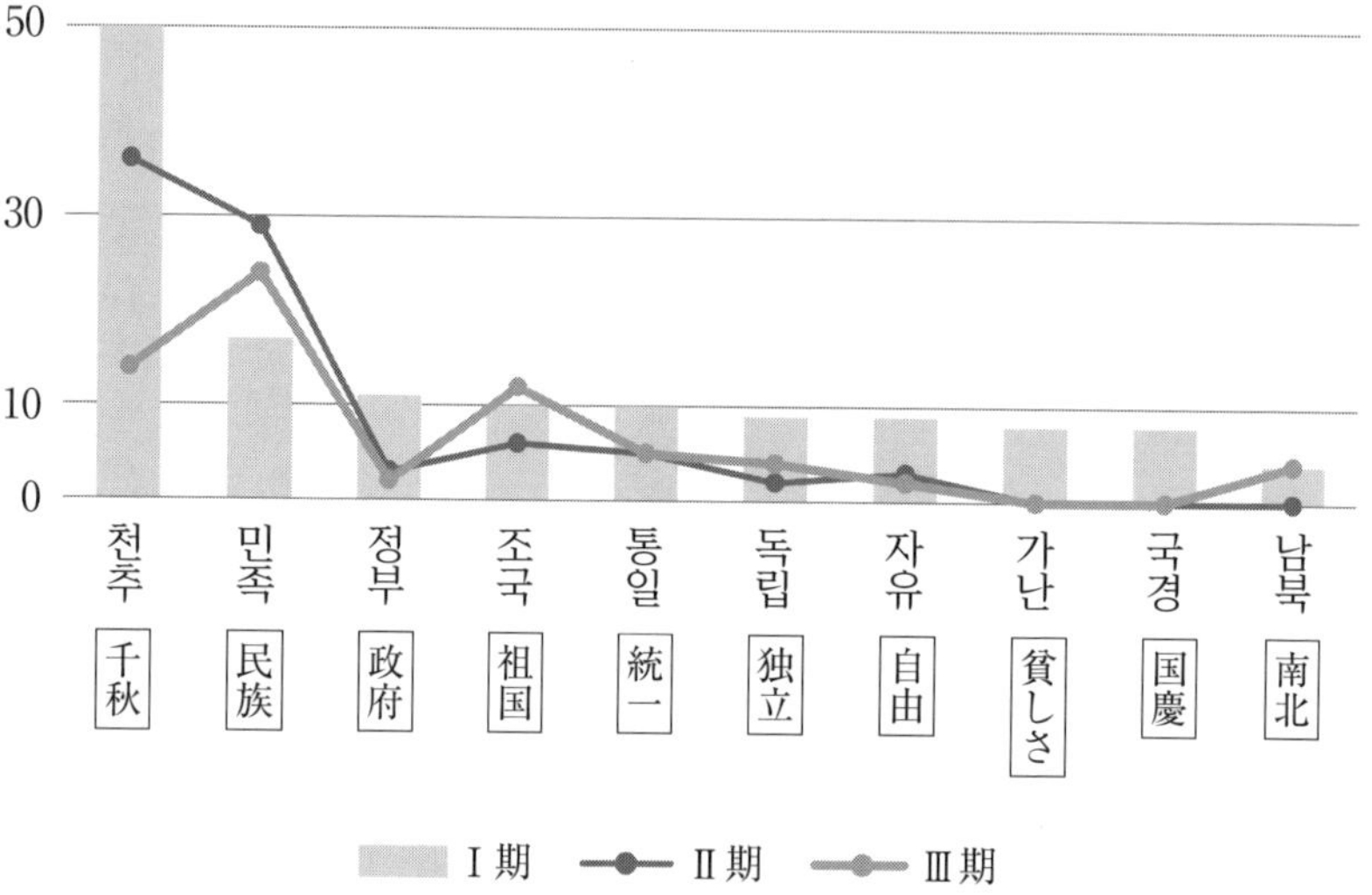

らに生涯を振り返る際にも使用される。「貧しさ」という単語が恨とセットで用いられる頻度の高さは、経済的に厳しかった解放直後の時代状況と関連するものである。

・「思慮分別がない者は上手くいかないことを親のせいにし、貧しさを恨んだ」（「砕けた娑婆、娑婆の夢」東亜日報、一九五三年一二月一九日、二面、社会）

・「貧しさと病が体に染みつき恨めしい」（「宇宙船」東亜日報、一九六〇年二月二〇日、一面、政治）

「独立」、「政府」の成立、「民族」の「統一」といった、政治イベントと関連する使い方も見られる。植民地が解放されたことの回顧や分断国家に対する悲しみ、統一への願いなどが、恨という言葉に凝縮されている。

・「われわれはただ自分達の力で自主独立する機会を持てなかったことを恨むしかない」（「誅治排撃の進路」朝鮮日報、一九四六年一月二日、一面、政治）

・「金九、金圭植が大韓民国政府の国際的な承認について感激と祝意を表し、これからもっとわが民族が覚悟を新たにし統一に尽力しなければいけないとい

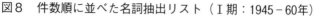

う見解を発表……南北左右の分裂は千秋に恨が解けることがない悲痛なことである」（「流血のない自主的統一」朝鮮日報、一九四八年一二月一八日、一面、政治）

・「六・二五事変は敵の侵略に対する阻止と反撃だったというが、われわれの念願である統一のための絶好の機会でもあり、その機会を逃したことが千秋の恨……」（「六・二五　六周年と国民の覚悟」朝鮮日報、一九五六年六月二五日、一面、政治）

次の記事に登場する「国慶」とは祝日のことだが、この名詞の使用頻度が高いのはⅠ期の特徴である。

・「この楽しい国慶節においても南北に分かれこの楽しさを共にできないことが恨になり皆さんの実生活を打開できるほどにお手伝いできないことを情けなく思います」（「亡国一〇年の怨恨万歳！で爆発思い出せ・二八年前の三月一日今日」朝鮮日報、一九四六年三月一日、一面、政治）

歴史的な節目となる国慶節には、恨と絡めた記述が見られやすい。韓国の法律上の国慶日は、三・一独立運動の三一節（三月一日）、制憲節（七月一七日）、植民地解放日である光復節（八月一五日）、開天節（一〇月三日）で、二〇〇六年にハングルの日（一〇月九日）が加わり五日となった。このうち三一節は、一九二〇年代からすでに大韓民国臨時政府が記念日としていたが、解放後に国慶日の法律が制定され、四六年三月一日に最初の慶祝式を挙行した。

三一節について、朝鮮日報では一九四六年、五〇年、五三年、五五年、五六年（いずれも三月一日）、東亜日報では一九四六年、四九年、五三年（いずれも三月一日）、五九年（二月二八日）の記事中に恨が登場している。

・「恨多き人生を送った憂国の義士がどれほど多かったか」（「脈々と流れる民族魂」朝鮮日報、一九五三年三月一日、一面、政治）

・「侵略者日本に対する民族的義憤と怨恨は日に日に増していき日人の暴悪な圧迫が加重されればされるほど反抗の暗流は深く広範囲に流れていた」（「三・一運動の歴史的意義（上）」東亜日報、一九五三年三月一日、二面、政治）

・「一度も満開に咲けなかった一輪の槿（ムクゲ）が千秋の恨を抱いたまま西大門刑務所で静かに散った」（「殉国処女柳寛順」朝鮮日報、一九五六年三月一日、四面、生活／文化）

2　Ⅱ期（一九六一―六九年）の新聞に見られる恨言説の特徴

一九六一年に起きた五・一六軍事クーデターにより張勉政権が下野し、朴正熙が政権を担うようになると、朴正熙は自らの政権運営の正当性の担保として安保面を強化し、経済成長の基盤を作るのに必要な資金と物資を得るため、膠着していた日本との国交正常化に着手した。日本との国交樹立交渉が軌道に乗り始めた六三年頃から、学生による反対運動が拡大していったため、六四年に非常戒厳令を宣布し、反対の声を封じた。六六五年六月、日韓基本条約と付属の四協定を調印し、日本と国交を樹立した。また、六四年からベトナム戦争に参戦し、七三年に撤退するまで常時五万人弱の韓国軍をベトナムに駐留させた。韓国軍の派兵に合わせて、軍需目的の民間企業がベトナムに進出し、戦争特需の波に乗った(14)。

この時期には、政府・反体制派ともに「民族文化」の発見・再認識を活発に行った。特に政府は、対北朝鮮との体制間競争と旧宗主国日本との国交回復という一大事業を背景に、民族的な自己認識を確認する作業を行った。つまり対日本の「反植民地主義」と対北朝鮮の「反共産主義」という官製ナショナリズム構築の

図９　件数順に並べた名詞抽出リスト（Ⅱ期：1961－69年）

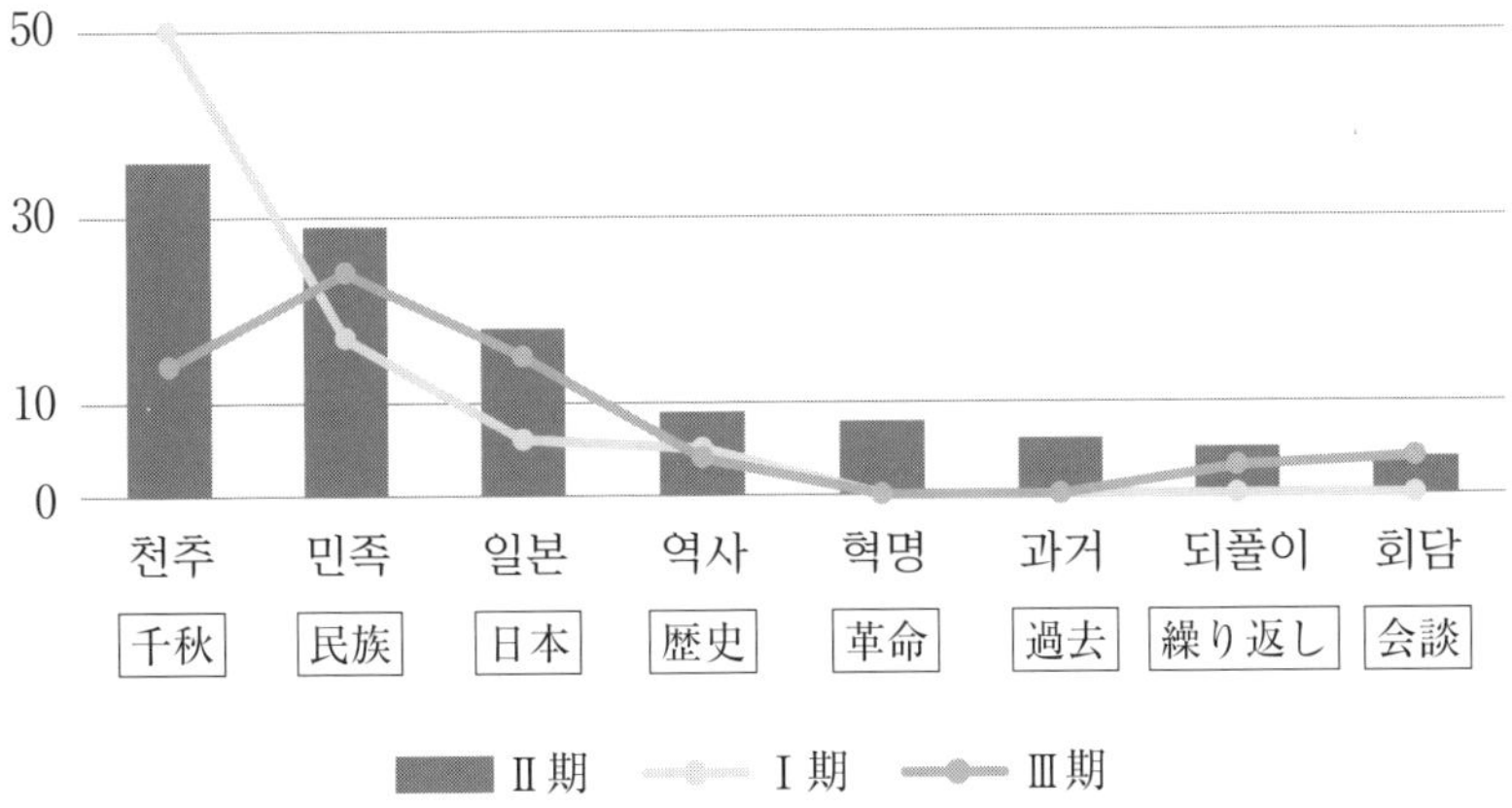

影響が見られた時期である。

Ⅱ期においてグラフで示した通り、「民族」「日本」「歴史」「革命」「過去」「繰り返し」「会談」といった名詞が抽出されている。Ⅰ期にはなかった「革命」は、学生等が中心となって李承晩の三・一五不正選挙に反対した六〇年の「四・一九革命（四月革命）」、六一年に朴正熙少将らが起こした「五・一六革命（五・一六軍事政変、五・一六軍事クーデター）」や「革命裁判」として登場している。革命裁判とは、朴正熙政権が自身のクーデターを正当化し反対派を排除するために李承晩政権の三・一五不正選挙などの「反革命事件」をまとめて立件処理した裁判のことである。六一年七月一二日に革命裁判所と革命検察部が設置されており、六二年五月一〇日に全二五〇件が全て処理され終結し、革命裁判所と革命検察部は解散している。

・「四・一九犠牲者八六人に建国の褒賞が授与されただけでなく、その遺族と負傷者に年金と生計補助を支給する法的処置が取られ、彼らの恨を解いた革命裁判が二七日にその任を終えた」（「産業博覧会開幕」朝鮮日報、一九六二年四月三〇日、二面、社会）

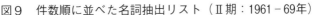

日韓基本条約と恨

日本という対象に刺激され、個人ではなく「民族」や「祖国を失った国の民」が恨を抱くという言説が生まれたのもこの時期である。次の高宗の葬儀に関する記事には、高宗の死を民衆が自分の恨として受け止め一体感を持ったことが記されている。

・「民に多くの恨を抱かせた落照王朝の皇帝（高宗）であるが、多くの恨を抱いて逝く彼の最後を祈ることで民族的な一体感を再び確認しようとするものだった」（「民族の歓声（二）万歳」東亜日報、一九六九年二月二二日、三面、政治）

・「傾いていく祖国、失った国の民はすぐにこのような学徒歌を歌い、彼らの恨と悲しみを慰めた」（「民族の歓声（四）主役」東亜日報、一九六九年三月八日、三面、政治）

Ⅰ期と同様に日本との過去の歴史的な問題にも恨が登場しやすいが、Ⅱ期ならではの特徴といえるのは、抽出リストで「日本」や「会談」が上位に来ている通り、日本との国交正常化を果たした日韓基本条約締結と絡む言説である。

六五年の日韓基本条約調印前は「このままでは恨を残す」という言説が多い。

・「われわれは、何よりも今回の会談の性格を厳格に実務者会談として規定し臨むことをわが代表団に願い、万が一複雑な利害が絡まる技術的現実問題を非僧非俗の立場でうかつに妥結しようとする功名心に駆り立てられ一括解決を試みれば、恨を百年残す可能性がなくはない」（「韓日両国の農相会談に望むこと」朝鮮日報、一九六四年三月一〇日、二面、政治）

六月二二日の調印後には、「忘れられない半世紀の恨—韓日間正式調印に錯雑な心情」という見出しの社説が一面に掲載された。

> 日本は過ぎし日の罪過を綺麗に謝罪し、被害者である韓国の国民に寛容をお願いする誠意ある会談であれば良かったが、条件と姿勢にそれが見られず、国民が願う協定になっていない[15]。

韓国政府に対して、条約について責任ある態度を取るよう促すものである。日本との国交回復について、諸手を挙げて喜んでいる状況では決してなく、納得がいかず不満を抱きつつも、それに抗えない状況を、恨という言葉で代弁している。

しかし、ここでも恨は、必ずしも植民地にした日本を「恨んでいる、恨み続ける」という意味で用いられているわけではない。植民地からようやく脱したのに、新たな日韓関係構築に失敗すれば悔い（恨）を残すことになる、二度とあのようなことになってはならない

西紀1965年6月23日（水曜日）

朝鮮日報

韓·日協定 正式調印

反對데모 喊聲속에 14年協商매듭

李外務·椎名外相이 署名

條約·協定등 20餘個文書

어제下午5時 日首相官邸서

兩國批准後發効

곧 서울에 日代表部設置

「交換公文」으로 落着

韓日外相, 獨島問題處理에合意

社說 잊지못할 半世紀의 恨 —韓日間 正式調印에 錯雜한 心情

새歷史의 出發

という警鐘の意味として恨を使用している。

・「祖国の悠久な歴史と運命に絶大なる影響を与えるという事実に粛然となるが、このような要望をしたい。間違って民族の千秋の恨が残ることがないように国会議員諸君の慈愛をお願いする」（「国会議員らは良心と良識で韓日修交条約審議に臨め」朝鮮日報、一九六五年六月二四日、二面、政治）

・「今のような一方的で不利な内容の協定は韓日両国間に千秋の恨を残すだろうし、両民族が永遠に不信と誤解を解けなくなるきっかけになるだろう」（「調印の後に国運左右する時点　われわれの対日姿勢は」東亜日報、一九六五年六月二四日、五面、政治）

・「われわれは再び千秋の恨を歴史に残す日本の経済と文化の植民地にならないと誰が断定できるのか」（「断食と日本の草履」東亜日報、一九六五年七月一三日、六面、社会）

このような日韓国交正常化に関する恨を用いた言説は、韓国全体を巻き込んで流布されたため、韓国民が「民族の恨」を強く意識する機会になったと考えられる。ただし、「恨の民族」が内包する恨が民族固有のものであるという意味合いは、この当時の時事報道内には見られないことも分かった。

3　Ⅲ期（一九七〇－七五年）の新聞に見られる恨言説の特徴

七〇年代前半は、米ソの関係変化によって、体制間競争を激しく繰り広げていた南北の緊張が、初めて緩和した時期である。朴正熙が七〇年、北朝鮮に対して「善意の競争」を提案し、七一年八月に赤十字を媒介に南北が朝鮮戦争休戦協定後に初めて接触（南北赤十字第一回予備会談）した。七二年五月には南北の要人が両国を行き交い、七月四日に祖国統一に関する原則と南北対話に対する指針を示した「南北共同声明」を

図10　件数順に並べた名詞抽出リスト（Ⅲ期：1970－75年）

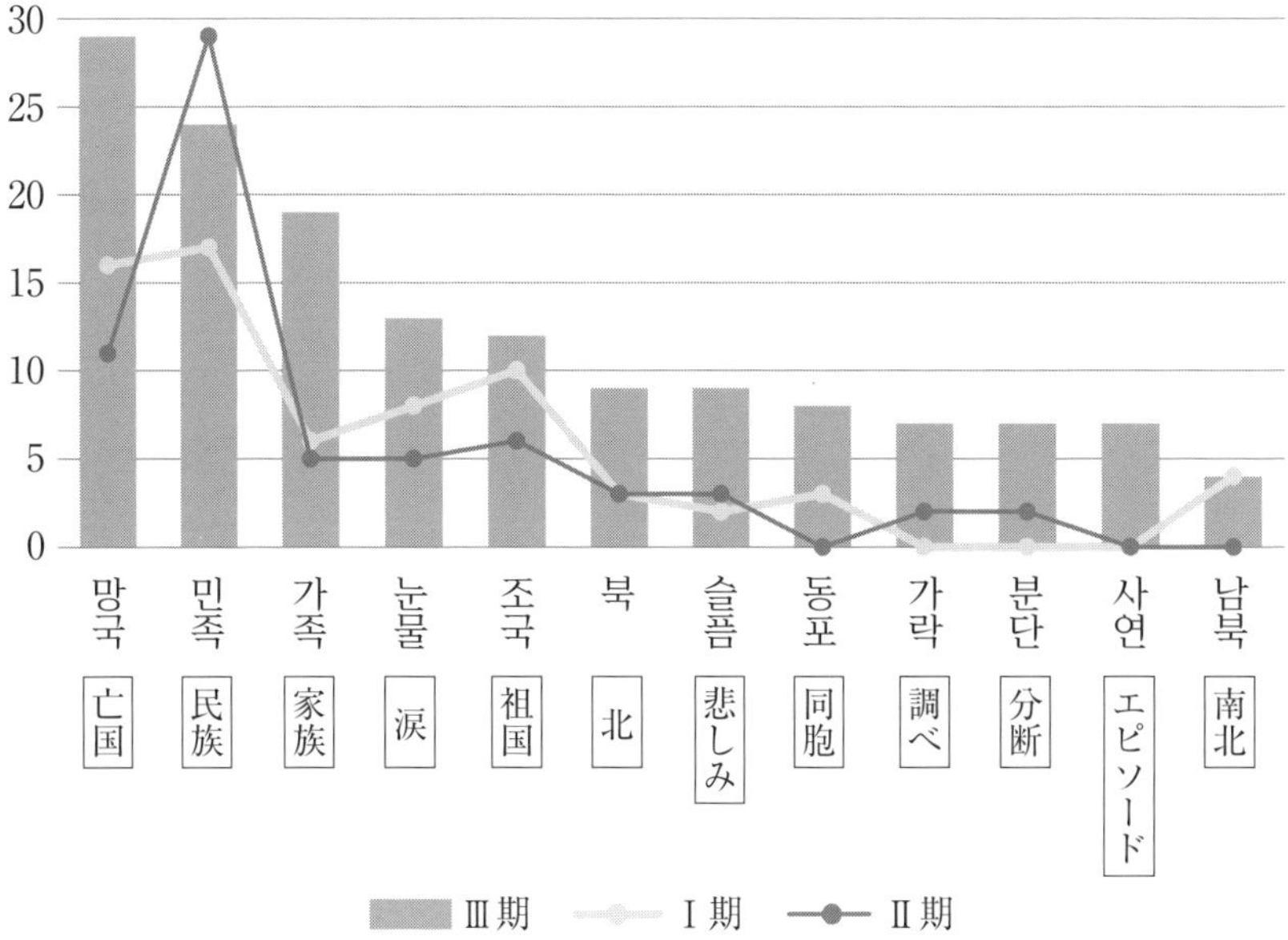

発表した。八月以降、南北赤十字会談が七回開催され、赤十字を通じて離散家族の再会などの話し合いが行われた。しかし、両国の意見の隔たりは大きく、七三年八月の北側の対話中断宣言により、南北の話し合いは頓挫した。

一方、国内政治では朴正熙政権が体制固めを進め、独裁色が強まっていく。七二年一〇月に非常戒厳令を発令し、国会が解散して憲法の効力が停止した。憲法改正が行われ、翌一一月に、大統領権限を大幅に強化するなどした維新憲法が成立し、維新体制が敷かれた。経済成長を遂げる代わりに政治の民主化は遠のき、七四年には緊急事態措置を数回にわたり布告し、民主化運動を封じ込めた。この時、学生運動のリーダーとして活躍したのが金芝河である。

Ⅲ期で頻度が高い名詞は「亡国」「民族」「家族」「涙」「祖国」「北」「悲しみ」「同胞」「調べ」「分断」「エピソード」「南北」などである（図10）。ちなみに「血縁者・肉親」の意味で用いる「血肉」は

「家族」と同義のため「家族」に含めている。

「家族」は「家族捜し」や「離散家族」の話題で登場している。「離散家族」には植民地期の中国大陸やソ連で生き別れたケースと、朝鮮戦争により南に渡ってきた失郷民、北に連行されたケースとがある。離散家族の協議中には、こうした家族の再結合について議論された。

・「南北間の生死が分からないまま別れた血肉の恨を解ければどれほどいいかと興奮を隠せなかった」（「家族捜しの対北提議に胸がときめいた五〇〇万の越南同胞、生き別れの恨を解けるか」、東亜日報、一九七一年八月一二日、七面、社会）

・「赤十字精神で克服しながら生き別れた血肉を心待ちにしている哀れな同胞の恨を必ず解かなければいけない」（「南北赤十字ソウル会談の開幕」朝鮮日報、一九七二年九月一三日、一面、政治）

分断や離散家族と恨

Ⅲ期の恨言説における一つ目の特徴は、朝鮮戦争および分断状態と、そこから派生する離散家族などを言及する際に恨が登場する点である。

・「言葉を交わさない南と北、分断の恨」（引用が見出し、東亜日報、一九七一年一二月六日、七面、政治）

・「私は（赤十字の南側の）首席代表に任命された後、全国の国民から沢山の激励の手紙をもらった。会談を成功させて、血のにじむ民族の恨を解いてほしいと」（「平壌へと出発して」東亜日報、一九七二年八月二八日、一面、政治）

・「老人から試みる　ＤＭＺ（南北共同区域）で共同生活　自由意志を確認することも　『わが民族の恨が半分は減るだろう』」（「再結合」朝鮮日報、一九七二年八月二五日、五面、政治）

・「われわれは韓赤代表団が北の赤十字代表団の態度如何に関わらず、赤十字精神を守り、南北一千万離散家族の涙と恨を拭う人道的な偉業を成すことに大きな期待を込める」（「韓赤代表団を送り出して」朝鮮日報、一九七二年八月二九日、二面、政治）

・「これからどんな難関があろうとも赤十字精神で克服し別れた血肉との再会を待ちわびている同胞たちの恨を必ずや解かねばならない」（「南北赤ソウル会談の開幕」朝鮮日報、一九七二年九月一三日、二面、政治）

一つ目の記事は、同族でありながら、札幌のスケート大会でライバルとして争わなければならない状況をセンチメンタルに書いた見出しである。これも、南北関係の雪解け前夜という社会状況が故に登場した表現だろう。

Ⅰ期、Ⅱ期においても、分断や戦争の痛みを恨という言葉で表現する記事がなかったわけではない(16)。しかし、Ⅲ期では七一年と七二年の二年間で、「分断」や「離散家族」に関わる表現と恨が集中的に結び付いている。南北の急接近により、民族統合のナショナリズムが社会に一気に広がったからであろう。

実は七〇年代以前に分断の悲劇について恨を用いて表現する時は、「南北左右の分裂は千秋に恨が解けることがない悲痛なことである」（「流血のない自主的統一」朝鮮日報、一九四八年一二月一八日、一面、政治）のように「解けない恨」を嘆くものであった。これに対し、七〇年代は、動詞の抽出リストを見ても、「解く」という動詞の頻度が高くなっているように、「恨を解いてほしい」「恨が半分減る」「恨を拭う」「恨を解かなければ」といった「恨の解消」を期待する言説が目立つ。

伝統としての恨

Ⅲ期の二つ目の特徴は、文学における恨言説への言及と、そこから派生する「伝統としての恨」言説である。六〇年代から続く文学界・文壇における議論が、七〇年代になるとジャーナリズムにも見られ始める。朝鮮日報、東亜日報ともに、七〇年一〇月三〇日に開催された韓国文人協会主催のシンポジウム「韓国文学の風土性」を記事として取り上げている(17)。特に朝鮮日報は「千二斗氏は韓国の風土的性格を広く概観し、文学精神の滋養になる背景を把握し、韓国民の特質である恨と人情などの幸福な結合である韓龍雲の詩のようなハイレベルな文学が誕生したと述べている」と報じ、学会での恨の議論、研究成果を新聞上で紹介している。

また東亜日報は、七三年から六五回にわたり、「文壇の半世紀」という韓国近代文学の歴史を長期連載している。その連載の中で、金素月や金裕貞(18)といった植民地期に活躍した文学人、戦後の韓国文学の重鎮である金東里などの作風に見出すことができる要素として、「伝統としての恨」を紹介している(19)。

書籍広告や書評では、「恨の民族」のニュアンスを持つ記載が見られる。次は、金東里の妻で作家である孫素熙の短編集の広告である。

・「韓国人の情緒を『恨と詩』に昇華した優秀な短編である」（「孫素熙作品集『黒丸鳥の鳴声』（金剛出版社）」東亜日報、一九七一年九月一五日、広告、五面）

文学における恨言説は、やがて韓国の伝統文化全般に拡大していくが、七〇年代序盤の記事の中には次のように、「パンソリ」や「民謡」と恨を関連付ける記事が散見された。

・「この作品は踏みつけられて生きてきた庶民の恨を南道唱（南道のパンソリ）の調べを通じて表現しようとしたようである」（「意欲だけで押し通した『原罪の悲劇』」東亜日報、一九七三年一一月三日、五面、生活／文化）
・「パンソリの仮面劇が、抑圧されてきた庶民の恨と風刺の芸術であることは言うまでもない」（「横説垂説」東亜日報、一九七四年五月二九日、一面、社会）
・「（民謡は）総体的に仏教の影響が強く、土着の情緒には恨の逆説的な手法が見られる」（「遠ざかるわれらの調べ」朝鮮日報、一九七四年七月一六日、五面、生活／文化）

4　まとめ

新聞には、アカデミズムが担ってきたような思想的、哲学的な恨言説は見られない。その代わりに、政治から庶民の暮らし、映画の広告や文学作品の紹介にいたるまで、横断的に社会の姿を映し出す。

本節では、一九四五年から七五年までをⅢ期に区分し、新聞での恨言説について、恨が民族性として認識されていく過程に注目しながら分析した。

新聞における恨言説として特徴的なのは、恨に「定型的な言い回し」が多く存在することである。「千秋の恨」、「～でないことが恨（無念）」、「恨（しこり・禍根）を残したとしても」、「～できれば恨（悔い）はない」、「～しないと恨になる（後悔する）」、「恨多き（不遇な・災難な）」、「恨を残したまま（失意のうちに・志半ばで）」などである。

シーンとしては、「故人への哀悼」や「人生や一年の振り返り」「無学」などで恨を用いている。

Ⅰ期目では、主に没故した憂国烈士の生涯を振り返る中で、「亡国の恨」が用いられ、また、同民族が南北に分断されている状況を嘆く際に恨が用いられている。Ⅱ期目には、日韓国交正常化を背景に日本を意識する中で、植民地体験を匂わす苦難の歴史を背負った「民族の恨」言説が登場している。Ⅲ期目には、南北分断による離散家族の悲痛な思いに寄せた「民族の恨」が見られた。また、Ⅲ期目には、六〇年代の文学界で議論され始めた「伝統文化としての恨」が出現している。これは「民族としての恨」ではなく、恨という文化を持つ民族という意味の「恨の民族」への発展を意味すると考えられる。

このようにⅠ期からⅢ期にそれぞれ特徴がある一方、それぞれの時期はそれ以前の時期に形成された恨言説や恨のイメージを踏襲しており、Ⅲ期になると恨のイメージが重層化していることが確認できた。

個人の恨から民族の恨へ

本節を通じて、個人の無念や悔いの感情として日常的に慣用句のように使用されてきた恨が、日韓基本条約締結などの歴史的イベントをきっかけに「民族としての恨」に拡大されていく様子を確認した。民族全体を巻き込む各イベントと恨が強く結び付いたことによって、個としての恨に「民族としての恨」のイメージが徐々に付け加わっていったようである。

恨と民族がセットで使われるようになったのは、Ⅱ期の六五年日韓基本条約締結とⅢ期の七二年南北共同宣言の時期である。この二大イベントは、一九一〇‐四五年の植民地期と五〇‐五三年の朝鮮戦争という、韓国近現代史において極めて重要かつネガティブな歴史的記憶や感情を喚起させるものであった。これらのイベントが国民にどう受け止められたのかを報じる際に、恨と民族がセットで用いられている。

解放直後のⅠ期の新聞記事における「亡国の恨」は植民地体験という過去の記憶に過ぎなかったが、Ⅱ期では、日韓基本条約を取り巻くナショナリズムの高揚がきっかけとなり、「個」ではなく「われわれ」が「亡

図11　件数順に並べた名詞抽出リスト（1945－75年）

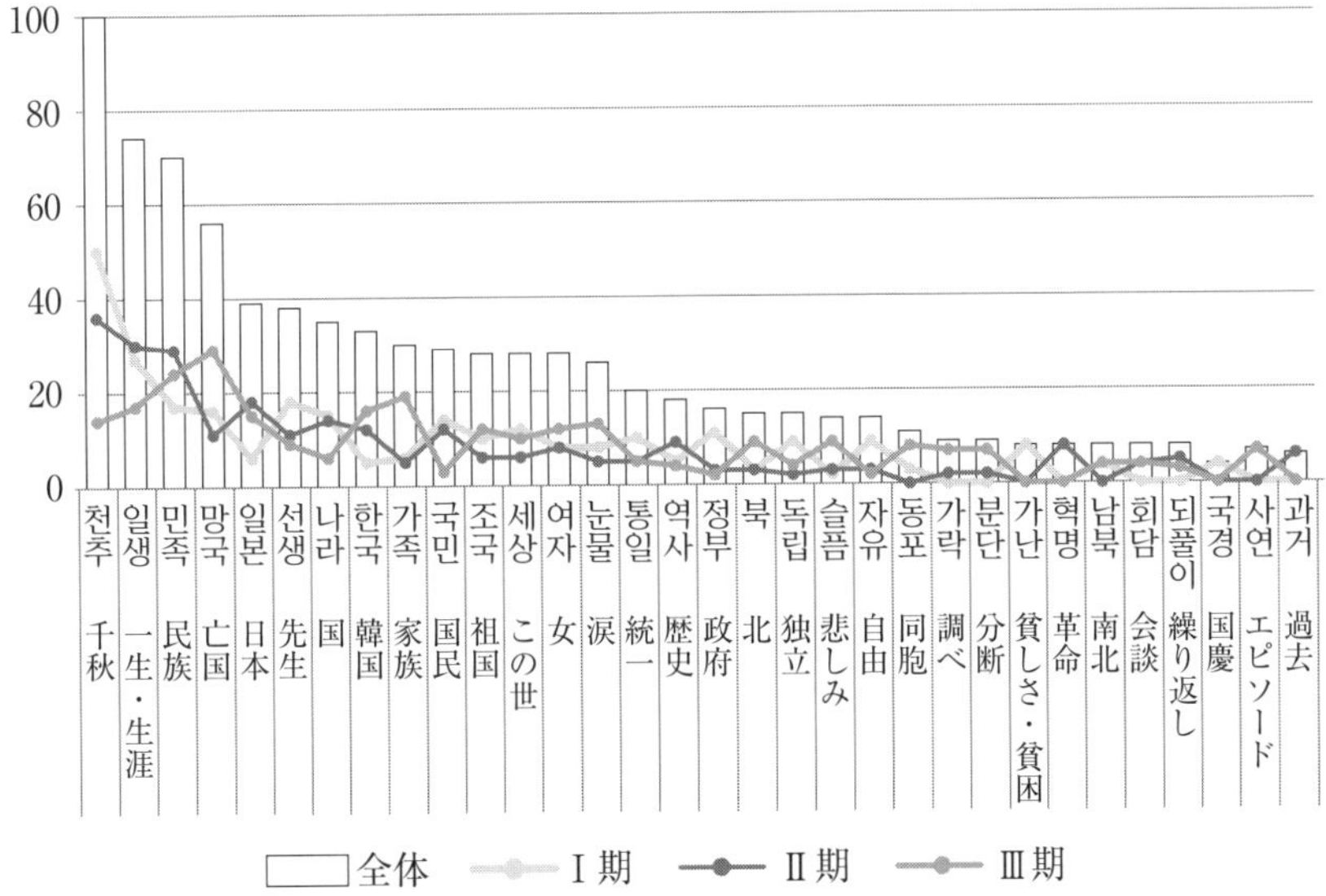

国の恨」の主人公になる、つまり「民族としての恨」が誕生したと考えられる。Ⅲ期には、同族間の殺戮という痛ましい戦争経験により互いを敵とみなしていた南北が、一時的な雪解けにより関係を改善しようとして宣布した南北共同宣言宣布について、また、民族分断によって発生した一〇〇〇万人の離散家族について言及する際に、「民族としての恨」言説が登場している。

Ⅱ期とⅢ期の恨言説を比較すると、Ⅱ期が対大国（反日）ナショナリズムという排他性を基礎としていたとするならば、Ⅲ期は内部分裂を克服して強力な国家建設を目指す統一／統合ナショナリズムを基礎としていたといえよう。同じ「民族としての恨」でも、Ⅱ期では「不安や警戒」の情緒を意味しているのに対して、Ⅲ期では分断と離散家族という「悲しみ」の情緒が主となっている。また、Ⅱ期には日本による植民地支配にまつわる「亡国」、Ⅲ期では主に内戦と分断による「望郷」のように、いずれもセンチメンタルな語を伴っているという共通点も見られた。

二節　大衆における恨：映画調査

韓国的な「魂」が込められた古代の神秘的な幻想と詩！
唱の中に込められた一節一節の哀切なエピソード！
この映画はわれわれの映画が海外市場で主張する足がかりとは何かに対する答えだ
この幻想！　この幽玄！　この恐怖の美学！……
カンヌ映画祭出品予定作！……[20]

これは、韓国映画界の草創期をリードした巨匠の兪賢穆（一九二五－二〇〇九）が演出した映画『恨』（一九六七）の新聞広告のキャッチコピーである。文言から、「韓国的なるもの」を海外市場に売り出そうとしていたこと、「韓国的なるもの」として選ばれたのが「哀切なエピソード」であることが示されている。この映画のタイトルが『恨』であることを勘案すると、「哀切」や「韓国的な魂」が恨とリンクすると捉えていたようである。

こうした映画にまつわる恨言説は、前述した新聞調査によって、多数存在することが確認されている。そこで、本節では、兪賢穆の映画『恨』（六七）と、七〇年代に作られた朴允教（一九三三－八七）のホラー映画『恨シリーズ』を対象に、六〇年代後半から七〇年代に制作された映画に見られる恨言説について考察し、大衆文化として消費される恨のイメージを確認する。

一、朴正熙政権前期の映画政策と映画文化

1　経済成長と大衆文化の発展

六〇年代は、政治・経済・社会・文化面で、韓国社会に多くの変化がもたらされた時代である。朴正熙政権の第三共和国時代（一九六三－七二）の「近代化プロジェクト」により、近代化が本格的に推進されていったからである。

経済開発・工業化は日米の援助・協力により推し進められ、一次開発五カ年計画（六八）で近代化と輸出優先政策を掲げ、六九年には国民総生産前年度比四〇％増を達成した。

この時期、工業化や都市化が一気に進んだことで、人々の生活は一変した。大衆文化で見れば、六一年に韓国放送公社（ＫＢＳ）、六四年に東洋放送（ＴＢＣ）が開局し、六六年に初の国産白黒テレビが金星社（現ＬＧ）から発売され、テレビ時代がスタートしている。とはいえ、テレビが本格的に普及するには時間を要したため、六〇年代の大衆文化の担い手はラジオと映画であった[21]。

2　六〇年代の映画政策

朝鮮半島で映画制作が始まったのは一九一九年からで、二〇一九年に韓国映画誕生一〇〇年を迎えている。中でも羅雲奎（一九〇二－三七）が主演兼監督を務めた無声映画『アリラン』（一九二六）は、植民地期の

国産映画の代表作である。本作は幾度もリメイクされており、主題歌として作られたのが「京畿道（本調）アリラン」である。各地域ごとに伝承される「アリラン」の幾多のバージョンのうち、最も馴染みのあるこの曲は、実はこの時に作られたものである。その後、四〇年に朝鮮映画令が敷かれてからは映画での母国語の使用が禁じられ、翼賛映画が制作されるのみとなっていった。

その後、国産映画が復活したのは解放後である。国産映画再建時には、『自由万歳』（一九四六）、『解放された私の故郷』（一九四七）、『柳寛順』（一九四八）など、独立・光復がテーマの映画作りが盛んになった。『城壁を貫いて』（一九四八）では、解放の喜びに伴う分断の悲しみも表現された。朝鮮戦争と休戦協定を経て以降は、『春香伝』（一九五五）の大ヒットを皮切りに、韓国映画の中興期へと突入していった。

しかし開発独裁を行った朴正熙政権期になると、映画業界は再び、政権の監視下に置かれた。「民族芸術の振興」の一役を担うことを期待された映画制作に対して指針として示されたのは、「国民総和と民族文化樹立に符合する国難克服の歴史的経験を通じた民族意識の誇示」や「率先垂範の精神改造を強調する新しい韓国人の姿、伝統文化の保存」などであった[22]。この指針に基づき、六二年に映画法が制定された。以降、七三年までに四度の改定がなされている。こうした国による映画制作の制度介入のもと、「国策映画」として、文芸映画、反共映画、啓蒙映画が保護・優遇の対象となった。

六〇年代初期には、年に二本の制作もままならないほどに資金繰りの厳しい制作会社が多かったが、経済成長や政府による制作会社の合弁化促進の影響で制作本数が飛躍的に増え、六〇年代末には年間制作本数が二〇〇本を超え、韓国映画制作本数のピークを迎えるまでになった。

だが七〇年代には、作品数の減少のみならず作品性においても韓国映画界は停滞期に突入することになる。官による検閲、制作者の問題意識の欠如、観客数の伸び悩みによる赤字興業は、国産映画の質的低下に拍車をかけた。制作本数において六〇年代と同水準に戻ったのは、二〇一五年以降のことである。

一方で、現在のように、大小の客席数を織り交ぜ複数のスクリーンを備えたシネマコンプレックスがない時代に、二〇〇本超の作品数は、映画館の上映キャパシティーを当然ながらオーバーした。上映キャパシティーを超えてもなお大量制作が続いたのには理由がある。制作会社が、韓国映画の興行収入からではなく、「海外映画の輸入権」から実利を得ようとしていたからである。

海外映画の買い付け政策である当時の「外国映画輸入割当制」は、自由な輸入を規制し、公報部（現文化体育観光部）から割当を受けた、国産映画の制作会社だけが輸入できる制度であった。映画制作業と映画輸入業の一元化政策は、国産映画制作を支援するだけの財源がなかったが故に、外国映画輸入で得た収益を国産映画制作に回させ、自力で映画制作資金を生み出させることが狙いであった。また輸入割当制の導入により、外国映画の輸入を国産映画の三分の一の流通に留め、国産映画市場を保護しようとした。映画『恨』（六七）が制作された当時は、国産映画の制作本数に加え、国際映画祭出品および受賞実績なども、海外映画輸入権獲得の審査基準に加えられていた[23]。『恨』の広告に、「カンヌ映画祭出品予定作品」と野心的文句が銘打たれていたのもこのためである。

要するに、「国産映画の制作数」という量的評価、「国際映画賞の受賞」という質的評価の二つが、外国映画輸入権を得るための条件であったので、映画館で上映されもしない国産映画が、皮肉にも大量生産されていたわけである。

韓国映画の質的向上のために、政府肝いりの映画賞である「大鐘賞」も作られた。五七年から文教部（現教育部）が「優秀国産映画授賞式」として設立したものを引き継いだもので、第一回授賞式が六二年一一月に開催されている。「大鐘賞映画祭」は、朝鮮日報主催（現在はスポーツ朝鮮主催）の「青龍映画賞」（一九六三－）、韓国日報主催（現在は中央日報系列の日刊スポーツ主催）の「百想芸術大賞」（一九六五－）と並ぶ韓国三大映画賞の一つである。大鐘賞映画祭は現在、韓国映画人総連合会が主催しているが、政府の息がかかった映画が受賞したことで御用映画祭と呼ばれたり、映画団体との対立が頻発するなどして、二〇二一年第五七回は中止を余儀なくされている。

3　メロドラマと家父長制

興行成績が良かったのは、「メロドラマ」と呼ばれるジャンルであった。ここでいわれるメロドラマとは、単なる恋愛映画ではなく、家庭における男女の葛藤や女性の日常を描いた悲劇の情緒が中心の「新派風メロドラマ」のことである。韓国のメロドラマは、明治の日本で始まった現代劇である新派劇の影響を強く受けている。新派は植民地期に日本から流入し、感情表現において過度な悲哀で涙を誘い、喜びよりも悲しみ、生よりも死、愛よりも犠牲を表現する傾向が強い[24]。植民地期に活況を呈した新派劇そのものは六〇年代には過去のものとなっていたが、演劇ではなく映画で定着を見せていた。その反面、「高尚な」文芸映画よりも芸術性が劣る「野暮ったい」「古めかしい情感」といった批評も、当時すでに存在していた。

低コストで制作でき、かつ興行順位においても群を抜いていたメロドラマは、当然ながら大量に作られるようになり、六〇年代の映画の約半数が、メロドラマであったようである[25]。中でも『憎くてももう一度』（一九六八）は、女性の葛藤や悲哀、悲劇的なストーリー[26]が大受けし、七一年までに続編が三本制作されている[27]。

こうした新派風メロドラマは、経済成長の波に乗り切れない人、世間に希望的な観測を持てない人、かといって絶望を他の方法で解消できない、いわゆる近代化から遅れをとった「疎外された人々」に共感されたという。[28]イ・ヨンミは、「低学歴、中下層、非都市」の中年既婚女性が、メロドラマの視聴者層だったと説明している。[29]映画鑑賞は、家庭というプライベート空間に押し込まれた女性にとって、数少ないパブリック領域での活動の一つでもあったようである。[30]社会活動が抑圧された女性たちは、主人公の女性に降りかかる受難を自分の環境や状況に置き換え、[31]泣くことで鬱憤を発散した。映画館に「泣きに行く」こうした女性たちは「ハンカチ部隊」や「ゴム沓部隊」とも呼ばれていた。

イ・ホゴルは、この時期の映画やテレビドラマに現れたメロドラマと家父長制の関係について、メロドラマは、女性が共感できる場を提供すると同時に、どんな犠牲を払ってでも家や家族を守ることが美徳とされていた女性のガス抜きでもあった[32]と述べている。

ちなみに韓国では、女性の近代化モデルとして、それまでの家父長的儒教イデオロギーから来る「烈女」を変形させた「賢母良妻（현모양처《ヒョンモヤンチョ》）」が理想の女性像とされた。日本で明治維新後に用いられた「良妻賢母」のことである。家を治める「妻」および子を教育する「母」という面に女性の役割を限定させて国家に貢献させようとするもので、背景には、夫への貞操と従順を妻の美徳とし、女性を家を保持するために子孫を宿す道具であると見る儒教思想に基づく女性像がある。[33]「良妻賢母」は、植民地期の一九一〇年頃に朝鮮に流入し、朝鮮でも違和感なく受け入れられた。

4　韓国的ホラー映画

ホラー映画の制作が本格化したのも、一九六〇年代である。ペク・ムニムによれば、韓国的ホラー映画には、親しみやすい伝統的な叙事コードや慣習が取り入れられており、[34]低級な娯楽映画として楽しまれたという。親しみやすい伝統的な叙事コードを代表するのが、説話や民俗宗教に登場する女鬼（女の幽霊）である。

1945－75年に公開された「恨」をタイトルに含む映画（KMDB 参照）

公開年	タイトル	ジャンル一	ジャンル二	ジャンル三	ジャンル四
1955	怨恨の城	メロ／ロマンス			反共／分断
1956	千秋の恨	メロ／ロマンス			時代物／史劇
1958	恨多き青春	メロ／ロマンス			青春
1961	恨多き川	メロ／ロマンス			反共／分断　アクション　スパイ
1961	我が青春に恨はない	メロ／ロマンス			アクション　ギャングスター
1962	恨多きミアリ峠	メロ／ロマンス	新派		
1963	百年恨				時代物／史劇
1965	恨多きソクのママ	メロ／ロマンス	新派		
1966	恨多き大同江	メロ／ロマンス			戦争
1967	私の恨を解いておくれ				ドラマ
1967	恨（監督：兪賢穆）	メロ／ロマンス		ホラー	
1968	続・恨（監督：兪賢穆）			ホラー	
1968	死んでも恨はない	メロ／ロマンス			ドラマ
1969	蜈蚣女の恨			ホラー	啓蒙
1970	恨多き男児の人生				アクション　活劇
1971	双罰恨			ホラー	時代物／史劇
1971	春色恨女			ホラー	
1971	姉の恨			ホラー	時代物／史劇
1971	恨多き二人の女	メロ／ロマンス			家族
1972	オクニョの恨（監督：朴允教）			ホラー	時代物／史劇
1972	嫁の恨（監督：朴允教）			ホラー	
1973	幼い新郎の恨（監督：朴允教）			ホラー	ドラマ
1974	娘子の恨（監督：朴允教）			ホラー	

家父長的な儒教イデオロギーから逸脱せざるを得なかった無念から、現世に戻って残酷な復讐をするというのが物語の典型的なパターンである[35]。女性観客は女鬼の無念に感情移入し、女鬼の行う復讐にカタルシスを感じた。ホラー映画豊作の年に大ヒットした映画『月下の共同墓地』（一九六七）は、まさにこのパターンで作られた典型となる映画である。こうした新派的メロドラマとホラーが結合した様式の映画は、七〇年代前半まで量産され続けた[36]。

ペク・ムニムによれば、七五年までとそれ以降では、ホラー映画の主人公である女鬼の役割や性格が異なるという。六〇年代のホラーは、女鬼に観客が共感する新派風メロドラマ的シナリオで、復讐にはカタルシス的な効果が見られるという。例えば、伝統的な怪奇説話の「薔花紅蓮伝」では、女鬼の究極の目的は加害者への復讐というよりも、果たせなかった現世での願いをかなえることにあった。ところが、七五年以降は、単に恐怖を抱かせる存在として女鬼が描かれるようになり、女鬼の退治がストーリーの主軸になっているという[37]。

新聞調査と同期間である四五年から七五年までの間に公開されたタイトルに恨がつく作品を見ると、六〇年代までの作品は「メロドラマ」ジャンルが中心であったが、『恨』（六七）を境に「ホラー」ジャンルに切り替わっている。

このあと考察する映画『恨』が新派風メロドラマ的ホラーであるのに対して、朴允教監督の「恨シリーズ」はメロドラマ的性格が弱くなり、恐ろしい女鬼としての側面が強調されている。

二、六〇年代のホラー映画における恨言説

1　兪賢穆の映画『恨』

兪賢穆（一九二五－二〇〇九）は映画監督であり映画制作者で、韓国映画界の草創期をリードした巨匠として知られる。映画界への入門は、東国大学在学中の一九四七年で、『交差路』（一九五六）で監督デビューした。韓国映画一〇〇選にも選出されている『誤発弾』（一九六一）や、神と人間を描いた『殉教者』（一九六五）などの代表作を持つ。代表作はいずれも小説を映画化した作品で、社会派・写実的作風が脚光を浴びた。主に手掛けたのは文芸映画であったが、コメディーにも手を伸ばしたことがあり、幅広いジャンルで才能を発揮している。七〇年代には制作者として、国民的ロボットアニメ『ロボットテコンＶ』などのアニメ映画にも携っている。

映画『恨』（一九六七）は六七年八月、納涼映画の季節に封切られた。ＫＭＤＢ（韓国映画データベース）のジャンルでは「ホラー」と「メロ／ロマンス」に分類されている。観客動員数は一五七、五三〇人で、第六回大鐘賞（撮影賞）、第五回青龍映画賞（技術賞、音楽賞）、第四回百想芸術大賞（映画部門技術賞）などで数々の賞を受賞している[38]。翌年には『続・恨』（一九六八）が作られていることからも、映画としての商業性、質のいずれにおいても評価された映画だといえる。

同映画のフィルムは韓国映画資料院が所蔵しているようだが、現在閲覧はできない。シナリオ[39]やポスター、いくつかの映画評論から推測する映画の内容は次の通りである。

テーマは伝統社会の「女性の悲哀」である。朝鮮時代を背景に、「縁」「情」「願」の三編のオムニバス形

式となっている。

「縁」の主人公は、由緒正しい両班の家柄同士で結ばれた若き夫婦である。病弱な妻が、病に倒れて死んでしまい、夫は「三年の喪が明ければ子を作るように」という親の説得に負け、「再婚はしない」という亡き妻との約束を破り、再婚してしまう。再婚を妬んだ亡き妻は、悪霊となって夫婦の初夜を邪魔し、夫をあの世へ連れて行くという物語である。

「情」は、伝統社会において最下層に属する道化師夫婦とその子を描いている。既婚のある男が、酒場の未亡人の女将に騙されて不倫をするようになった。女将は男を完全に自分のものにしようと妻子の住む家に火を放ち、妻を焼き殺してしまう。夫はかろうじて自分の子を救い出し、女将と三人で暮らし始めた。ところが、女将が夫の子につらく当たるので、子は母恋しさに家出し、そこで死んだ母の亡霊と出会う。その後、子は転落死してしまう。子を奪われた妻の霊は、酒場に火を付けて夫と女将の二人を殺し復讐を果たす。

「願」は、夫を救うために旅する仏教徒の女性を描く。不治の病の夫を助けたい妻は、ある親切な僧侶から「姥捨て山で、死後間もなくまだ腐っていない足を切り取り、それを夫に食べさせれば助かる」と教わる。だが、「墓場では後ろを振り向くな」という僧侶の助言を破ることで、「足を返せ」と死者に追いかけられることになる。しかしその切り取った足は、妻に助言した僧侶のものだった。僧侶は自分と一緒になろうと迫るが、妻は貞操を守り、僧侶を振り切って逃げ帰って夫を病から救うという内容である。「願」は、前二編とは異なり、恨みと復讐ではなく、ハッピーエンドの物語になっている。

2　兪賢穆の描いた恨

一九六七年の新聞記事や映画評論から、映画『恨』（六七）の評価について見てみよう。次は、この映画を紹介した韓国日報（一九六七年七月三〇日）の記事である。

わが民族史で「恨」は最も大きな比重を持つものであり「恨の民族」とよく言われるが、兪監督は従来の怪談の次元を越えた幽玄な美学の中に東洋的な幻想と美を見せようとしたところに本当の意味での韓国的映画の可能性を発見できる。(40)

映画評論家の邊仁植も、「〈恨〉―これはどうみても古代から現代に至るまでわが民族の胸に綿々と紡がれてきた生活史の一部」で、国家的な恨や歴史の恨など、大小様々な規模で存在してきたとした上で、映画『恨』は、「主に女性の情分による〈奇縁譚〉にすぎないが、それはそれで美的感性を持ったままわが民族の喜怒哀楽を形象化させる作業を担当(41)」しており、「韓国人の〈宿命的な魂の一断面〉を描いた作品(42)」だとしている。そして、モチーフに「韓国庶民社会に昔から口伝されてきた説話調の〈恨〉めしい素材(43)」が採取されているという。

新聞記事や邊の評論を見る限り、六七年の時点ですでに民族性に恨を見出す「恨の民族」の認識が韓国社会において浸透しているのが分かる。さらに、「恨めしい素材」を用いた怪談を美学で表現したことを「韓国的なるもの」の創造の可能性として評価している。

それまでも恨をうたった映画は存在したが、兪賢穆の『恨』はそれらと何が違ったのだろうか。英題が「Unfinished Desire（終わりなき欲望）」と名付けられているのを見ると、亡霊や死者を登場させたホラー仕立てではあるものの、この映画の本質は女性の願望や執念、欲望の方にあり、復讐や攻撃あるいは執念を抱かざるを得ない哀れな事情が共感を誘うホラーメロドラマであるといえよう。

映画『恨』の三編のオムニバスに見られる恨について、一つずつ掘り下げてみよう。三編の主人公はいずれも女性で、背景が朝鮮時代である。「伝統社会の女性が恨を抱く」という言説は六〇年代以前から存在しており、これは、そのことを証明するものでもある。

さらに「縁」編と「情」編では、「死者の恨み」が取り上げられている。「儒教社会の死者の怨恨はシャーマニズムが代理解決してきた」というのが現在の通説だが、いずれの物語にもシャーマンは登場せず、死者自らが復讐を果たしている。シャーマンと怨恨を結び付ける金烈圭の言説が登場するのは、八〇年代になってからである。

三編の主人公はそれぞれ「愛の恨み」を抱えている。この点がメロドラマに分類される所以であり、女性の観客に支持された理由でもある。「縁」編では伝統社会という障壁がもたらした最愛の夫の再婚に対して「愛の恨み」を抱く。「情」編では自分を裏切り、愛する息子を死に至らしめた悪女と夫に復讐しており、ここでも夫婦関係での「愛の恨み」が描かれる。「願」編では不治の病の夫を助けるために、死者の足を夫に喰わせるという奇行に走る。夫の愛を失ってはいないので、ここでは「愛の恨み」というより「愛の欲望」というほうが正しいかもしれない。いずれも「愛しているが故の恨み・欲望」が恨として表現されている。したがって、ここでの恨は情（激しく深い愛情）の裏返しとしての概念と見るべきである。六〇年代までの文学界で語られていた静かに降り積もる心のしこりという「情恨」の定義とは印象が異なるものの、情を基盤とした恨という意味で、「情恨の異型」と見ることができよう。

「Unfinished Desire」という英題や「願」編が示唆しているように、深い情から生まれる恨には強い願望としての側面があることを示唆している。「願恨」について明確に述べたのは七八年の李御寧のエッセイ「恨とうらみ」（四章一節で詳述）だが、それ以前に映画作品の中で表象されていたのである。愛する夫が不治の病に冒されているという恨は、何としてでも愛する夫の不治の病を治したいという強い願望へと転換される。

最終的に恨が解消されるところは、三編ともに共通する点である。「縁」編では、子をもうけることが優先され夫の愛を独占させてもらえなかった恨みを晴らすべく、夫の初夜を妨害し夫を殺してしまう。「情」編では、不倫の挙げ句に息子を死に至らしめた「悪女」を夫もろとも焼き殺す。「願」編では夫の「不治の病」を解消させる、つまり夫の「病気を完治」させている。

恨みを持って死んだ女性が復讐することによって、観客がカタルシスを得るメカニズムの背景に、伝統社会における女性の葛藤（子を持てないこと、後妻や妾への嫉妬）がある。李御寧も「女人たち」で、「女性は、その大多数が愛の挫折感を抱いて、恨と涙で暮らさなければならない」と書いていた。さらに同エッセイで、「韓国（東洋）女性の歴史」について次のように説明している。

韓国（東洋）女性の歴史は、そのまま従順と屈辱の歴史であった。儒教の「三従之道」や「七去之悪」をみればそれはわかることであろう。「幼少にしては父母に従い、嫁しては夫に従い、老いては子に従え」とある。さらに女性が嫁して夫の父母に対して恭敬の念薄い場合、男児を産めない場合、淫乱である場合、そしてとかくの噂のたつ場合、盗みをした場合……遅滞なく即座に追い出されることになっていた。

これとは違ってローマには、三一項目に達する恋愛裁判所の法典があった。そこには、われわれの社会では七去之悪の一つとなっている嫉妬が、かえって奨励されていて「よき嫉妬は愛の値を高める」「結婚はしていても、それは恋愛を排除する理由とはならない」と明示されている。換言すれば、女性に「愛する権利」を認めているその法典は、文字どおり「愛の法典」であったのだ。(44)

「七去之悪」とは、舅に従わない、無子、淫乱、嫉妬、悪疾（伝染病に罹患すること）、多言、窃盗という七つの罪のことで、そのうち一つでも該当したら、女性は嫁いだ家から去らなければならないとされていた。「縁」編の前妻は結婚したものの子を宿すことなく（無子）死んでしまい、後妻に嫉妬する。表面上、伝統社会では、こうした嫉妬心すらも女性には許されていなかった。「情」編では夫の浮気に対する嫉妬に加えて、子を失う。「愛する権利」のなかった女性たちが味わう「愛の挫折感」が、ここでいう「情恨の異型」として表現されていると考えられる。

映画『恨』に見られる恨は、文学界で語られてきたように「解消されないままにする」のではなく、亡霊となってでも果敢に解消していく。解消することが許されていない「愛の挫折感」にあらがおうとした主人公に、そして恨を解消していくエンターテインメントに、女性観客は共感したのであろう。

3　兪賢穆の描いた「韓国的なるもの」

映画『恨』（六七）に対する論評には「東洋的な幻想と美」や「美的感性」といった表現が登場するが、これらは一体、何を指しているのだろうか。実際に映像を確認できないのは残念だが、従来はおどろおどろしいだけだった「怪談」を「美的」に表現したという行為は、「歪んだ民族的特性」を改良しようとした、つまりネガティブでしかなかった恨をポジティブな「解し《プリ》」に昇華させようとした李御寧の思考（三章四節で詳述）と類似している。

朴正熙政権が政策的に追求した「韓国的なるもの（民族主義）」と「海外の評価」とを両方狙った『恨』（残念ながらカンヌでの受賞はかなわなかったが）は、郷土的かつメロドラマ的な哀愁に共感する観衆の下支えによって興行的にも成功し、「恨＝韓国的美」という言説を、韓国社会により深く浸透させる一助になったと評価できよう。

それでは『恨』に「東洋的な美」として採り入れられていたものとは何だろうか。伝統（国楽）的なBGM、朝鮮半島の名勝や名刹でのロケ、「縁」「願」編の主人公が仏教徒であり寺刹の鐘や木魚といった「古き良き伝統文化」を表現したことに留まらず、儒教的家父長制の中での女性の生き様も、オムニバス三編ともに共通する東洋的風景である。身勝手な男性による家庭の危機や破壊といった出来事の背後に、弱い立場の女性の献身性や悲しみが描かれる。ただ、こうした女性の恨は、儒教的家父長制のもとでは本来解消されないものだが、死後とはいえ、ヒロインたちは恨みを晴らし、願いをかなえていく結末となっている。

このように映画『恨』は、女性の恨にフォーカスしている。恨を抱いた女性の亡霊という既存の怪談を踏襲しつつ、「メロドラマ」が主に描いてきた情をベースとする女性の「愛の恨み」を織り込んでいる。そしてこれらを韓国的なものに仕上げるために、伝統社会を舞台に選び、伝統的な音楽やモチーフを取り込んだことによって、伝統社会の女性の恨と現代女性の「愛の恨み」の融合、換言すると「耐え忍ぶさめざめしい恨（白い恨）」だけでなく、「めらめらと燃える恨（赤い恨）」の存在が明確に浮かび上がってくるのである。

三、七〇年代のホラー映画における恨言説

朴允教監督の『恨シリーズ』

韓国ホラーは一九六〇年代から制作されるようになったが、七〇年代にはテレビドラマに娯楽の座を奪われてしまうため、ホラー映画が活況を呈した期間は極めて短かった。とはいえ、その後も地方の観客を狙ったB級映画制作がシステム化[45]されることで、一定数の制作が続いた。中でも朴允教（一九三三－八七）は、『白骨霊の魔剣』（一九六九）などのヒットを飛ばした巨匠の一人で、「ホラー映画のゴットファーザー」とも呼ばれる。朴允教が制作した映画の中から題名に恨のつく『オクニョの恨』（一九七二）、『嫁の恨』（一九七二）、『幼い新郎の恨』（一九七三）、『娘子の恨』（一九七四）の四本について考察する。

兪賢穆の『恨』（六七）および『続・恨』（六八）以後、朴允教の『恨シリーズ』が制作されるまでの間に、李有燮の『姉の恨』（一九七一）という作品がある。この作品は、継母の奸計によって父とともに殺害された女性タルレが主人公である。タルレは死後も弟たちを守ろうと奮闘し、長男トウンを科挙試験に合格させる。そして役人となったトウンが、継母の罪を白日に晒し復讐するという物語である。死んだタルレが恨んでいる相手に直接「祟る」のではなく、現世の権力や秩序に働きかけて復讐を果たすところは、「薔花紅蓮伝」などの朝鮮半島の伝統的な怪奇説話を思わせる。

朴允教の『恨シリーズ』は、「芸術性やセンチメンタリズム（＝情恨）」を排除し、「祟り／復讐（＝怨恨）」を前面に押し出したホラー作品である。

次に紹介する朴允教の四つの『恨シリーズ』は、伝統社会（儒教社会）が背景の時代劇で、虐げられる女性の悲哀と悲劇、その女性による祟りと復讐が描かれている。

『オクニョの恨』（七二）は、貧しい貴族の娘オクニョと貴族の息子チョン、それに横恋慕する権力者の娘ヒャンアの三角関係を描いた作品である。ヒャンアは権力を利用し、オクニョの家に火を付けてオクニョを殺してしまう。その後チョンとヒャンアは結婚するが、オクニョはヒャンアの前に現れてヒャンアを毎晩苦しめる。その後ヒャンアは、オクニョに対して行った自分の過ちを認め、懺悔する。

『嫁の恨』（七二）は二部構成となっている。一部は、新婚夫婦のムンスとヨンヨンの物語である。二人は山賊に襲われ、山賊の要求に従いムンスはヨンヨンを見捨てて逃げ、ヨンヨンは山賊から貞節を守るために自害してしまう。一方、山中を逃げ回ったムンスは一軒の貧家を見つけ、一晩泊まらせてもらうことにする。そこには妻そっくりの若い寡婦と老婆が暮らしていた。ムンスは老婆に、死んだばかりの人間の肝臓を薬にしたいと頼まれ、死体を掘り起こしに墓場へ。そこにあったのはヨンヨンの死体で、それを見たムンスは足を滑らせて死んでしまうという物語である。二部の主人公は、子のいない裕福なキム判書夫婦である。妾である侍女から子が生まれると、妻は出産直後の侍女を殺し、自分が産んだように振る舞う。怨霊となった侍女は、キム判書一家を祟って滅ぼしてしまう。

『幼い新郎の恨』（七三）は、嵐の中、旅人が一晩の宿を求めて廃墟へとやって来るところから始まる。家からは廃人同様の若い女性（ヨンヨン）が出てきて、この家には泊まらない方がいいと諭し、ビハインドストーリーを解き明かす。この廃墟は良家のキム家のものであった。キム家の悩みは、還暦を過ぎてやっと生まれた一人息子が無事に成長するかどうかだったが、占い師に「相性のいい女性と早婚させないと息子は夭折する」と言われて、年上の婚約者であるイ進士の娘ヨンヨンとの結婚を破談にしてしまう。だが、結局息子は夭折し、キム家は絶家となった。儒教の男尊女卑の伝統の中で寡婦として扱われて行き場をなくしたヨンヨンは廃人のような生活を余儀なくされ、廃墟となったキム家の屋敷で暮らしていたのであった。

『娘子の恨』（七四）は、両班キム大監の娘スギョンの物語である。政変に巻き込まれたキム大監は、娘スギョンを召使いのカンハクに託して自決する。キム大監の死後、この村に新たに赴任してきた役人はスギョンに良からぬことを企む。ところがカンハクは、むしろその役人を助けて、侍女もろともスギョンを殺してしまう。その新しい役人の元でカンハクは出世するものの、恨みを抱いたスギョンと侍女の霊がカンハクの周辺の人々を次々と殺すようになる。スギョンがカンハクを追い詰めたところへ死んだキム大監が現れ、カンハクに止めを刺すのを辞めさせ、スギョンと侍女をあの世へと連れて行く。

朴允教の『恨シリーズ』も兪賢穆の映画『恨』と同様に、伝統社会に生きる女性に光を当てた時代劇である。『オクニョの恨』は妻オクニョ、『嫁の恨』は嫁と侍女、『幼い新郎の恨』は幼い新郎の元婚約者、『娘子の恨』は娘スギョンの恨を取り上げている。

日本も含めアジアでは伝統的に、女性は結婚して子を産んで一人前と見なされた。特に朝鮮半島では、女性は男子を産むことによって初めて死後の祭祀を受けられるとされた。そのため、婚前に死んだ女性はこの世への未練が強く、怨恨を抱いていると恐れられ、ホラー映画の典型的な主人公は、「未婚か子のいない若い女性」が選ばれるのがお決まりであった。『恨シリーズ』でも、伝統的に恐れられた死霊を登場人物に設定している。未婚の女性（オクニョ、スギョンと侍女）、子のいない女性（ヨンヨン）、儒教規範に基づく結婚ができなかった女性（キム判書の妾）が登場している。婚約破棄された女性（ヨンヨン）は生きているが、儒教の男尊女卑的伝統の中では寡婦として扱われるので、擬似死者といえるだろう。

四、映画業界と植民地主義

こうした韓国ホラーは、日本の影響も受けていると考えられる。(46) 解放以降、一九九八年の大衆文化開放の時期まで、韓国の劇場で日本映画が公開されることはなかったが、映画産業はそもそも植民地時代に日本から流入しているため、日本映画との関係は深くて当然である。大衆文化開放以前も、映画人同士の交流や、国際映画祭などで日本映画を見る機会は存在していた。

『恨』（一九六七）も、カンヌ映画祭受賞作の日本映画『怪談』（一九六四）をまねたといわれている。(47)『怪談』は小泉八雲原作の四つの短編「黒髪」「雪女」「耳無芳一の話」「茶碗の中」を映画化したオムニバス作品だが、『恨』も同じくオムニバス形式で、オープニングクレジットの背景なども似ているという。また、「小泉八雲原作による幽玄・妖美な伝説を小林正樹監督が壮大なスケールで映像化（DVD解説）(48)」したとあるように、『怪談』は日本の「幽玄の美」を強調した演出になっている。そして注目すべきことに、『恨』のキャッチコピーにも日本の文化ナショナリズムを連想させる「幽玄」が登場しており、ここにも『怪談』の影響が読み取れる。ちなみに「幽玄」は、現代韓国ではほとんど使われない言葉である。一方で、日本にも女性の恨みを描く作品はあるものの、韓国の作品の方がより女性の恨みが強調されている。日本の『怪談』の「耳無芳一の話」および「茶碗の中」の主人公は男性であるが、韓国の『恨』は全て女性を主人公とする、女性の恨と復讐の物語となっている。

恐怖の表現にも日本のホラーの影響が見られる。そもそも近代以前の説話に登場する韓国の女鬼は、強大な力を持った存在としては描かれていなかった。さめざめしく泣く女鬼の事情を知った生者が、哀れに思って死体を墓に埋めてやったり、女鬼を殺した相手を懲らしめたりといった物語が主流だったからである。例えば「薔花紅蓮伝」に登場する女鬼は、継母に殺された恨めしさを役人に訴え、役人が継母を懲らしめることで恨みを晴らす。

日本の「幽霊」や「怪談」が朝鮮に受容されるようになったのは、植民地期の一九三〇年代頃からである。四〇年の毎日申報の挿絵に掲載された女性の死者は、長髪を垂らし、爪を伸ばし、口から血が滴るなど、恐怖を感じさせる外見の演出が日本の「幽霊」と似ている。このように韓国ホラーは、日本の「怪談」に登場する恐ろしい外見の「幽霊」と、朝鮮在来の女鬼の「説話」との折衷で表現されている。『月下の共同墓地』(一九六七)のポスターには、白装束で牙をむいた女性が描かれており、『恨』のスチール写真にも白装束の女性が大きく写し出されている。また、説話「薔花紅蓮伝」は幾度も映画化されているが、最初の『薔花紅蓮伝』(一九五六)が色鮮やかな伝統衣装で表現されているのに対して、『薔花紅蓮伝』(一九七二)は白装束に変化しており、背景を現代に変えた『薔花、紅蓮(邦題:箪笥〈たんす〉)』(二〇〇三)でも引き続き白の衣装が採用されている。現在は女鬼を一般的に白装束で描くが、植民地期以降に形成されたイメージのようである。[49]

TVでは七七年から、人気ホラーシリーズ「伝説の故郷」の放送が開始した。韓国の怪談・伝説・説話をドラマ化したこの番組では、八九年の番組終了までに六〇〇話近いエピソードが紹介され、以降も幾度もリメークされている。「伝説の故郷」に登場する女鬼にも、六〇年代に作られたイメージが踏襲されている。[50]

五、まとめ

以上、映画に見られる恨言説について、恨をタイトルに持つ映画を中心に考察した。これらの映画が「メロドラマ」や「ホラー」あるいは二つをミックスしたジャンルで制作されていることから、恨は「メロドラマ」や「ホラー」と親和性が高いものであることが分かった。現代物のメロドラマでは近代的家父長制度の中で、時代物のホラーでは伝統的家父長制度の中で生きる女性を描き、伝統社会では着目されなかった女性の「愛の恨み」にフォーカスしている。

映画に見られる恨は、一九六〇年代に文学界で議論されていた「解消されない悲哀の美」とは様相が異なっていた。映画に見られる恨は、文学界と同じく女性が対象であるものの、復讐という形で恨を解消している。また、なぜ恨を抱かざるを得ないのかという「女性の受難」の中身に焦点が当たっており、女性観客から共感を得る仕組みとなっている。

映画制作そのもの、あるいはホラー映画に登場する女鬼（女の幽霊）の表現は、日本の影響を強く受けていることも確認できた。現代の映像作品でも一般的となっている、白装束をまとった血の滴る恐ろしい女鬼の表現は、日本の怪談やホラーの写しである。

また、兪賢穆が、恨を「韓国的なもの」として世界に発信しようとした点に注目することによって、六〇年代後半には既に、大衆にも「恨の民族」の認識があったことが浮き彫りになった。「韓国的なるもの」の模索の中で恨が本格的に見つめ直される八〇年代よりも以前から、映画界では恨に「韓国的なるもの」を見出していたようである。

三節　民主化運動における恨：金芝河の恨

民主化闘争から朴槿恵大統領退陣デモまでの一連の闘争やデモは、「韓国人の国民性である恨の感情によって行われた」とする言説が日本に存在する。

このように恨には、運命を受け入れる悲哀のイメージとは正反対の、社会変革に向けて激しく行動する怨恨のイメージがある。後者の恨のイメージを最初に唱えたのは、民主化運動のシンボルとして、当時の日韓の運動家あるいはリベラル知識人の間でもてはやされた抵抗詩人の金芝河だとされている。

民主化運動が始まったのは一九七〇年代に入ってからである。一部の大学教授や学生、リベラルな教会指導者が担っていた運動は、八〇年代になると市民に広がり、やがて国民の大多数に支持されるようになって、八七年に民主化を達成した。

ここでは七〇年代の民主化闘争時代の金芝河文学に見られる恨言説を考察する。

一、金芝河の生涯と時代背景

1　朴正煕軍事独裁政権と金芝河

金芝河（一九四一－二〇二二）は一九四一年に全羅南道木浦に生まれた。五九年にソウル大学美学科（現哲学科）に入学してからは、六〇年の四月革命に参加するなど学生運動とともに大学生活を送った。

朴正煕政権期（一九六一－七九年）に、韓国社会は農業社会から工業化社会へと一気に衣替えを果たした。六〇年代には一次産業が五〇％以上を占めていたが、七〇年代には二次産業が上回り、八〇年代には一次産業が三〇％台にまで減少して先進国型の産業構造に転換した。朴政権期の経済成長率は最も高い時で九％超という驚異的な数値で、六一年には世界最貧国の一つであったが、およそ二〇年後には一人当たり国民総所得が十五倍以上となって絶対的貧困から脱出した。

他方で、産業構造の変化により社会階層の分化が加速した。農村の若者が都市に大量に押し寄せ、七〇年代には労働者が四〇〇万人を超過した[51]。しかし、ミニスカートやロングヘアといった欧米文化やテレビを楽しめたのは一部の上流階級だけで、大多数の労働者は生活費のねん出もままならない貧しい暮らしのままであった。技術の蓄積のない中で輸出主導型の経済政策を採用したので、単純加工品を大量生産するために、低賃金で労働基準法の上限をはるかに超える労働を強いられていたからである。労働者の生活改善要求が高まる中で起きたのが、七〇年一一月、ミシン工の全泰壱が「労働法を順守せよ」と訴えて焚身自殺[52]する事件である。

一方、安保面で反共イデオロギーを掲げた朴政権は、中央情報部（ＫＣＩＡ）を設置し、人権を制限して言論を弾圧するなど監視体制の強化にも務めた。民主化を求める反政府的言動は「パルゲンイ（アカ、共産主義者）の仕業」だとし、厳しく取り締まった。民主化運動に積極的に加担していた金芝河も、日韓基本条約反対六・三デモで中心的役割を果たし、六四年（二三歳）に逮捕、収監されている。

２　抵抗のシンボルとしての民衆文化

六〇年代以後、急速な近代化への反動として、社会全体で「民族文化（韓国的なるもの）」を見直す動きが起きる中、八〇年代になると「運動圏《ウンドンクォン》」側の労働者や学生は、仮面劇（タルチュム）[53]やパンソリなど、「支配ブロックの文化」を排除した「基層民衆の文化」である「民衆文化」[54]に注目するようになる。

この動きは主要な大学に広まり、仮面劇や民俗遊戯である農楽などを行うサークルが次々と誕生していった。このような「反体制運動と文化運動が一体」となった「民衆運動」の先駆けとなったのが金芝河である。金芝河はソウル大在学中に、ウリ文化研究会を組織するなど、仮面劇やパンソリ、民謡、巫俗といった「民衆文化」に興味を寄せた。

金芝河の文学作品も、こういった仮面劇やパンソリから影響を受けている。彼らが仮面劇に目を向けたのは、仮面劇に見られる社会の不条理に対する批判精神を、軍事独裁政権への抵抗と重ねたからである。朴正熙政権が推進した経済優先政策のひずみである貧富の格差や言論弾圧を、仮面劇の風刺を用いて批判した。金芝河は後に論文「諷刺か自殺か」で、「民謡・民族芸術の伝統的な滑稽を選択して広範囲に継承し、創造的に発展させ、現代的な〈諷刺〉および諧謔と見事に統一させることは正に若い詩人たちのもっとも重要な課題である[55]」と述べている。

3　金芝河の民主化運動

大学卒業後も、金芝河は炭鉱労働やコピーライターなどの職種を転々としながら、詩や演劇の創作活動を続けた。七〇年（二九歳）に長編風刺詩「五賊」を発表すると、この詩が掲載された雑誌『思想界』は直ちに発禁処分となり、作者の金芝河だけでなく編集者までもが反共法違反容疑で逮捕、起訴された（五賊筆禍事件[56]）。「五賊」はそれほどまでに社会に大きな影響を与えた作品であった。金芝河は同年さらに、詩論「諷刺か自殺か」、詩集『黄土』も刊行している。

七〇年代になると朴政権は一層強権化し、七二年に維新体制を敷いた。金芝河は七一年（三〇歳）、江原道の原州教会に入信し、カトリック信徒となった。以降、池學淳（一九二一－九三）主教や張壹淳（一九二八－九四）信徒とともに民主化運動を展開し、創作活動を続けた。この時期に制作した戯曲「金冠のイエス」（一九七二）や「チノギ」（一九七三）は、仮面劇の現代版であるマダン劇[57]の先駆けであった。長編小説『土地』の作者で知られる女性作家の朴景利の娘と結婚した七三年（三二歳）に、知識人や宗教者一五人で独裁政権を批判する「民主回復を求める時局宣言文」を発表し、朴政権に対する闘争宣言ともとれる長編風刺詩「五行」を脱稿した。

七四年四月に「民青学連事件[58]」に加担したとして指名手配され死刑判決が下されるが、無期懲役に減刑され一旦は釈放される。しかし、東亜日報に掲載した獄中手記「苦行…一九七四」の中で人民革命党事件は政府の捏造だと訴えたことで、翌七五年に反共法違反容疑で再逮捕された。政府側（文化広報部）は、「私は共産主義者である」で始まる金芝河の「自筆陳述書」を含む『金芝河に対する反共以南事件関連資料』（七五年四月）を公開し応酬した。

収監中にも、軍事独裁政権の言論弾圧に屈しなかったとして、第一五回アジア・アフリカ作家会は金芝河に「ロータス賞」特別賞を送り（七五年六月）、カトリック正義と平和協議会は、獄中で金芝河が書いたとされる「良心宣言」を発表した（七五年八月）。「良心宣言」とは、政府が公表した先の「自筆陳述書」が真意ではないことを明らかにするものであった。金芝河を見守っていた日本のリベラル陣営も、この「良心宣言」に注目した。

カトリック教会や日本の支援者らによる金芝河の救出活動が続く中、韓国社会に激震が走った。七九年、金芝河らが抵抗を続けてきた朴正熙が側近に暗殺（一〇月二六日）され、軍事独裁政権に突如、終止符が打たれたのである。当時の国務総理だった崔圭夏（一九一九－二〇〇六）が維新憲法の改憲を約束し、大統領に選出（一二月六日）されたものの、民主化への希望は瞬く間に閉ざされた。朴正熙暗殺事件の捜査過程で軍内部に軋轢が生じ、国軍保安司令官だった全斗煥（一九三一－二〇二一）を中心とする新軍部が軍内部でクーデター（一二月一二日）を起こし、軍部の実権を掌握して社会を混乱に陥れたのである。新軍部に抗議する学生デモは八〇年、軍が学生や市民を武力で弾圧し多数の犠牲者を出した光州事件（五月一八日）に発展し、その過程で新軍部の圧力を受けた崔圭夏は辞任した。その後、全斗煥が大統領に就任（任期一九八〇－八八）し、軍事独裁政権が再び続くことになったのである。金芝河は刑執行停止により、八〇年一二月（三九歳）に五年九カ月ぶりに釈放された。その後は、生命運動・環境運動・消費者共同体運動に傾倒するようになった。

4　日韓における金芝河研究

日本で金芝河が注目されるようになった契機は、長編風刺詩「蜚語」（一九七二）が発表された頃からである。七四年の逮捕時には、金芝河を救出しようと金芝河救援国際委員会が発足した。主導したのは、鶴見俊輔や小田実などのリベラル派知識人や在日文学者であった。

自民党政権が政治的にも経済的にも朴政権を後押しした反面、日本のリベラル派知識人は金芝河に高い関心を示した。金芝河を通して七〇年代韓国の独裁政権の現状を知り、一人の詩人の不屈の姿勢に共感し支持した。リベラル系雑誌に金芝河特集が組まれ、彼の創作した詩や裁判記録、獄中メモなどが直ちに翻訳出版された。七四年に金芝河に死刑判決が下された時には「金芝河らを助ける会」が発足し、ハンスト抗議をするなど救援の輪が広がった。

日本における金芝河研究は、やはり七〇年代に集中している。特に日本では、詩人としてよりも彼の政治行動が注目されており、八〇年以降の生命運動に至っては研究がほとんど存在しない[59]。在日研究者である徐京植は、九五年の『現代思想』への投稿「金芝河氏への手紙」で、七〇年代の民主化闘争当時から一変してしまった金芝河に対して、「大いに当惑し留保せざるをえない[60]」と失望をあらわにしている。それに対して、韓国におよそ四〇〇本ほどある金芝河研究の多くは、九〇年代に入ってから執筆されている。その八割近くが八〇年代以降の著作である生命思想や美学研究を取り上げており、日本の研究や出版物とは対照的である。

金芝河が恨のイメージの一端を作り上げたという定説がある割には、金芝河の恨言説に関する先行研究の数はかなり限られている。日本では金石範の「恨と良心宣言[61]」、上別府正信の「金芝河と恨―闘争的なイメージの起源として[62]」、韓国においては金珍の「恨の希望哲学的解釈[63]」程度である。金石範は「諷刺か自殺か」で語られた恨が「良心宣言」でどう変容したかを考察しており、上別府は、金芝河を抵抗詩人として取り上げ、人々に恨の概念を知らしめ、恨の闘争的なイメージを作り上げた人物だとしている。金珍は、金芝河の恨概念をドイツの希望哲学に当てはめて考察している。

二、金芝河の恨

1　民族文学論争と左派文壇

解放後の文学界では、南北のイデオロギー対立が顕著であった。左派文人は越北したため、金東里や徐延柱といった右派文人が文学界の中核を担った[64]。植民地期に自由な文学や言葉を奪われていた文学界の課題は、「正統な民族文学をいかに建設していくか」であった。「韓国文学の民族精神とはどのようなものか」という議論の中で登場したのが恨で[65]、金東里や徐延柱が形成した「情恨」のイメージが韓国文学の中心概念となっていった[66]。

金東里は文学において、「朝鮮の封建社会の残滓や日帝残滓を一掃することより、他民族に対する対等で自主的な地位を築く〈民族革命〉を行うことを優先すべきだ[67]」とし、核となるのは純粋文学だと主張した。彼が提唱した純粋文学とは、政治イデオロギーなどを指向しない文学のことである。非政治性を担保しつつ、女性の悲劇といった封建社会の因襲、柳宗悦に代表される植民地主義的な言説をむしろ吸収しながら民族的な情緒や美意識を形成していった。

しかし、金東里の純粋文学を核とする民族文学論は、一九六〇年の四月革命をきっかけに生まれた参与文学派によって「御用文学」と批判されるようになる。参与文学派は、文学を生の一部と捉え、積極的な社会参与と社会批判を指向し、第三世界の文学との連携を目指そうとした。金東里の民族文学論を支持する陣営である純粋文学派とは決して相容れず、民族文学の正統派論争（参与文学論争）を巻き起こした。参与文学派は『創作と批評』（一九六六年創刊）を、純粋文学派は『文学と知性』（七〇年創刊）を創刊し、それぞれの文芸雑誌を拠点[68]に活動した。

金芝河は参与文学派に属する文人であった。金芝河の恨に見られる「現実を打開する力」という政治的指向性や、第三世界との連続性は、参与文学派の作風を継承したものである。

非政治性を担保しようとした右派文壇の金東里は、朝鮮の芸術から悲哀や女性性を見出したが、左派文壇の金芝河はそれらを否定し、躍動感や男性性を見出している[69]。このような意識の差は、恨の理解に関しても顕著に表れるようになる。

2　「五賊」と風刺

金芝河を一躍有名にした作品は、「五賊」[70]（七〇）という詩である。

「五賊」といえば、多くの韓国人は、一九〇五年に第二次日韓協約に署名した五人の国務大臣「乙巳五賊」を連想する。乙巳五賊は、日本に外交権を渡し植民地化に舵を切った「親日売国奴」とされている。

この作品は、日韓国交正常化後の「日本資本による経済再侵略」に対する抵抗であるとともに、その資本に群がる新しい「売国奴（五賊）」――「チェボル（財閥）」「クフェイウォン（国会議員）」「コクプコンムウォン（高級公務員）」「チャンソン（将軍）」「チャンジャクワン（長・次官）」――を風刺したものであった。

政治的発言を弾圧する朴正熙政権への抵抗として、金芝河は風刺の手法を用いたが、ここで、詩論「諷刺か自殺か」[71]（一九七〇）に記述された風刺に対する考えを確認しておく。

熾烈な悲哀の澱（おり）として沈んだ恨を土台にして、悲劇的な表現を吸収する一方、諧謔を広範囲に組み合わせながらも強力な風刺を主たる核心とする高揚した喜劇的表現のみが、あらたな暴力的表現の唯一の可能性である。これは単純な審美的な落首や現実肯定的な諧謔でもなく、かといって特殊な現実の転倒や、諧謔自体を無視する抽象的、観念的文芸批判型でもない。[72]（強調引用者）

金芝河は、悲哀の恨を土台とする悲劇的表現を吸収した喜劇的表現である風刺や諧謔こそが「支配層に対する大衆の怒り」をぶつける唯一の対抗手段と考え、それを「あらたな暴力的表現」あるいは「潜在的暴力の芸術的表現[73]」などと呼んだ。

「悲哀の澱りとして沈んだ恨」「悲劇的な表現」は既存の恨言説にも見られた情緒だが、「高揚した」「喜劇的表現」「暴力的表現」は、これまでの恨言説には見られなかった「エネルギー」を感じさせる語群である。風刺や諧謔によって「エネルギー」を強化することで、大衆の中に「爆発的な力[74]」が生まれるとし、パンソリや民謡から風刺の技法を抽出しようとした[75]。彼が短編のパンソリと呼んだ「譚詩」は、パンソリの律調を用いた新たな文学ジャンルであった。「五賊」もこの譚詩で作られている[76]。

また引用からは、「審美的」「現実肯定的」「抽象的、観念的」といった表現を明確に否定し、抵抗を表明していこうという参与文学派らしさも垣間見える。

3　金芝河の「戦いの根源としての恨」

金芝河の独創的な恨の世界が形成されていったのは、収監中だったようである。獄中で、『聖地』『名山』『マルトゥク』『張日譚』といった作品の構想メモを五〇〇ページにも渡って書き残しているからである。「五賊」（七〇）もそうであるが、金芝河の作品そのものに恨が登場するわけではない。金芝河のまとまった恨言説が確認できるのは、彼のインタビューや講演文、作品論といった周辺の文書である。まずはインタビュー文「恨こそ戦いの根源」（一九七五）を考察する。

次は、「恨こそ戦いの根源」からの引用である。

> 大韓民国の百姓（ペクソン）たち、すなわち民衆がこれまで個人別自我の中で、数知れぬ傷を受け、抑圧を受け、踏みつけられてきた過去の悲しい歴史の中で蓄積してきた恨み、すなわち悲哀を重要視します。この悲哀とは、それが最も極限化したときには、いかなる合理的思考や科学的判断、指導や指針も比肩することのできない巨大な力をもちながら、同時に巨大な破壊力をもち、巨大な悪の存在としても登場することができます。……我々はこれを「恨」と呼びます。「恨」、この「恨」の正体こそ、わが民族のこれからの闘争における歴史と精神、その運動における重大な力学、その力学の内容を想像させ、力学のもつ運動の構造を把握させるばかりか、到来する運動の未来をも霊感させる唯一の根拠なのです。[77]
>
> （強調引用者）

この通り、金芝河は恨（悲哀）が極限化すると、「巨大な力」「巨大な破壊力」「巨大な悪の存在」になるとした。別の箇所では「巨大でとてつもない力、何らかの条件においては巨大な火花として爆発する力」[78]、「建設することのできる力と破壊することのできる力を同時に持ったなぞの力」[79]と記している。「恨という石塊が、合理的な出口を発見することができないままに永遠の物質に転落してしまうのを放置してはおけない」[80]とも書いている。蓄積された恨は「力」や「爆発」となり、問題解決を要求する闘争における精神的なエネルギーになるとした。こうした彼の解説が、闘争のエネルギーとしての恨、「怨恨」のイメージを形成している。

一方で、金芝河の当時の作品が、「蓄積された恨」を背後に潜めた「喜劇的表現」であったことにも注目したい。右派文壇が恨を「悲劇」一辺倒で捉えたとするなら、金芝河は恨の中身は「悲劇」だが表向きは「喜劇」として表現しようとした。こうした表現は、その後のKエンターテインメントでも一般的に見られるようになる。

金芝河の恨言説においてもう一つ特筆すべき点は、恨を民族の固有性、多言語への翻訳不可能性という民族的アイデンティティーとしてではなく、虐げられている「第三世界のすべての民衆」に共通する情緒として捉え直した点である[81]。この点を、「恨こそ戦いの根源」（七五）の次の引用から確認してみよう。

> この「恨」こそは、とてつもない世紀的な抑圧と蹂躙、デッチ上げ、欺瞞、搾取のなかで生きてきた第三世界のすべての民衆、その地域の民衆たちがしばしば闘争において失敗し、挫折しながらも、たゆまず前進し、勝利を目指しているその情熱の背後で作用している何らかの力と明らかに関係しているものだと私は信じます。現代をもっとも鋭く特徴づけている第三世界の進歩的な民主主義運動の背後で作用している何らかの力学とむすびついているのです[82]。（強調引用者）

この引用に続く部分では、東学の農民戦争や四・一九事件といった「民衆の抵抗革命史」と恨を関連付けることもしている。

一方で金芝河は、恨のエネルギーが持つ「負の側面」も認識していたようである。「馳駆された恨はその膨大な推す力によってのみ恨自体は消滅する」[83]が、「その逆説的な展開は恨の繰り返しと復讐の悪循環を断ち切る知恵ある断、[84]霊性的でありながら、共同体的断、すなわち決断を条件にしてこそ可能である」[85]とし、決断とは勇気であり、苦痛と絶望、退廃までも引き受ける「受動的積極性」が必要だと述べている。[86]恨による「復讐の悪循環」の可能性をあらかじめ指摘し、負の連鎖を断ち切った際に被る「苦痛」までも引き受ける「勇気」の話も展開している。こうした金芝河の恨は、「恨―諦念―美」ではなく、「恨―力―悪」の構図で捉えることができよう。

4　「第三世界の民衆」の恨の解決と宗教

金芝河は恨を捉える際に、「民衆の恨」と宗教を結び付けようとした。金芝河の詩の中に東学のモチーフを多々発見できること、彼がカトリック信徒であることを考えた時に、金芝河の恨と宗教との関係性は看過できないものであるが、これまでの先行研究ではほとんど取り上げられていない。「恨こそ戦いの根源」（七五）の次の引用には宗教、政治、芸術の包摂が明白に示されている。

「恨」は宗教、政治、芸術を包摂して、人間すべての根源的なものを圧縮した形で含んでいる。私たちの運動によって、この「恨」を世界と宇宙の新しい改革と建設の力へと発展させることができるのは、まさにこの「恨」が政治と芸術と宗教、こうした区別がすでに何らかの価値をもたぬ、そういう差異がすでに消滅した状態としての創造的な光を見せることになるからなのです。[87]（強調引用者）

「創造的統一の為に」（八二）の講演文では、金芝河は、「第三世界の民衆」と東学のモチーフを結び付けている。この数世紀にわたって、先進帝国は「第三世界の民衆」に死と苦痛を強要してきたが、「第三世界の民衆」はこうした矛盾を克服し、全人類と全生命界に燦爛たる復活をもたらす大転換期を迎えているとした。

この大転換期のことを、金芝河は「後天開闢時代」と表現している。これは、東学などの民族宗教が唱えた終末思想である。これまでの先天時代は、陰陽の葛藤、男の支配、怨恨と相克が支配し、抑圧、搾取、葛藤、征服欲、財産などの価値観による暴力的な人間支配と生命抹殺の悪循環が圧倒していたという。しかし、今日の後天開闢時代は、陰陽の調和、男女の平等、解怨と相生、平和と統一、自由と平等、解放に溢れた生命に対する普遍的な尊重と愛の支配に変わるとした。こうした転換は、先天の中に隠れている後天を先天の枠内で拡大させて、やがて先天を超えていくという、受動的でありながらも積極的な転換であり、この転換が韓国の民衆を含めた「第三世界の民衆」にとっての世界史的責任だとした[88]。

このように後天開闢思想は、搾取や抑圧に溢れた先天から自由と平等に溢れる後天時代へと移行する転換期を「今まさに迎えている」と捉えるものである。韓国文学研究者の川村湊も「金芝河は、東学思想の重要な用語も取り混ぜながら、男女不平等や圧政に苦しむ貧者の解放、保護を目指そうとした[89]」と指摘している。

さらに、カトリック信徒になった後の金芝河は、カトリック主導の民主化運動に積極的に関わり、イエスと恨を結び付けて捉えようとした。次は、彼がイエスを「民衆の恨の問題」を解決するための政治的な救世主として捉え直した「恨こそ戦いの根源」（七五）からの引用である。

悪魔の力とそれを克服する知恵の力をもった民衆、破壊力と建設力を同時にそなえもっている民衆、しかし永遠の呪詛にかけられてしまった民衆、人類歴史上において一度として、最も卓越した形態、最も望まれる形態に、われわれが常に夢見てきた形態に浮上することもできぬまま、いまだなおデッチ上げられたり、抑圧されている、その民衆の「恨」の問題を解決しようと運動の方向を指示したり解明してきたそういう人々を私たちは人類の師と呼んできたのでした[90]。（強調引用者）

ここで語られている「人類の師」とはイエスのことを指しているが、この政治的な救世主としてのイエス像は、七〇年代以降に発生する「民衆神学」のイエス観や救済論に継承されている。

それでは、金芝河の考えた「イエスと恨」を理解するために、彼が書いた戯曲「金冠のイエス」[91]（七二）を例に挙げて検討していこう。「金冠のイエス」とは、哀れなイエスを反語法で言い表したものである。「金冠のキリスト」は四幕構成で、舞台は冬の地方都市の片隅である。登場人物は、正義感のない日和見主義的で妄信的な「神父」、金の亡者でイエスの本心を理解しようとしない偽善的な「社長」、権威的な「巡査」、売春街が取り壊され住むところを失った「売春婦」と彼女を助ける「修道女」、無学で貧しい「らい病患者」[92]と「乞食」である。

舞台は、街の人々が跪いて祈っている広場の場面で幕を開ける。そこには「社長」が作った、金冠を被せられたセメントのイエス像が立っている。ある日、涙を流すイエス像に気付いた「らい病患者」は、像に被せられた金冠を外す。すると、「私は余りにも長い歳月、息苦しく、さびしいこのセメントの監獄に閉じ込められていた」と嘆き、「私はお前のような気立てのいい、貧しい民と話をしたかった。そしてともに苦しみを分かち合いたかった[93]」と語り出した。「らい病患者」が「どうすればあなたが解放されるのか」と尋ねると、イエスは「お前のように貧しく不幸せで苦しい状況にありながらも、善良な心を失わぬ者でないといけない。お前が私の口を開いてくれた。お前が私の頭上から金冠を脱がせてくれた瞬間、私の口が開いた。お前こそが私を解放してくれるであろう」と語り、セメントを砕いて体も自由にしてくれと頼んだ。「神父」は政権寄りで民衆の苦しみに興味を持たない当時の教会を指しており、金冠を被ったイエス像の実態は、「社長」という偽善者によって勝手に建立されたものであり、組織や制度に固執する「教会」というセメントでがんじがらめにされていた。「らい病患者」は神を知らない単なる民衆だが、イエスはむしろその民衆によって「解放」され、本来の働きをするようになるという比喩である。この「金冠のイエス」は、「民衆神学」の徐南洞の論文にも引用されている。(94)

三、まとめ

金芝河は伝統芸能パンソリの風刺や諧謔に着目して詩を創作したのに加えて、右派文壇のいう情恨とは違ったイメージで恨を捉え直し、諦念とは逆の「戦いの根源」と解釈した。こうした恨は、恨みや悪の感情とも隣り合わせであることから、恨を断ち切る勇気の必要性も訴えた。さらに、独裁政権下の韓国、換言すれば、搾取され征服されている「第三世界の民衆の恨」を解決すべきであること、「第三世界の民衆」には世界の矛盾を克服し調和をもたらす「世界史的責任」があるとした。

右派文壇を中心とする文学界は、悲哀と諦念の美意識で恨を捉えてきたため、動的で熱量があり、負の面も持った金芝河の恨は異色であるように映る。しかし、金芝河の恨が奇抜で特殊かというと、必ずしもそうではない。

新聞調査や映画分析で見たように、「恨と怨恨の同一視」「恨を残すべきでない」「恨を解きたい」という考え方は当然存在しており、燃えるような「愛の恨み」や強烈な「願望」としての恨も人々に認識されていることを確認した。また、李御寧の『土の中に、あの風の中に』の「結語　城隍堂峠にたたずんで」にも、「新しい韓国が誕生」するためには、「涙を干」し、「己れの傷痕を直視」し、「侮辱の歴史に憤怒を覚える」ことを求めている記述がある。そして、その「世（とき）がきた」[95]と記している。「悲哀の美」を記した恨のエッセイの中では異色に見えた「熱っぽさ」や「憤怒」の感情は、金芝河の恨に通じるといえる。

さらに、金芝河が反政権運動に利用したパンソリの風刺や諧謔は、恨の情緒の反対概念であり、特に諧謔はもう一つの国民的情緒として、後に注目されていくことになる。

四節　李御寧の見た恨Ⅱ：「解し／解きの文化」の発見

李御寧の恨言説といえば、「恨とうらみ」（四章一節で詳述）というエッセイが有名だが、もう一つ注目したい言説がある。

李御寧は一般的に、一九六〇年代の文学界の恨言説の主流であった「情恨論」を唱えた人物だと理解されている。千二斗は李御寧の恨論を「恨願論」という言葉でまとめ、その後も多くの研究者が「李御寧の恨＝情恨論」の認識で語っている。しかし、次の言説を確認すれば、その認識が不十分であることは明らかである。李は、「情恨」のことだけでなく、「解し」について述べているのである。

一、李御寧の「解しの文化」

1　韓国文化は「解しの文化」

李御寧が「解しの文化」について初めて言及したのは、韓国で出版されたエッセイ集『西洋から見た東洋の朝』[96]（ソウル：三中堂、一九六七）の中においてである。この論稿はその後、日本の『コリア評論』[97]（一九七七）に翻訳掲載され、さらに『土の中に、あの風の中に』（六三）の日本語版である『韓国人の心』（八二）に再掲載された。

『韓国人の心』の目次を見ると、五一本のエッセイの中で、五〇番目が「恨とうらみ」、最後の五一番目が「解しの文化」となっている。「解しの文化」で李は、「解く、解す」という動詞「풀다《プルダ》」の重要性を指摘し、韓国文化は「解しの文化」だと説明している。次の引用は、李が「解し」について解説している箇所である。

> よしあしを明らかにしたり、損益を計算しないでいきなり白紙に還してしまうのが、韓国人が紛争を解決するほぐしの方式である。それ故に、ほぐしは論理ではない。ほぐしは裁判ではない。それは飛び越える寛容であり、忘却であり、恕しである。
>
> われわれは、ほぐしを重視した民族であった。何であれ解いてしまう。口惜しさもほぐし、腹立たしさもほぐし、仕損じもほぐしてしまおうとする。それが正にうさ晴らしであり、腹癒せであり、怨みを晴

らすことであった。怨恨をほぐすこと、そこから諸々の哲学と、生活方式の文化が生まれる。西欧の文化が緊張の文化とすれば、韓国の文化は解消の文化である。(98)（強調引用者）

「白紙に還」すこと、「寛容」、「忘却」、「恕し」こそが韓国人にとっての「うさ晴らし」「腹癒せ」「怨みを晴らすこと」、つまり「解し」であるのだという。さらに、「解し」の方法については次のように記している。

韓国人はほぐしの天才であった。あの暗い歴史、不条理な社会構造！　民衆は外勢に踏みにじられ、権力者に苦しめられ、貧しさに揉まれて生きてきた。だが晴らすことを知っていたがゆえに、あの苦痛、あの悲哀、あの怨恨の数々を風に飛ばせるように、水に洗い流すように、溜息でほぐし、歌でほぐし、踊りでほぐしてしまった。そうであったから、この民族は事実上だれからも支配をうけなかったのであり、だれからも苦痛をうけなかった。ほぐしてしまう能力がある限り、いかなる悲劇やいかなる苦痛も、韓国人の胸を引き裂くことはできない。どんなにおそろしい毒を呑みこんでも、解毒剤があれば恐れることはない。韓国人くらいあのたくさんの毒を呑んだ民族もいないが、見るがよい、われわれはこのように陽気な表情で生きているではないか！　他の民族であれば、全部狂い死んでいるか自殺していたであろう状況にあっても、韓国人たちは感興を失わなかった。(99)（強調引用者）

韓国人は「溜息」「歌」「踊り」により、「苦痛」「悲哀」「怨恨」を解して飲み込んできたという。こうした「解しの文化」があるが故に、韓国人は「陽気」で「感興」を失っていないとした。次の引用は、韓国の「解しの文化」を西洋の文化と比較し、その優越性について記している箇所である。

解し文化の原動力である感興と陽気さは、生命の根源的律動から発する力である。西欧文化はこれをあやめて、その死火山の上に文明の宮殿を樹てたがゆえに、繁栄はあっても歓びがなく、征服はあっても幸福はない絶息した文化に転落している。しかし、あの歌唱から感興が湧きあがる韓国文化は、たとえ貧しくとも、抑圧を受けようとも、噴水のように湧きあがる魂の震えがある。[100]

このように「解しの文化」の韓国文化に対する描写は自信に満ち溢れており、六三年に書かれた『土の中に、あの風の中に』と同一の作者とは思えない内容になっている。

２「シン（エクスタシー）」

また、日本の『海外事情』（八二）に投稿した「特集＝八〇年代の韓国　韓国人の意識構造」の中でも「解しの文化」について触れている。ここでは、より分析的に「解しの文化」を解説しており、「解く」ときの感情の状態については次のように説明している。

「ハン」を解く方法としては、シンの状態がなければなりません。シンとは物質的利益をこえたもので、民族全体をシンでわかすもの、それが解く方法なのです。いまの若い世代（大学生）には、パンソリ（謡物語）とか仮面劇の伝統的な踊りと歌がはやっています。若い連中が今の老いた世代よりももっと昔の世代に通じるような気がします。すなわち、シンの文化にたどりついているのではないでしょうか。[101]

この記述には「シン」の考えが登場している。「シン（신）[102]」とは科学的、論理的に証明できないシャーマ

ニズムやアニミズムの感性で、あることがきっかけとなって体の中に神気（不思議な力）が入り、人の中の気と合わさって高度に興奮する状態を指す。また、「シン」の状態になるには人々が集まって芸能を行う「場（판《パン》）」が必要だと述べ、パンソリや仮面劇の例が挙げられている。

韓国の「解しの文化」の例も具体的に挙げている。一つ目は民俗舞踊の「サルプリチュム（살풀이춤）」である。「サル」は巫俗の雑鬼雑神のことで、悪魔払いを意味する「サルプリ」は巫舞から始まったとされ、手に細長い布を持って踊る。二つ目はクッよりも簡易な厄払いの儀式である「プダッコリ（푸닥거리）」で、これも体をゆすりながら行われる。その他には幼少期から身についている肩でとるリズムといった「歌や踊り」、厳格な家族主義や経済的、政治的抑圧を解すために発達した「悪口」などで、巫俗的風習や身体を用いたものが多い。

また、これからは「解しの文化」がますます必要だとも述べている。「政治家」「企業家」「父親」「先生」「夫」らが「解し／解き」を抑圧してきたがために、これまでは想像力を十分に発揮できなかったが、「これからは、肯定的で創造的なままに、興趣と感興的創造の原動力を昇華させ」ていくべきだとしている。

二、金烈圭の恨

1　民俗学者・金烈圭

恨の「解し／解き」を実証しようとしたのが金烈圭[103]である。

金烈圭（一九三二－二〇一三）は、李御寧とほぼ同世代の戦中生まれの民俗学者・文学者である。ソウル大大学院で民俗学と国文学を修め、「民俗文学」というジャンルを成立させ、神話学、構造主義、記号論などを適用して韓国民俗学の土台を築いた。

文学や美学、神話、歴史など様々なジャンルから「韓国人とは何か」についてアプローチし、恨をテーマにした本格的著作『恨脈怨流』（ソウル：主友、一九八一）[104]を著した。韓国文化を網羅した大事典である『韓国民族文化大百科事典』の「恨」の項目を執筆しており、恨言説をリードしてきた一人であるが、彼が民俗学の中で展開した恨論は、既存の文学界の恨論とは異なるものとなっている。

2　シャーマニズムと「黒い恨」

金烈圭は、いわゆる苦難や挫折からくる「恨」と、他者から被害を被ることからくる「怨」とを区別せず総体的に捉えた。

一人心の中に沸き立つ怒り、憤怒かと思えば、他者に向かう呪いや復讐の時もある。自責の胸をえぐられる恨もあるが、他人に対する憎しみで凶器を手にするほどの怨恨もある。熱い火花が上がるときもあれば、氷のように冷たい時もある。軽い後悔かと思えば取り返しのつかない破綻に対して地面を打ち付けて泣き叫ぶときもある。恨を残してはいけないと歯を食いしばって抜かりなくことを進める動機にもなり、目的の達成に向けての原動力や衝撃にもなる。他者に対して恨みを買ってはいけないと思って暮らせば、善隣のための倫理意識にもなる。……韓国人の恨は極と極の間を彷徨い、空の果てと地中の奥深くとを行き来する。[105]

恨という語は極東の三国、韓国・中国・日本が同じように使っているのは事実である。しかしその使われ方の多様性や意味の含蓄性、そして生活や文化に結ばれている関連などにおいて、他の二国の恨は韓国のそれに到底及ばない。そのようなことから韓国人は「怨恨人」である。[106]彼らは悲しみに並外れて反応し、怨恨を他人よりも激しく胸に抱えて生きる人々である。（強調引用者）

李御寧の「恨とうらみ」（七八、四章一節で詳述）に記述されているように、一九七〇年代後半にはポジティブな恨とネガティブな怨恨を区別する考え方が韓国社会で定着しつつあった。しかし、金烈圭は「恨」「怨恨」「怨」といった語彙を使い分けず、「韓国人にとって怨恨は〈集団的な遺伝〉であり、誰もが代々引き継いできたコンプレックスである」[107]というように、恨にネガティブな側面があることを前提に議論をスタートさせたのである。金烈圭は、恨のネガティブな側面について、既存の美意識としての恨と区別するために、「黒い力」という表現を用いている。

人生における不満や挫折も恨であるが、恨は韓国人の生の動機になっている。その一方で、心の奥底によどみ、呪術的でネガティブな力にもなりうるという。黒い力とはこの世に危害を及ぼす力であり、災いや疾病を生み、戦争を引き起こす。[108]（強調引用者）

アサヒグラフ編『韓国再発見』（八七）のコラム「韓国人―恨の内と外」では、「白い恨」とは、「ある怨みが心に積み重なるが、自分が傷ついた場合、その怨みを第三者に移さない恨のことで、伝統的に家庭内や一族内の中に見られ、親が子に同じ苦しみを味わわせないようにする社会的なエネルギーとして肯定的、建設的なもの」[109]だとした。逆に「黒い恨」は復讐のエネルギーだとし、シャーマニズムと絡めて説明している。恨みを抱いた怨霊はなりふり構わず攻撃するが、この怨霊をなだめ、恨みを解消し、生者同士の葛藤を和らげる機能を持つのがシャーマンであるという[110]。

このように、ポジティブな「白い恨」とネガティブな「黒い恨」とを並立させ、「白い恨」は反骨精神や芸術の昇華などに、「黒い恨」はシャーマニズムの鎮魂に現れるとしている。

3　「解し／解きの文化」と「シンミョン」

金烈圭は恨を「結び（맺힘《メチム》）」と「解し（풀이《プリ》）」の二つの構造に分けて説明した。

一般的には、韓国人の感じる情緒の中に潜む痛みを「恨」といいます。この場合痛みをすぐ断念してしまえば、「怨恨」となりません。挫折したり、心に痛みが生じたとき、この痛みを断念できずに現状に戻そうとしたり、癒そうとする欲求が激しければ怨恨となります。だから「結ぶ」時までは「恨」はかなり否定的であるが、「結」んでからそれを「解く」過程は力動的となるのです。言い換えると「恨」は韓国人のエネルギーともいえるのです[111]。

金烈圭も李御寧と同様に、「解し／解き」に注目していることが分かる。恨に含まれるネガティブな「恨み」の側面に着目した彼は、中国にも日本にも「恨み」という言葉があり、フランスにも「ルサンチマン」[112]という概念があるように、「いずれの国民も、恨や怨みを持っているので、それだけで民族的特性を説明したことにはならない[113]」とした。

その上でむしろ、韓国の固有性と捉えるべきは、否定的な感情を治癒する文化の方にあると説明した。そして、巫俗儀礼を例に、怨恨の「結び」と「解し」という喪失と回復の構造について紹介し[114]、結ばれた恨を解きながら生きてきたことを朝鮮民族の特徴だと主張した。

恨をテーマにした初めての本格的著作『恨脈怨流』（八一）の中で、金烈圭は幅広いジャンルから恨や「解し」を見出そうとし、韓国社会や文化あるいは韓国人が、いかに恨を解消してきたかを実証しようとした。金素月の詩論に端を発する文学界での恨探しと同じで、「巫俗」「王朝史（政治）」「怨霊信仰」といった、既存の恨研究では取り上げていなかった宗教、意識構造、死生観などのあらゆる場面にまで対象を広げて、恨と「解し」探しを行ったのである。その結果、「韓国文化は〈解す文化〉である」という言説が、韓国社会に浸透していった。

金芝河はパンソリの風刺や諧謔に目を向けたが、金烈圭もパンソリの「興」に着目した。仮面劇やパンソリの「解し／解き」の部分に注目し、解いた後の境地を「興」、韓国の固有語では「シンミョン（신명）[115]」並びに「シンパラム（신바람）」という言葉で説明している。

結びは怖く苦しく寂しい、そして痛みとやるせなさもあるが、何と言っても恨ほど結ぶものはない。結ぶのは魔王ではなく恨である。そしてそれが解ければ興が生まれ、情が戻り、「シンミョン」が沸き起こる。解かれて到達する境地の絶頂にシンミョンを置いてみよう。結びと解しの両極の間に韓国人の生活領域があるとすれば、それは恨とシンミョンの両極の間にあると言い換えられる。シンミョンを解しの絶頂に置くのは気が引けるが、ムダンのクッ（儀礼）の場合、解し（エンディング）がいつもシンミヨンやシンパラムを奮い立たせることを念頭に置いて欲しい。沈清と興夫、そして洪吉童は結んだものが解かれて生きた韓国人だ。まさに理想的な韓国人といえる[116]。

「シンミョン」とは、李御寧が恨の解消法として既に言及した「シン」と同義で、その類義語である「シンパラム」は「上機嫌だ、意気揚々とした気分になること、得意になって肩で風を切ること、興がわくこと」という意味の固有語である。こうした「シンパラム」の感性が見られるのが、パンソリや仮面劇だと述べている[117]。

「シン／シンミョン／シンパラム」に関しては、金烈圭以降も李圭泰など多くの文化人や研究者が指摘しており、韓国人・韓国文化を理解する上で重要なキーワードとなっている。また、仮面劇やパンソリはナショナルアイデンティティーとして捉えられると同時に、「仮面劇やパンソリの中に恨がある[118]」という言説も通説化していった。また、七〇年代後半から八〇年代序盤には、「誇るべき韓国文化」として伝統文化がクローズアップされた。その中でも特に注目されたのが仮面劇やパンソリ、巫俗であった。

三、「恨」「解し」と巫俗

金烈圭が仮面劇やパンソリにおける「解し」の状態である「シン」の起源として挙げたのが巫俗である。巫俗は「民族の固有性」としての恨言説の中に現在も頻繁に登場している。

巫俗とは、朝鮮半島のシャーマニズムのことである。ムーダンやパクスと呼ばれる宗教的職能者が神懸かり、トランス状態で神や神霊などの超自然的な存在と交流したり、神や神霊を憑依させてクッと呼ばれる祭儀を行う。クッには、個人の幸福や病気治癒、死者供養、村の安寧のためなど様々な種類がある。

一九六〇年代以降、国家や知識人によって上からの「伝統や文化の創造」が進められ、民俗学などの研究の普及、文化財政策、博物館建設などが推進された。一方で、七〇－八〇年代の民主化運動の一環としても、大学や工場などで「マダン劇」を上演するなど「民衆文化の再発見、伝統的な民俗芸能への回帰」が起きた。[119]こうした流れと同じく、担い手の中には「無形文化財や人間文化財に指定」される者が現れ、大学に「研究サークル」ができるなど、その芸能的な面が「再評価[120]」されたのが巫俗である。

もともと巫俗は、近代化以降、「迷信」として排除されてきた。社会学者の李效再は「巫俗は気休めだ」（七八）とし、詩人の高銀は恨を「巫俗から生まれた克服すべきもの」（八〇）と表現していた。ところが、宗教的要素を排除した巫俗の民俗芸能としての評価が高まり、国文学者らが「ナショナリズムの核[121]」と呼ぶまでに認識が変わったのである。

七〇年代後半から八〇年代になると、恨を語る人のほとんどが、ジャンルや立場に関係なく巫俗について言及している。[122]さらに、金烈圭や韓完相・金成基、任軒永、文淳太ら恨研究者たちは、巫俗に肯定的な評価を与えた。特に金烈圭は、巫俗の成巫儀礼と死霊祭から「解し／解き」のコードを抽出し、それを韓国文化一般に還元した。金烈圭以降の恨研究の巫俗に関する記述は、金烈圭の論文や著作に依拠することが多く、成巫儀礼と死霊祭が、巫俗と恨の関わりを証明する常套句として紹介されるようになった。

七八年には文芸誌『東西文学[123]』で、「恨を解く―韓国伝統文化の中に見る恨の根幹[124]」という特集が組まれた。この特集に対して、編集者は「韓民族の歴史と人間内部に深く内在する恨、これはいつからどこに由来し派生してきたのだろうか。そしてわれわれはその恨みをどのように解いて（考えて）きたのだろうか」と問題提起し、「情と恨」「巫俗」「文学」「民謡」「美術」「国楽」「言語」「意識構造」の八つのジャンルの論稿[125]を掲載した。文学の領域に限定していないことから、恨とは広く「韓国文化」の核となるものと認識していたことがうかがえる。

この特集の「情と恨」のジャンルに、金烈圭は「黒い怨霊の恨―情と恨の相関関係を中心に」という論文を投稿している。論文の要旨は次の通りである。

怨恨（恨）とは精神的瘀血であり、精神の中に慢性化した結締組織が固まったもの、腫瘍のようなものが固まったもの、精神的陣痛である。また恨は結ばれる－解かれるという構造を持っている。情が韓国人の生活感情や意識の陽地であれば、恨が陰地であり、「解怨」によって情を回復する。「解怨」の思想は伝統的死生観（怨霊）、巫俗や宗教、文学の中に表れてきた。

特集の題名は「恨を解く」であるが、「情と恨」（金烈圭）の解怨、「巫俗」（金泰坤）の鎮魂儀礼（クッ）、「美術」（朴容淑）の土偶には「解し」の記述が見られるが、「文学」（黄唄江）、「民謡」（任東権）、「国楽」（李輔亨）、「言語」（徐延範）、「意識構造」（李揆東）では「解し」について触れていない。一方で、八本中六本が巫俗について言及している。

このように金烈圭は民俗学者として巫俗に言及したが、恨をテーマにした本格的な巫俗研究が行われるようになったのは、崔吉城の『韓国人の恨』（ソウル：礼典社、一九九一）以降である。『東西文学』の特集「恨を解く」の事例に見られたように、巫俗に関して専門的に言及できる論者がほとんどいない中で恨と巫俗が密接に結び付けられ、「恨＝巫俗」のイメージが一人歩きしていったようである。崔吉城は、こうした八〇年代の民俗学を振り返って、社会学的アプローチや比較の視点が欠落しており、民族起源論的で民族主義の傾向が強い(126)とも指摘している。

五節　小結

本章では、既存の知識人の文学研究とは異なるジャンルの新聞や映画といった恨言説を考察し、韓国社会において恨がどう理解されていたのかに迫った。それを踏まえて、一九六〇年代の文学界で構築された恨言説とは異なる恨のイメージを浮き彫りにした。

新聞は、恨言説が成立する時期である四五年から七五年までを考察した。映画は六〇年代後半から七〇年代にかけての作品を取り上げ、金芝河や李御寧、金烈圭などの知識人や評論家の恨言説は七〇年代と八〇年代序盤にかけてのものを整理した。

新聞調査で明らかになったのは、政治から庶民の暮らし、映画広告、文学作品紹介など多様なシーンに恨言説が見られたことである。故人への哀悼、一年の反省、無学の嘆き、朝鮮時代の女性の悲哀といった中に登場する恨は、「無念」や「悔い」に置き換えられるものであった。恨を用いた慣用句的な言い回しが存在し、日常使いも多いことを確認した。

六五年の日韓基本条約締結や七二年の南北赤十字会談など、対日・統合ナショナリズムが社会的に高まる時期には「民族」という言葉とともに恨が使われ、個人としての恨ではなく、「民族の恨」を国民が共有する機会となった。「私は○○な恨を抱えている」というよりも、「恨を残してはならない」という改善要求としての使用も多く見られた。七〇年代に入ると、文学界における恨の議論が取り上げられており、そこから派生する「伝統文化としての恨」言説が登場する。この「伝統文化としての恨」が、恨の文化を持つ民族という意味の「恨の民族」につながることが分かった。

「伝統文化としての恨」のイメージは、六〇年代から七〇年代のホラー時代劇映画からも見出すことができた。一方、儒教社会の中で虐げられた女性の情念と怨恨、復讐は、文学界の静的でうら寂しい悲哀美とは異なり、熱く情動的に描かれており、女性観客のカタルシスとなっていた。映画『恨』（六八）の公開時には、自らを「恨の民族」と規定するキャッチコピーも付されていた。

参与文学派の金芝河の恨論も、右派文壇が提示したような自虐的かつ宿命論的なものではなく、「爆発する力」のように、軍事独裁政権に立ち向かう躍動感とパッションを表象している。民族的なものとしてよりも、政治的に虐げられている第三世界の民衆に共通する情緒と捉えている。右派文壇の恨言説と比較すると、金芝河の恨論はかなり異質なものに映るかもしれない。しかし李御寧のエッセイ集の結語に登場した「侮辱の歴史への憤怒」であったり、新聞調査や映画にも見られた、燃えるような情念、愛の恨みや強烈な願望といった言説と脈を同じくするものだと見ることができる。

このような「恨を残してはならない」「解きたい・解くべき」という恨言説には、李御寧や金烈圭によって、「わが民族はすでに恨を解いてきた、解くという文化的特質を持っている」という新しい意味が付与される。右派文壇の提示した恨は、改善の余地のない宿命論的な悲哀美であったが、「解し／解きの文化」の発見は、朝鮮民族のポジティブさ、西洋文化と比べた優秀さを強調したものである。この「解し／解きの文化」の代表例としては、仮面劇やパンソリといった伝統芸能や、古来から存在する民俗宗教の巫俗が取り上げられ、これらを「韓国的なるもの」として伝統文化の再発見が行われた。女性の恨を描く映画を観賞しカタルシスを味わう行為も一種の「解し／解き」といえる。「解し／解きの文化」は、韓国社会がナショナルアイデンティティーを獲得していく際に、重要な概念となったのである。

韓国の恨言説には必ずといっていいほど登場する「解し／解きの文化」だが、日本での恨言説では実はあまり強調されない。そのため、「恨を解く」というと、「雪辱」や「復讐」「恨みを晴らす」ことがイメージされがちである。だが、彼らの言う「解し／解き」とは、恨の情緒を興の情緒に転換してしまうことを指している。興の情緒を意味する「シンミョン」は、李御寧を含め李圭泰など多くの文化人・論者によって論じられている。恨は解かれるものであり、解かれた状態である「シンミョン」こそが韓国的情緒だという認識が、徐々に広がっていったのである。恨を放置せず、恨解きを行った「解し／解き」の最終形態が「シンミョン」であり、「シンミョン」の発見こそが韓国人、韓国文化の固有性であるというのが、李御寧、金烈圭、李圭泰など当時を代表する韓国文化論者の下した結論であった。

注

（1）https://newslibrary.naver.com

（2）二〇〇〇年以降の記事は、漢字検索非対応の各新聞社のアーカイブからしか抽出できないため、現状では抽出が困難であり、分析対象に含めなかった。

（3）ＫＨＣｏｄｅｒは多変量解析によって言葉や文書を分類する Correlational アプローチと分析者の作成したコーディング基準にそって言葉や文書を分類する Dictionary-based アプローチを接合したソフトウェアである。

（4）木宮正史『ナショナリズムから見た韓国・北朝鮮現代史』（東京：講談社、二〇一八年）、七頁、目次

(5)『怨恨の城(원한의 성)』(五五)『千秋の恨(천추의 한)』(五六)『恨多き青春(한많은 청춘)』(五八-五九)『わが青春に恨はなし(내 청춘에 한은 없다)』(六一)『恨多き川(한많은 강)』(六一)『恨多きミアリ峠(한많은 미아리고개)』(六二)『百年恨(백년 한)』(六三)『恨多きソクの母(한많은 석이엄마)』(六五)『恨多き大同江(한많은 대동강)』(六六)『恨(한)』(六七)『わが恨を解いておくれ(내 한을 풀어다오)』(六七)『続恨(속 한)』(六八)『死んで恨はない(죽어도 한은 없다)』(六八)『ムカデ女の恨(오공녀의 한)』(六九)『恨多き男児の一生(한많은 남아일생)』(七〇)『双罰恨(쌍벌한)』(七一)『春色恨女(춘색한녀)』(七一)『姉の恨(누나의 한)』(七一)『恨多き二人の女(한많은 두 여인)』(七一)『オクニョの恨(옥녀의 한)』(七二)『嫁の恨(며느리의 한)』(七二)『幼い新郎の恨(꼬마신랑의 한)』(七三)

(6) 類似する名詞は次のようにまとめてカウントしている。一生(일생)=人生(인생)、生涯(생애)、生(생)。民族(민족)=民(겨레)、韓民族(한민족)。日本(일본)=日帝(일제)。先生(선생)=先生様(선생님)。国(나라)=国家(국가)。韓国(한국)=大韓民国(대한민국)。家族(가족)=父母(부모)、兄弟(형제)、離散家族(이산가족)、血肉(혈육)。祖国(조국)=故国(고국)。女(여자)=女人(여인)、女性(여성)。

(7) 新羅王朝最後の王子。新羅滅亡後は絶望し、山に入って麻の着衣で余生を過ごした。

(8) 植民地時代の独立運動家・申采浩のこと。

(9) 白頭山から始まり北朝鮮・中国・ロシアの国境を流れる河。

(10) 江原道の太白から始まり慶尚道を通って南海に流れる河。

(11) 太白山脈北部、北朝鮮側の江原道にある山。

(12) (一八九八-一九七九)

(13) (一八七六-一九四九)

(14) 前掲『ナショナリズムから見た韓国・北朝鮮近現代史』、八〇-八一頁

(15)「忘れられない半世紀の恨—韓日間正式調印に錯雑な心情」『朝鮮日報』(一九六五年六月二三日、一面、政治)

(16)「分断、統一、戦争」というテーマの記事は六九年までに朝鮮日報、東亜日報でそれぞれ一〇件前後検索される。

(17)「韓国文学の風土的性格」『朝鮮日報』（一九七〇年一〇月三〇日、五面、生活／文化）
(18) 植民地期に固有語を駆使して朝鮮の実態や農民の生き様を描いた小説家（一九〇八－一九三七）。
(19)「文壇の半世紀（四六）恨の中に生きた金裕貞」『東亜日報』（一九七三年六月二五日、五面、生活／文化）
(20)『京郷新聞』（一九六七年八月八日、四面、広告）
(21) ユン・ソクチン『韓国メロドラマの近代的想像力』（ソウル：プルン思想社、二〇〇四年）、二二八頁
(22) 袁沅『韓国映画と民族主義』（ソウル：博文社、二〇一六年）、一二七頁
(23) 考察対象の映画が制作された時期である一九六六年改訂の映画法第九条（映画の輸出入推薦）②は次の通り。
②前項の規定による外国映画の輸入推薦は次の各号の実績によって映画制作者や映画輸出者とする。
一、広報部長官が定める国際映画祭の出品実績と受賞実績
二、広報部長官が定める優秀国産映画受賞実績
三、国産映画の輸出作品制作実績
四、国産映画及び合作映画の輸出実績
(24) 前掲『韓国メロドラマの近代的想像力』、二二六頁
(25) パク・ウンジョン「韓国女性のモダニティー経験と大衆文化：六〇年代の映画観覧を中心に」（江西大学大学院碩士論文、二〇〇〇年）、七四頁
(26) 幼稚園の教師ヘヨンはシンホと恋仲になるが、シンホにはすでに家庭があることが分かり、ヘヨンは泣く泣く田舎へと戻る。八年ぶりにシンホの前に現れたヘヨンには、七歳の息子ヨンシンがいた。シンホは妻の反対を押し切ってヨンシンを引き取って育てようとするが、上手くいかない。ある日、ヨンシンは母ヘヨンを探して家出する。偶然ソウルに来ていたヘヨンがヨンシンを見つけ、ヨンシンを連れて田舎に帰る。
(27)『続　憎くてもう一度』（一九六九年）、『憎くてもう一度　三』（一九七〇年）、『憎くてもう一度　大完結版』（一九七一年）

(28) イ・ヨンミ『韓国大衆芸術史、新派性を読む』(ソウル：プルン歴史、二〇一六年)、三一六-三一七頁
(29) 前掲『韓国大衆芸術史、新派性を読む』、四一九頁
(30) 前掲「韓国女性のモダニティー経験と大衆文化：六〇年代映画観覧を中心に」、x頁
(31) 前掲「韓国女性のモダニティー経験と大衆文化：六〇年代映画観覧を中心に」、二五頁
(32) イ・ホゴル「一九七〇年代の韓国映画」韓国映像資料院編『韓国映画史勉強一九六〇-一九七九』(ソウル：イチェ、二〇〇四年)、九一-九三頁
(33) 瀬地山角『東アジアの家父長制』(東京：勁草書房、一九九六年、一四五頁)
(34) ペク・ムニム『月下の女哭声』(ソウル：チェクセサン、二〇〇八年)、三四六頁
(35) 前掲『月下の女哭声』、五一頁
(36) キム・ミヒョン『韓国映画史：開化期から開花期まで』(東京：キネマ旬報社、二〇一〇年)、二二九頁上
(37) 前掲『月下の女哭声』、九五頁
(38) http://www.kmdb.or.kr/db/kor/detail/movie/K/01528
(39) イ・サンヒョン『韓国シナリオ傑作二〇　恨』(ソウル：コミュニケーションブックス、二〇〇五年)
(40) 韓国映画史研究所『新聞記事で読む韓国映画：一九六七』(ソウル：韓国映像資料院、二〇〇八年)、五二七-五二八頁
(41) 辺仁植「恨-その悲劇と幻想の世界」「映画TV芸術」(ソウル：映画TV芸術社、一九六七年九月号)、五二一-五二三頁
(42) 前掲「恨-その悲劇と幻想の世界」「映画TV芸術」一九六七年九月号、五二一頁
(43) 前掲「恨-その悲劇と幻想の世界」「映画TV芸術」一九六七年九月号、五六頁
(44) 李御寧『韓国人の心　増補恨の文化論』(東京：学生社、一九八二年)、一七四頁
(45) 前掲『月下の女哭声』、一二八頁
(46) 前掲『月下の女哭声』、三八頁
(47) 前掲『月下の女哭声』、三八頁

(48) 小林正樹監督『怪談』（DVD、東宝、二〇〇三年）
(49) 大衆叙事ジャンル研究会『大衆叙事ジャンルの全て五　幻想物』（ソウル：理論と実践、二〇一六年）、四九－五〇頁
(50) 前掲『大衆叙事ジャンルの全て五　幻想物』、五二頁
(51) 六一年のソウルの人口は二四四万人だが、その十年後は六一〇万人に急増する。
(52) 全泰一は火の中で「われわれは機械ではない。日曜日は休ませよ。労働基準法を守れ。労働者を酷使するな」と叫んだという。
(53) 「仮面劇（タルチュム）」では、封建社会の朝鮮社会において被抑圧者として虐げられていた民衆が、当時の社会秩序の矛盾や支配者である両班への揶揄・風刺を演劇の中に込めて表現した。
(54) 小倉紀蔵『韓国、ひき裂かれるコスモス』（東京：平凡社、二〇〇一年）、三五－三六頁
(55) 金芝河『金芝河作品集一』（東京：青木書店、一九七六年）、一三六頁
(56) 金芝河『民衆の声』（東京：サイマル出版会、一九七四年）、二四七頁
(57) 「マダン劇」は仮面劇をはじめ農楽、巫儀、パンソリなどの伝統芸能を継承し、マダン（広場）で展開する演劇のことである。七〇年代には農村問題や労働問題、貧困問題を、八〇年代には女性問題や公害問題を取り上げるなど、その時々の社会課題を主題にした。まさに金芝河の文学論を具現化した作品である。
(58) 軍事独裁政権期の一九七四年四月に発出された緊急処置による全国民主青年学生総連盟のメンバーを中心とする一八〇人が中央情報部に拘束され、非常軍法会議に起訴された事件。
(59) 出獄以降の金芝河の作品や生命運動、環境運動の思想を紹介するのは『談論　金芝河生を語る』（東京：協同図書サービス、一九九五年）、『傷痕に咲いた花』（東京：毎日新聞社、二〇〇四年）などのみ。
(60) 徐京植「金芝河氏への手紙」『現代思想』（二三）（東京：青土社、一九九五年一〇月号）、三八頁
(61) 室謙二編『金芝河　私たちにとっての意味』（東京：三一書房、一九七六年）、一〇四－一二〇頁
(62) 上別府正信「金芝河と恨－闘争的なイメージの起源として」『韓国アイデンティティ論としての恨：恨言説の形成過程

を中心に』(中央大学大学院博士論文、二〇〇八年)、二一八-二四八頁
(63) 金珍「恨の希望哲学解釈」金珍他『恨の学際的研究』(ソウル:哲学と現実社、二〇〇四年)、三二五-三五八頁
(64) 白川豊「近現代文学史」野間秀樹編『韓国語教育論講座』(四)(東京:くろしお出版、二〇〇八年)、五七頁
(65) 鄭百秀『コロニアリズムの超克』(東京:草風社、二〇〇七年)、三〇二頁
(66) 前掲『コロニアリズムの超克』、三〇三頁
(67) 金東里「朝鮮文学の指標―現段階の朝鮮文学の課題」『青年新聞』(ソウル:朝鮮青年文学家協会、一九四六年四月二日)、八頁
(68) 前掲「近現代文学史」、六〇頁
(69) 金芝河「現実同人第一宣言」『民衆の声』(東京:サイマル出版会、一九七四年)、一九五頁。
韓国の美術の特質は連続性にあるという。(中略)連続性は線の本質である。柳宗悦はわが美術の本質を線だと断定した。韓国の多くの学者と芸術家はいまだにこの日本人の説を絶対視している。しかし李朝俗画においてこの連続性の遮断と、その遮断による空間の力動化が強くあらわれた。(中略)のみならず、美術以外にパンソリ、仮面劇、農楽舞、古典民謡など広範な民族芸術の中で強力な遮断技法が無数にあらわれている。この民俗芸術の資料によれば線や連続性よりは、それを遮断してむしろ要素の間の葛藤を高めることによって、悲哀よりは躍動を内面化よりは抵抗と克服を鼓吹する活力ある男性美の特質が支配的である。
(70) チェボル(財閥)、クフェイウォン(国会議員)、コクプコンムウォン(高級公務員)、チャンソン(将星)、チャンジャクワン(長・次官)という名の獣の形をした盗賊五人が、ソウルの真ん中で泥棒家業に励んでいたが、ある日五人が泥棒試合(不正腐敗の競演)をしようとゴルフ場に集まった。五人の悪行を見かねた鬼神が、五賊を捕えるよう捕盗大将に命じた。しかし捕盗大将が捕えたのは五賊ではなく、農業では食べていけずに上京した浮浪者クエスであった。捕盗大将は真相を知り、クエスに、五賊の集まるゴルフ場に案内させる。ところが、捕盗大将は五賊の豪華奢侈、放蕩な生活に目を奪われ、捕まえるどころか五賊に懐柔される。捕盗大将は無罪のクエスを投獄し、自分は犬小屋を与えられ五賊の用心棒

となる。しかし、ある日突然、捕盗大将と五賊は雷に打たれ、体の六孔から血を吹き出し死んでしまう。

(71) 自分を含む若手の文学者が目指すべき文学の方法論の方向性を語った論文。
(72) 前掲『金芝河作品集二』、一二八－一二九頁
(73) 前掲『金芝河作品集二』、一三九頁
(74) 卞宰洙『恨と抵抗』（東京：創樹社、一九八一年）、二一七頁
(75) 前掲『金芝河作品集二』、一二二－一二三頁
(76) 前掲『金芝河作品集二』、一四〇頁
(77) 金芝河『不帰』（東京：中央公論社、一九七五年）、三三七－三三八頁
(78) 前掲『不帰』、三四〇－三四一頁
(79) 前掲『不帰』、三三八頁
(80) 前掲『不帰』、三四一頁
(81) 金学鉉「恨」伊藤亜人他編『朝鮮を知る事典』（東京：平凡社、二〇〇〇年）、三五五頁
(82) 前掲『不帰』、三三八頁
(83) 金芝河「創造的統一の為に」『実践文学』（三）（ソウル：実践文学社、一九八二年）、二八－二九頁
(84) 金芝河は一九七六年九月二八日の「弁護人反対尋問」で「断」について次のように語っている。
「民衆を覚醒させるのに暴力の契機が与えられる。それは自ら覚醒するのであり、覚醒したのちには暴力が止揚される。私は自分自身の罪悪を乗り越えようとしたトーレス神父の苦悩を連想せざるを得ない。民衆の覚醒－民衆みずからが運命の主人公となる－以前に非暴力だけを強要することは、民衆の手に手錠をはめるものである。そうして暴力的契機が生まれるが、それを再び断ち切って乗り越えていくのが〈断〉である。即ち、対自的な、ある止揚状態が断なのである」金芝河『苦行　獄中におけるわが戦い』（東京：中央公論社、一九七八年）、四三五頁
(85) 前掲「創造的統一の為に」、二七頁

(86) 前掲「創造的統一の為に」、二八－二九頁
(87) 前掲『不帰』、三四三頁
(88) 前掲「創造的統一の為に」、二八－二九頁
(89) 川村湊『ソウルの憂愁』（東京：草風社、一九八八年）、一六五頁
(90) 前掲『不帰』、三四二頁
(91) 金芝河「金冠のイエス」『金芝河作品集二』（東京：青木書店、一九七六年）
(92) ハンセン病を「らい病」としたのは原文ママ。
(93) 前掲『金芝河作品集一』、二四八頁
(94) 徐南洞『民衆神学の探究』（東京：新教出版社、一九八九年）、三八八頁
(95) 李御寧『韓国人の心　増補恨の文化論』（東京：学生社、一九八二年）、二八八頁
(96) 李御寧「解しの文化」『西洋から見た東洋の朝』（ソウル：汎曙出版社、一九七五年）、一三一－一四四頁
(97) 李御寧「解しの文化」『コリア評論』（二〇－一八四）（東京：コリア評論社、一九七七年）
(98) 前掲『韓国人の心　増補恨の文化論』、二七八頁
(99) 前掲『韓国人の心　増補恨の文化論』、二七九－二八〇頁
(100) 前掲『韓国人の心　増補恨の文化論』、二八三頁
(101) 李御寧「韓国人の意識構造」『海外事情』（三〇－四）（拓殖大学海外事情研究所、一九八二年）、八一頁
(102) 「エクスタシー」や「興」にも言い換えられ、신나다《シンナダ》（楽しい、be excited）の신である。
(103) 著書に『韓国民俗と文学研究』（一九七一年）、『韓国神話と巫俗研究』（一九七七年）、『韓国の文化コード一五』（一九九七年）などがある。
(104) 目次は次の通り。
総論―恨の文化

Ⅰ韓国人の恨、その文学史的源流：「恨魂と正義の原理」「昇華する恨」「素月の恨」
Ⅱシャーマニズムと成巫の動機：「子の死を通じてみた生死観」「怨恨意識の胚盤、子の死」「成巫とその宗教的救援」
Ⅲ社会現象と恨の力学：「民怨と天怨」「怨恨と治政のメカニズム」
Ⅳ民族恨としての回帰：「結びと解しの論理」「怨霊文学の脈統」「解恨の社会的救援」

(105) 金烈圭『恨脈怨流』（ソウル：主友、一九八一年）、一五頁
(106) 前掲『恨脈怨流』、一五頁
(107) 前掲『恨脈怨流』、二八頁
(108) 金烈圭『韓国人の心理』（東京：ごま書房、一九七八年）、一九四頁
(109) 金烈圭「韓国人－恨の内と外」アサヒグラフ編『韓国再発見』（東京：朝日新聞社、一九八七年）、四八頁
(110) 前掲「韓国人－恨の内と外」、五〇頁
(111) 前掲『恨脈怨流』、一五頁
(112) 前掲「韓国人－恨の内と外」、四五頁
(113) 前掲「韓国人－恨の内と外」、四五頁
(114) 国際文化財団編『韓国文化のルーツ―韓国人の精神世界を語る』（東京：サイマル出版会、一九八七年）、一〇七－一〇八頁
(115) 「シンミョン」を漢字語の「神明」と同一視する見解もある。
(116) 前掲『恨脈怨流』、三七－三八頁
(117) 李圭泰『韓国人の情緒構造』（東京：新潮社、一九九四年）、八四－九〇頁
(118) 玄永学『韓国文化とキリスト教倫理』（ソウル：文学と知性社、一九八六年）
趙東一他『パンソリの理解』（ソウル：創作と批評社、一九七八年）
(119) 伊藤亜人編『もっと知りたい韓国〈二〉』（東京：弘文堂、一九九七年）、二一二－二一三頁

(120) 伊藤亜人『アジア読本　韓国』(東京：河出書房新社、一九九六年)、二八五－二八六頁
(121) 崔吉城「巫俗と民族主義」『「親日」と「反日」の文化人類学』(東京：明石書店、二〇〇二年)、一九九頁
(122) 傾向としては、執筆年度が古いものであるほどネガティブな解釈を行っている。
(123) 文芸誌『東西文学』は一九七〇年に月刊誌として創刊、八五年に季刊誌に変更後、二〇〇四年まで続いた。右寄りの「純粋文学」、左寄りの「参与文学」といったイデオロギー色を排し、韓国文学の争点を座談形式、批評形式で掘り下げる中道的な編集方針をとった。
(124) 編集部「恨を解く―韓国伝統文化の中に見る恨の根幹」『東西文学』(五〇)(ソウル：東西文学社、一九七八年八月号)、一六－四八頁
(125) 金烈圭を除く論文の要旨は次の通り。

金泰坤(慶熙大)「巫俗：あの世にいけなかった魂よ―恨の宗教的唱歌の救援」

ムーダンには、人生に不幸を抱え恨を抱いた人がなるケースが多い。また巫俗信仰の神は怨恨を抱いて死んだ神が多い。恨を抱くムーダンが、恨みを抱く崔瑩将軍などを神として祀り、恨多き民衆の恨を解く。死者の鎮魂儀礼(クッ)などに特に表れる。この恨を通じて結ばれた三者の連鎖的救援には、恨による宗教的救援の機能が見られる。

黄唄江(壇国大)「文学：恨は韓国的悲劇精神―韓国伝統文学としての恨の世界」

数千年の歴史を持つ我が文学に一つの伝統として意識されるものがあるとすれば、それは恨と表現されるものであり、欲求不満からくる否定的な対応態度であり、一切の異質性に対する同質化努力に失敗した人間の心理的状態の様々な価値を内包している。韓国文学において恨は、一つの伝統的要素として作品の基調となり余韻として残る。その時代の社会と作家により、多様性のある形で表現される。

任東権(中央大)「民謡：恨と諦念の哀調が深い調べ―韓国民謡に表れた恨の意味」

韓国民謡では喜びよりも悲しい恨が好まれた。それ程生活するのが苦しく、恨に浸る先天性もある。恨の宿る民謡の調べには哀調が見られ、恨を抱いたまま心の中でそれを乗り越えようとする恐ろしい諦念があった。発散できない恨であるため、より恨は強くなる。

朴容淑（美術評論家）「美術：民衆の恨を解く一つの方便―古美術に表れた恨の意味」

古美術は民衆の恨を解く一つの方便であり、朝鮮時代の「長生図」は無病長寿を願う人間の恨を表出したものであった。新羅時代の土偶は民衆の恨を晴らすための美術品であった。

李輔亨（文化財専門員）「国楽：恨に結ばれた庶民の調べ―国楽に表れた恨の意味」

我が民族は調べに酔いしれて泣くという特徴を持っている。やるせない民謡や巫歌の調べが多く、散調や恨の調べである界面調を好んで唄ったのは、周辺の強大国や士豪に虐げられた歴史があったからである。

徐延範（慶熙大）「言語：愛の謳歌を恨で表現―言語に表れた恨の意味」

愛や慕う、かわいいという単語の語源からは哀愁を感じ取ることができる。我が国の女性の伝統的な恨が圧縮されており、封建的な因習によって抑圧されたものが体現化されたものである。

李揆東（医学博士・病院副院長）「意識構造：恨は稀釈・漂白しようとする精神力動―韓国人の意識に表れた恨の意味」

恨は韓国人の歴史性および地理性と密接に関連する韓国人特有の民族情緒であり、嘆きと怨恨の中間の感情である。歴史的地理的関係で中間者的な位置にいたため本能的に自己防御を備える。一種のコンプレックスでもある恨は、それが芸術に昇華され韓国固有の枠となった。

(126) 前掲「巫俗と民族主義」、一九九頁

四章　「恨の文化」の完成：「われわれの文化」の獲得

この章では、「韓国的なるもの探し」で見つかった恨、パンソリ、仮面劇、巫俗、無形文化財といったものを大衆が認知していくフェーズについて考察する。「恨の文化」を大衆が「これこそわれわれのもの」という感覚で受け止めた出来事が、映画『西便制』（一九九三）とそれにまつわる『西便制』シンドロームであった。李御寧が「恨の文化」を完成させていく過程とアカデミズムにおける恨の議論を振り返るとともに、『西便制』の大ヒットから始まる韓国民の「われわれのもの（우리 것）」の獲得体験について見ていく。

一節　李御寧の見た恨Ⅲ：純化と付加価値による「恨の文化」の完成

韓国で刊行された李御寧のエッセイ集『土の中に、あの風の中に』（六三）は、韓国人著者による日本初の韓国文化論として七八年に日本で翻訳出版される。翻訳版のタイトルは『恨の文化論』（七八）[1]で、その後に増補版の『韓国人の心』（八二）[2]も出版された。これらの日本語版には、『土の中に、あの風の中に』にはなかったエッセイが一本ずつ追加で収録されている。

一、「恨とうらみ」と「解しの文化」

李御寧は、「恨とうらみ」を『恨の文化論』（七八）の中で発表した。後に、この「恨とうらみ」は日本から韓国に逆輸入され、「恨とうらみは別物である」という認識が韓国でも一般化していく[3]。九一年に大学生向けに実施されたアンケート調査によると、恨と怨を九七％が区別して捉えており、恨からは「苦痛・苦難・自責・哀しみ」を連想し、怨からは「悪意・憎悪・復讐・怒り」を連想すると回答している[4]。

「いままで書いた私の韓国文化論を、もし一つのことばで強いて要約すれば、それは〈恨の文化〉といえる」[5]から始まる「恨とうらみ」は、『恨の文化論』の中で最も具体的に恨の記述があるエッセイである。

李御寧の文化比較は東西文化が中心であるため、「恨とうらみ」は、日韓を比較した数少ないインパクトのあるエッセイの一つといえる。韓国の「春香伝」[6]と日本の「忠臣蔵」を比較しながら[7]、恨とうらみについて次のように述べている。

> 日本語では「恨」も「怨」も訓読すれば、同じ「うらみ」になる。別にその違いを区別していないのである。しかし韓国の場合には「恨」は「怨」とはまったく違った意味で盛んに使われる。「怨み」といえば他人に対して、また自分の外部の何かについての感情である。「恨」はむしろ自分の内部に沈殿し積もる情のかたまりといってよい。[8]（強調引用者）

日本語にはない「恨」と「怨」の意味の違いを比較し、「怨＝外向性」「恨＝内向性や沈殿」と規定し、韓国語における「恨」の固有性・特殊性を強調した。次の引用では、さらに怨と恨の概念の違いを掘り下げている。

> 人は望みがなくても、他人から被害を受けただけで、望みを持つようになるが、それでは「恨」にはならない。「恨」は別に他人から被らなくても湧いてくる心情である。自分自身に願いがあったからこそ、また自分自身の能力があったからこそ、何かの挫折感がはじめて「恨」になるわけだ。それはかなえられなかった望みであり、実現されなかった夢である。……怨みは熱っぽい。復讐によって消され、晴れる。だが「恨」は冷たい。望みがかなえられなければ解くことができない。[9]（強調引用者）

「恨＝望みの感情」と「怨み＝復讐の感情」を二項対立的に捉え、恨は自分に「願い」や「能力」があるからこそ生じる「自発的な感情」であるのに対して、「怨み」は他者から受けた被害によって生じる「他者依存の感情」であるとする。

日本でもよく知られる「恨と怨みは異なる」という言説は、まさに李御寧によって広められたものなのである。「恨」を「怨み」の感情と区別することで、恨をより高尚な位置に置いたといえよう。

さらに「恨とうらみ」では、両国でそれぞれ愛されている古典である、韓国の『春香伝』と日本の『忠臣蔵』について、日韓文化を代表する物語であると拡大解釈し、「恨＝春香伝」と「怨＝忠臣蔵」を比較する。

「恨」がポジティブだといえば、怨は仇を討てばまた討ち返されるといった怨みの復讐を繰り返す戦いとしてネガティブな行動になる。……『忠臣蔵』は吉良上野介の首をとり、洗って主君の墓にそなえただけでも、ドラマは終わる。大石良雄を支配したのは、「恨」ではなく怨みであったからである。日本人の心に秘められているのは「恨」ではなく、怨みであったから、仇討ちの話が好まれるのである。韓国の古典小説や伝説には仇討ちの話はすくない。……怨みの文化が仇討ちのような闘い、殺し合い、踏みにじりに根ざす刀の文化だとすれば、「恨」の文化は愛を思い慕い、暴力では晴らすことのできない心の所願を枕元に置く文化である。(10)（強調引用者）

『春香伝』では、主人公の春香が、離れ離れとなった夫である李道令を慕う心が恨だとしている。ここで春香が、都にいるはずの消息の絶えた夫を憎めば、恨ではなく「怨み」になるが、(11)春香は一途な思いを募らせるだけである。李道令に一目会いたいという愛の望みと一人残された悲しみが、恨になって積もるのである。

一方『忠臣蔵』については、「主君の死への怨みであり、怨みの感情は仇を討ってはじめて晴らすことになる」としている。『忠臣蔵』は、主君のために弱きものが自らの命を犠牲にするという「忠義」がテーマであるのに、暴力の側面だけを強調しているという指摘もさることながら、この両国の物語比較は、おそらく意図せずして、その後の恨言説に「誤った認識」を植え付けることになる。

そもそも「恨とうらみ」は韓国では恨と怨を区別する、つまり「うらみ」とは異なるもう一つの恨「も」あることを説明する趣旨であったはずだが、「春香伝―恨―韓国」、「忠臣蔵―怨―日本」という構図を提示することで、韓国の「恨の文化」は、日本の「復讐文化」とは異なり、相手に報復をしない高尚な文化という言説に転化されてしまったのである。また、文壇の派閥という視点から見るのであれば、怨に対して用いられている「報復を繰り返す」「ネガティブな行動」「暴力」といった表現は、左派文壇への牽制のようにも取れる。

怨みは憎しみの子であり、「恨」の感情は愛につながっている。生き甲斐のない苦しみの中でも、なぜ韓国人はあんなに情深いのか？　憎しみで仇を討ち、圧制者を懲らしめても、なおもの足りない、口惜しい歴史の流れの中におぼれているのが韓国人だが、なぜ、あんなに骨なしのように柔軟なのか？……絶望だけでは、また希望だけでは、「恨」の文化は生まれてこない。「恨」の文化は暗闇のなかではじめて見える星の光である。……栄光の歴史、矜（ほこ）りの社会で生きた人は、愛し合い、なごやかにつつましく生きることがなにかは知らない。真実の願いを知らない。……挫折の苦しみと望みの朝から人生をなお美しく生きていき、愛し、平和を尊重する知恵が生まれてくる。[12]（強調引用者）

「憎しみで仇を討ち、圧制者を懲らしめても、なおもの足りない」の箇所は、韓国にも「怨み」の感情が当然ながら存在することを示唆している。ただ、それ以上に「恨」の文化が強調されている。「骨なしのように柔軟」という表現には多少ネガティブな響きがあるものの、「愛につながっている」「情深い」「愛し合い、なごやかにつつましく生きる」「真実の願い」「美しく生きていき、愛し、平和を尊重する知恵」といった記述には、ネガティブさが一切ない。六三年の原著で支配的だった「停滞性、脆弱性、没個性、主体性のなさ（他人依存）、曖昧さ」といった「破壊すべきコンプレックス」が完全に打ち消されている。

こうしたポジティブな転換は、「暗闇のなかではじめて見える星の光」という言葉に凝縮されている。「栄光の歴史、矜（ほこ）りの社会で生きた」のではなく、「口惜しい歴史」「挫折の苦しみと望みの朝」があったからこそ、恨の感情を持つことができたとして、自分たちのコンプレックスを「ポジティブ」に昇華したのである。

『恨の文化論』（七八）の『韓国人の心』（八二）にはさらに、「解しの文化」（三章四節で詳述）が追加されている。李御寧が「増補版に寄せて」というあとがきで、「もっと韓国人の心を書いたり、話したりしてほしい、という要望」への「答えに代え」るために「新しく一章を加え、書名も装幀も変えて」増補版を出版したとしている通り、「解しの文化」は「韓国人の心」の中でも核心部分といえよう。「恨とうらみ」と「解しの文化」の二本によって、『土の中に、あの風の中に』（六三）の意義、つまり恨の意義は大きく変化した。『恨の文化論』では、克服すべき「ネガティブな属性（「植民地主義の影響を受けたネガティブな民族的特性」）」がそぎ落とされ、『韓国人の心』ではより価値の高い「国民性（解しの文化）」が付加され、崇高な価値観として磨き上げられた。「うらみ」を取り除かれ純化された恨に、「解しの文化」をプラスしたことで、李御寧の「恨の文化」は「完成」したのである。

二、『土の中に、あの風の中に』から『恨の文化論』『韓国人の心』へ

日本版のタイトルの比較からも、恨の存在感の変化が見て取れる。原著の『土の中に、あの風の中に』（六三）のタイトルには恨が登場しないが、日本語版では『恨の文化論』（七八）として恨が前面に出されている。さらに、増補版では『韓国人の心』（八二）をタイトルとし、恨が国民的情緒として自明のものとされていることが分かる。

李御寧は、『土の中に、あの風の中に』の執筆動機について、「近代化のための伝統の断絶と破壊」という言葉で表現しており、日本統治下で国語教育や植民地主義教育を受けた韓国人知識人のナショナリズムの葛藤をあらわにしていた。ところが、それから十年以上の時を経て日本で出版された『恨の文化論』の「日本語版によせて」では、次のように記している。

この本は約十五年前、私が二十代のころ書いたものである。韓国の現状は、山河はもちろん、経済的にも、風俗の面でも、人々の思考方式でも、ずいぶん違ってきた。とくにひもじさはいまや昔話となった。

……しかしなお、韓国人の心の底にある「恨」は、昔のそれと変わっていない。(13)

六三年原著では「破壊」したいほどのコンプレックスだった恨を、七八年版では、韓国文化を代表しうる情緒として持ち上げている。六三年の「執筆動機」とは大きく異なる内容である。悲哀、諦念などの感情について述べられていた原著を「恨の文化論」と名付けたということは、原著に散りばめられていた悲哀、諦

念、曖昧模糊といった共通の感情を全てひっくるめて「恨の文化」と捉えたということであり、原著には存在しなかった「恨の文化」を、その後、作ったということである。

李御寧が原著の随所に書き連ねた「貧困や苦難」といったコンプレックスは、朴正熙政権の「漢江の奇跡」と呼ばれる高度成長によってかなりの程度解消されたのであろう。そこで、苦難の歴史や苦難の暮らしの中で育まれてきた「停滞性」「脆弱性」「没個性」「主体性のなさ（他人依存）」「曖昧さ」といったネガティブな側面が恨から剥がれ落ち、「恨とうらみ」に記載されているような、ポジティブな精神性だけが強調されるようになったのである。

「恨とうらみ」を含む李御寧の著作は、日本においては司馬遼太郎など知識人に評価され、発表当時に「週刊朝日」などの週刊誌で、少なくとも六本の書評が紹介されている。「両国人の間には実に共通するものが多いことをあらためて感じさせられた[14]」、「欧米との比較という角度ばかりあって、韓国との比較が欠けていた。われわれは韓国をもっと知らなければいけない[15]」といったものである。欧米のみを比較対象としてきた反省から韓国文化論を採り入れ、「アジアの発見」に刺激を受けている様子が読み取れる。

また、李御寧の恨の最終型は「シン」を伴う「解しの文化」であるが、日本では日本人向けに日韓比較しつつ語られているのもあって、「恨とうらみ」の方が際立ち、「解しの文化」には意識が向けられていない傾向がある。それが、日韓の恨理解にギャップを生むことになる点については五章三節で扱う。

二節　韓国文化論の興隆と恨言説の集大成

韓国では一九七〇年代後半になると、「韓国文化論」に関する論文や書籍が盛んに執筆されるようになる。高度経済成長や国際的地位の向上により、植民地期や解放直後に見られたような批判的な「韓国人論」は影を潜め、韓国文化を肯定的に捉え健全さを強調した著作が多く生まれた。八〇年代の韓国文化論の中心に位置付けられていたのが、まさに恨であった。韓国文化を比較文化的な視点から考察した李御寧や民俗学的に考察した金烈圭は、この時代の韓国文化論の主役であった。そして、本書では注目してこなかった恨の思想研究が大詰めを迎えたのがこの時期であった。

本節では、そうした言説研究の中から特に李圭泰の韓国文化論である『韓国人の恨』(ソウル：世宗出版公社、一九八〇)、論文集『恨のはなし』(ソウル：ポリ、一九八八)、恨研究の集大成である千二斗の『恨の構造研究』(ソウル：文化と知性社、一九九三)の三つを取り上げ、様々な言説を生んできた恨が、最終的にどのような形に収められていったのかを確認する。

一、李圭泰(韓国文化論)の『韓国人の恨』(八〇)

恨の定義や概念の分析を行っていないため、恨研究ではあまり参照されていないものの、「韓国文化論」の執筆者の中で最も著名なのがコラムニストの李圭泰である。

李圭泰(一九三三－二〇〇六)は朝鮮日報の元記者で、生涯を懸けて「韓国人とは何か」を追求した。朝鮮日報の連載コラム『李圭泰コーナー』（一九八三－二〇〇六）、『韓国人の意識構造』（七七）、『庶民の意識構造』（八四）、『韓国人女性の意識構造』（九二）といった「意識構造」シリーズ、『韓国人のくせ』（九一）、『韓国人の生活構造』（九四）、『韓国学エッセイ』（九五）など、「韓国人」や「韓国学」を冠した書籍を一〇〇冊以上著している。権粛寅が李圭泰の「韓国文化論」の特徴について、体系的な分析がなく、多様で雑多な風俗と観光、風土、エピソード、慣習などを羅列した「風俗学的韓国文化論」[16]だと指摘している。とはいえ、量と影響力で他を圧倒した李圭泰の恨論は、一般大衆にも大きな影響を及ぼしたであろう。

李圭泰が恨について最も多く触れているのが、『韓国人の恨』[17]（八〇）である。一一のエピソードで構成された同著の中で、神話や伝説の中にある怨や恨を抜き出している[18]。

テーマは「全国各地に残された恨みを抱く女性神と彼女たちの恨みの中身」である。エピソードの多くは李圭泰が旅先でたまたま知り合った地元の人の話などで、「女性登山客を困らせる、恋人に裏切られた山の女神麻耶姑《まやご》」や「非業の死を遂げて蛇となった蛇婦人」などを取り上げている。民俗学的にも研究が進んでいる怨神「孫閣氏」も取り扱っている。

同著は研究論文ではないため、先行研究の成果を確認するような作業は行われておらず、恨の定義や概念の分析もない。しかし、まえがきの「韓国人は食欲、性欲のような本能的欲求、怒りや妬みのような情緒的欲求、名誉欲や自己顕示欲のような社会的欲求をほとんど満たすことができず、それを抑えて生きざるを得ず、それらの欲求が恨に変形したと書いており、恨を怨霊や巫俗の「怨恨」、あるいは六〇年代の映画に見られた女性の「愛の恨み」や「かなわぬ欲望」のようなものとして説明している。

また同著には、「解し／解き」についての明確な指摘や考察が見られないが、それは金烈圭の『恨脈怨流』（八一）の発表前に書かれたからであろう。「解し／解き」や「シン（エクスタシー）」の記述はないものの、当時最も大衆的な韓国文化論者が恨を語ることで、韓国文化＝「恨の文化」の等式は、確実に広まっていったと考えられる。

二、『恨のはなし』（八八）：恨論文集の集大成

『恨のはなし』（八八）は、民衆神学者の徐洸善（一九三一－二〇二二）が一九八七年に編集した論文集である。民衆神学は、軍事独裁政権への抵抗の中で生まれたキリスト教神学である。「Ⅰ恨の現象」「Ⅱ恨の構造」「Ⅲ恨の解し」の三部構成となっており、七八年から八五年までに各分野の著名人が投稿した全一四本の論文を編纂した恨研究の集大成といえる論文集である。[19]

執筆者の内訳は、文学者・詩人（崔夏林、高銀、任軒永、文淳太）、民衆神学者（徐洸善、徐南洞、玄永学、文東煥）、社会学者（李效再、韓完相・金成基）、民俗学者（金烈圭）で、編集者は徐洸善（民衆神学者）である。七〇年代中盤頃まで、恨は文学者や詩人の中だけで議論されていたが、神学や社会学、民俗学などにも広がりを見せていることが分かる。[20] ここでは、書簡形式の崔夏林（詩人）と前述した金烈圭（民俗学者）、補論で詳述する民衆神学者を除く五本の論文について、執筆年代順に取り上げることにする。

1　李效再（社会学者）の「韓国女性の恨」（七八）

「韓国女性の恨」（七八）は、社会学者でありフェミニストでもある李效再（一九二四－二〇二〇）が、「韓国人女性にとっての恨とは何か」という主題で執筆した論文である。伝統社会の家父長制の中で弱い立場にいた女性は、時代が変化しても、恨を生む構造から抜けられないという韓国女性の悲哀を描いている。また、

韓国女性は受難を重ねてきた朝鮮民族の象徴的存在だとした。巫俗の役割を極めて限定的に捉えており、巫俗やその儀礼は「気休め」でしかなく、恨の解決にはなり得ないと、巫俗の限界を示した。

2　高銀（詩人）の「恨の克服の為に」（八〇）

高銀（一九三三－）はノーベル文学賞候補に名を連ねたこともある詩人で、僧侶から還俗した経歴を持つ。恨を「諦念と断念の感情、力の芸術と生活文化の中には存在しない感情、弱小民族の生がにじみ出ている感情、疎外の感情、不平等と抑圧により不幸の感情が無形化したもの」のようにネガティブに捉え、恨を克服すべき「最も古い退廃物」「歴史堕落の沈殿物」だとした。歴史的に形成された民族感情なので「韓民族固有の感情」であるが、金芝河が言うように「恨の蓄積が革命の意思に発展[21]」したり、「新しい歴史推進の意思になる生の内在的な能力[22]」があるわけではないとし、恨の美化を否定した。また、「シャーマニズムの機能と恨は双子」と述べつつも、恨の克服に必要なのはシャーマニズムや「恨解き」、解怨思想ではなく、復讐感情、敵対感情、好戦的復讐心としての「大陸的な恨」への革新であるとし、現実的な解放や決着を追い求めようとした。

3　韓完相・金成基（社会学者）の「恨に対する民衆社会学的試論」（八〇）

韓完相（一九三六－）は、軍事独裁政権下の民主化運動を支えた社会学者の一人である。独裁政権期に収監されソウル大学を免職になった経験があり、彼の著した『民衆と知識人』（ソウル：正宇社、一九七八）は大ベストセラーとなり、民主化運動の理論武装に一役買った。金大中政権下では副総理を歴任した。

この論文は「民衆」と恨を関連付けたところに意義がある。「民衆」は、七〇年代に民主化運動とともに韓国に誕生した概念で、政治的には人権を奪われ、経済的には資本家から搾取され、社会的にも文化的にも疎外されている弱者を指す。この「民衆」概念は神学者・徐南洞に影響を与え、後に民衆神学を誕生させ、民衆神学からさらに民衆史学、民衆社会学が生まれた[23]。

韓完相・金成基は、恨の解釈にルーマニアの心理学者ゼベデイバルブ（Zevedei barbu）による「集合的情動体験（collective emotions）[24]」を援用し、韓国における集合的情動体験がまさに恨[25]だとした。恨は「挫折した希望（＝恨）」と「原状回復への熱望（＝解し）」を含む「挫折の複合体」で、「解かれることが前提」だとした。金芝河の集団の社会変革や抵抗精神、シンミョン[26]にも触れており、歴史発展の力動的要素という恨のポジティブな作用[27]について言及している。民衆の恨の解消方法として巫俗のクッ（巫儀）の中でも特に死霊祭[28]と成巫儀礼[29]に注目し、仮面劇は、対抗と克服の意志の表現で、豊かな生と正義の溢れる平和な世界を志向するものだとした。

4　任軒永（文学者）の「恨の文学と民衆意識」（八四）

任軒永（一九四一－）は参与文学派に属し、「恨とは、わが民族固有の物であり、（それは）われわれの文学の特徴なのか[30]」という問題提起を発し、恨を韓国文学の遺産として肯定的に評価しようとした。恨を金素月の詩にはじまる純粋叙情主義ないし民族虚無主義の一形態であるとする一方、社会・歴史的な側面からも恨を捉え、「恨の学説史」を次のように類型化した。

恨―怨恨―報復感情―シンミョンプリ―社会意識化―革命化
恨―情恨―諦めと放棄―シンミョンプリ―現実順応―民族的虚無主義[31]

恨は、文明の理性的な産物ではなく、封建社会の大多数の民衆が抱き、長い歴史の中で累積してきた葛藤の変形で、望めば「シンミョンプリ」によって解けるとした。風土や外勢による侵略以上に「シャーマニズム」を重視し、「情と怨」が共存してこそ文化が発展すると説いた。

5　文淳太（詩人）の「恨とは何か」（八五）

文淳太（一九四一－）は、順天大学教授や全南日報の編集局長を歴任した詩人・小説家である。六五年に登壇し、七五年に百済流民の恨をテーマにした小説「百済の微笑」が『現代文学』の新人賞を受賞し、小説家としても活躍した。朝鮮民族の恨のルーツ探しや、分断以降に加速化する故郷の喪失を主題とした作品が多い。

「恨とは何か」は、恨の思想的な系譜や根源に関する論文である。文学作品の中で「どのような方法で解恨が成されているかを知ること」を問題設定としている。恨とは、「自虐的な涙の中の痛みよりもむしろ甘美さを感じ、たやすく諦念となる解けない恨（情恨）の感情と、いつも恨む対象を認識させる天に胸を痛める怨恨」であり、「情恨」と「怨恨」の二重の感情に圧縮されているとした。「情恨」は芸術によって、「怨恨」は行動によって解かれるとした。

恨や怨の発生原因については、「離別の悲しみや待つことへの苦痛を持ちながらも希望を捨てずにいることによって発生し、自らの内部との絶え間ない葛藤が継続するもの」とした。「その状態に他者からの攻撃が加わった場合、弱い場合には怨、強い場合には怨恨となる」と分析した。また、恨が「民族の精神史」として現れた原因は、「恥辱の歴史によって映し出された貧窮と失意と感嘆の宿命的悲劇」「儒教中心の思想による階層意識（奴隷の恨）」「男尊女卑思想による女性の恨（女恨）」にあるとした。

恨は解いていくべきだが、復讐の意思としての恨を和解へと結び付ける必要があるとし、抑制による不安や鬱に陥ることなく、かつ復讐の意思である暴力を誘発しない最善の方法は、芸術による昇華だとした。恨を解く芸術の例として、卑賤民の文化であった散調・パンソリ・仮面劇、巫俗の死霊祭、宗教的解恨、民乱や民族運動、封建社会の女性にカタルシスをもたらした民謡を挙げた。三国時代の説話や植民地時代の詩文学や小説からも結恨と解恨を見出し、怨恨感情を和解と赦しに変えているとした。これまでも韓国人は恨を解いてきたし、韓国的恨は「新しい生命力であり意思の美学」だと結論付けている。

三、千二斗のサギム：恨の思想研究の集大成

文学評論家の千二斗（一九三〇－二〇一七）は、恨を体系的に捉えようという問題意識をもって、哲学・思想的アプローチで恨に迫った人物である[32]。

千二斗は自身の恨理解の最終形として「サギム（삭임）」を提唱した。「サギム」について初めて記したのは日本語の論稿「韓国的〈恨〉について―特に日本のもののあわれとの比較を中心に」（八九）だが、同論文は韓国語に翻訳され、韓国でも紹介された[33]。その後、書籍『恨の構造研究[34]』（九三）で、「韓国的〈恨〉について」を含む恨論稿の集大成となるものを発表している。同著は、一般書としての知名度はないものの、恨研究において極めて重要な位置付けにあるため、多くの研究者が参照している。

「韓国的〈恨〉について」（八九）は、前後半で構成されており、前半では先行研究を批判的に継承しながら恨の構造について述べ、後半では恨の類似概念である日本の「もののあわれ」と比較している。恨は朝鮮民族特有の情緒表現でありながらその概念が明確でないことを問題視し、恨の概念を「情恨論（金東里、河

喜珠など）」と「怨恨論（金烈圭、李在銑、金芝河など）」の二つに分類した。[35]「情恨論」は多情多恨という繊細な情緒面を中心に恨を捉え、「怨恨論」は「結び」と「解し／解き」の二元対立論で捉えたが、「情恨論」と「怨恨論」にはともに定義に限界があるとした。「情恨論」については恨の「積極的で粘り強い側面」を見落としており、「怨恨論」については恨を「二元対立」的に捉えている点を批判し、恨とは「情恨論」と「怨恨論」の要素を併せ持つものであり、否定的属性が絶え間なく超克され、徐々に肯定的属性へと質的変化を遂げる一元論的な価値生成の機能を持つものだと結論付けた。[36]恨は否定から肯定へと属性が移行する動態的なもので、移行する際に「サギム」という積極的な機能が生まれると解釈した。[37]「サギム（삭임）」は動詞「サギダ（삭이다）」の名詞形で、「（怒りなどを）静める、（柿などが）熟す、（酒などが）発酵する」という意味である。

こうした恨の否定から肯定への属性移行は、李御寧の六三年の原著と七八・八二年の翻訳版との間でも起きている。否定的で「動かぬもの（かなわぬもの）」から、肯定的で「動きのあるもの（解しの文化、シン）」へと理解を広げながら、恨を完成形へと近付けている。

四、まとめ

「韓国人とは何か」というテーマに恨を登場させて語ることが定着してきた「韓国文化論」の興隆期に、ジャーナリズムやアカデミズムでどのように恨言説が展開されたのかを考察した。

コラムニストの李圭泰の『韓国人の恨』（八〇）には「解し／解き」や「シン（エクスタシー）」といった具体的な用語は登場しないが、神話や説話といった韓国の伝統と恨を結び付ける役割を果たした。

左派である民衆神学者の徐洸善が編著を務めているが、社会学者のほか明確な左派ではない文学者や民俗学者が論稿を寄せている論文集である『恨のはなし』（八八）からは、「限界がある」としていた仮面劇や巫俗のシンミョンを再評価していく流れや、恨の理解がネガティブなものからポジティブなものへと変化する傾向が見て取れた。また、「解し／解き」を「間接的な癒しである芸術や宗教によるもの」と「現実的な解決である行動を伴うもの」とに整理した。さらに、「女性の悲哀」「巫俗」「シンミョン」「革命」「諦め」「パンソリ」「民謡」「和解」「美学」など、これまでの恨言説に登場したキーワードとはいえ、一挙に並べると混乱をきたしているようにも見えた恨の概念を、任軒永（八四）や文淳太（八五）が「情恨」と「怨恨」の二つのイメージにまとめた。

文学界では純粋文学派か参与文学派かで恨の評価が分かれる傾向があったが、文学評論家の千二斗は「韓国的〈恨〉について」（八九）で、どちらの作家も評論しつつ、「情恨」と「怨恨」とで対立する考えを一つに統合し、「恨とはネガティブなものからポジティブに転換していくもの」と結論付けた。

また、繰り返されてきた「女性の恨」言説は、二〇〇〇年代以降のフェミニズム文学のうねりに連結していったと考える。さらに、民主化運動との関係で誕生したのが「民衆」であったが、「民衆」から「女性」へと主体が移行していったともいえる。

三節　「われわれの文化」の獲得

ここでは、恨に対する大衆の受け止めについて考察する。

大衆文化に浸透した恨について、次の二つの事例を取り上げる。一つは八〇年代に大衆歌手に歌われヒットした新民謡「恨五百年」であり、もう一つは映画『西便制』（九三）である。どちらも恨をモチーフにしており、伝統芸能のパンソリと関係している。

パンソリ（판소리）とは朝鮮後期に生まれた口踊芸能で、パン（판）は空間や場を表し、ソリ（소리）は音や歌という意味である。パンソリでは、鼓手の太鼓に合わせて、唱者が一人で唱い、ストーリーを語り、登場人物を演じるため、「朝鮮のソロオペラ」とも呼ばれる。伝統文化の代表とされ、一九八八年のソウル五輪や二〇一八年の平昌五輪でも世界に向けて披露されている。

歌い手は、しわがれた独特の発声技法である「通声」を用いる。「通声」を体得するには相当な訓練が必要で、体得することを「得音」と呼ぶ。こうした声色のためなのか、新聞では七〇年代から、「恨で結ばれた調べ[38]」（七一）や「庶民の恨と風刺の芸術[39]」（七四）などの見出しで、パンソリと恨を絡めた記事が登場している。

一、国民歌手チョー・ヨンピルの「恨五百年」

一九八〇年代の国民的歌手といえば、六八年にデビューし、代表曲「釜山港へ帰れ」（一九七二）が空前のヒットを飛ばし一躍人気者となったチョー・ヨンピルである。演歌からバラード、民謡、ロックまでを幅広く歌いこなし、二〇一八年にデビュー五〇周年を迎えた歌謡界の大御所である。

彼がデビューした当時は朴正煕が政権を握っていた時代だが、朴正煕政権は体制強化の一貫として、若者に影響力のある芸能人を監視した。大麻での逮捕歴のある芸能人の取り締まり（大麻破動事件）が行われ、七七年、彼も活動禁止に追い込まれた。活動禁止期間中に、たまたま耳にした民謡「恨五百年」に惚れ込み、さらにはパンソリに目覚めて、パンソリ特有の「濁音」や「假音」を習得したという。

復帰したチョーは、八〇年にファーストアルバムをリリースし、その中でパンソリ調にアレンジした「恨五百年」を歌った。「恨五百年」のヒットにより、同年に開催された「開かれたソウル国際歌謡祭」で熱唱賞を受賞した。

民謡「恨五百年」は、五百年という題名の通り、恨が古くからある根拠として、恨言説でもしばしば取り上げられてきた。しかし実際は、江原道民謡である「旌善アリラン」のヴァリエーションで、植民地期に京城（現ソウル）地域の妓生が歌ったのが始まりだとされる。「恨五百年」は決して古い民謡ではなく、比較的近代に生成された「新民謡」なのである。[40]「恨五百年」の「ハン」は「恨」ではなく、固有語の「ハン（約、おおよそ）」だという主張もある。[41]また、本来この民謡とパンソリは無関係である。しかし、人気歌手であった彼がパンソリ調で歌ったことで、「恨五百年＝パンソリ」、さらには「恨＝パンソリ」の等式を作るのに貢献したと考えられる。

チョーは二〇〇〇年代になって、当時を振り返って次のように語っている。

今は恨という言葉は消えて無くなってしまったが、その時はまだわれわれ国民の情緒の核心は恨でした。

時代は八〇年代になっていましたが、大衆の熱望とは異なり軍事独裁政権が続いていました。人々は胸にさらに恨を宿していた時期でした。人々は「恨五百年」や「ミオ・ミオ・ミオ（憎い憎い憎い）」を歌って息が詰まる時代状況に対して一種の「恨解き」をしていたのではないかと思います。暗黒の時代が反対給付としてチョー・ヨンピルの声、チョー・ヨンピルの歌をさらにリアルにさせたと考えます。(42)（強調引用者）

八〇年当時の「国民の情緒の核心は恨」であり、軍事政権期は「さらに恨を宿していた」ことを明らかにしている。一方で、二〇〇〇年代には、もはや恨の情緒がなくなっていると述べている点も興味深い。芸術であるパンソリ調で新民謡「恨五百年」を歌ったことで、軍事政権期という閉塞感のある時代を生きる人々に共感された、つまり「恨解き」になっていたというのである。

別のインタビューでは次のようにも述べている。

恨とは悲しみでもあり、喜びでもあり、涙でもあると思います。これを芸術のレベルにまで昇華させると、多くの大衆に共感してもらえるのだと思います。(43)（強調引用者）

恨を「芸術のレベルにまで昇華」させることで、「大衆に共感してもらえる」としている。このように、恨を芸術として扱い大衆に爆発的に共感された例を次に取り上げる。

二、パンソリ映画『西便制』

パンソリといえば「悲しみ」や「恨」を連想する人が多い。これは、パンソリを題材とした映画『西便制』（九三）によって、「パンソリ＝恨」のイメージが韓国社会に広く刻印されたからである。[44]

1　『西便制』シンドローム

『西便制』は一九九三年当時、口コミで観客数を伸ばし、韓国映画史上初となるソウル一〇〇万人、全国三〇〇万人超という観客を動員し、前人未到の記録を打ち立てた。韓国映画が六〇年代の中興期以降、長い沈滞期に入り、海外映画に押されて制作本数も観客動員数も低迷していた頃のことである。この映画のヒットの余波により、原作小説である李清俊（一九三九－二〇〇八）の『南道の人』（七六）がベストセラーとなり、映画のサウンドトラックは異例の一三万枚が売れ、『西便制』の観光商品が開発され、[45]パンソリブームを巻き起こした。当時の現象は「西便制シンドローム」と呼ばれている。芸術性と興行性を備えた希有な作品として、青龍映画賞と大鐘賞映画祭の最優秀作品賞、百想芸術大賞の作品賞（『トゥカプス』と合同受賞）を受賞し韓国の三大映画賞の最高賞を独占した。三大映画賞を総なめにした映画は、『西便制』以降、韓国初のアカデミー賞受賞作である『パラサイト　半地下の人々』（二〇一九）の登場までない。韓国映画の可能性を示した、まさに『パラサイト』に並ぶほどのインパクトを与えた作品だったのである。

『西便制』のメガホンを取った林権澤（一九三六－）は六二年に監督デビューし、これまでに一〇〇本以上の映画を手掛けてきた韓国映画界の巨匠である。多くは低予算映画だが、その背景には一本の海外映画の輸入権を得るには四本の国産映画を制作しなければならないという当時の映画法の影響があった。多作で腕を磨いた林は、八〇年代になると韓国の伝統に目を向け始め、芸術・文芸映画を指向するようになっていった。その代表作が朝鮮時代の代理母を取り上げた『シバジ』（一九八六）である。キャッチコピーは「韓国的で世界的な映画」とされており、この作品で、フランス文化院から名誉勲章を授与されている。黒澤明監督に次ぐ東洋人監督として二人目のことであった。他にも代表的な芸術映画には、海外でも本格的に名が知られるようになった『曼荼羅』（一九八一）、趙廷来の同名小説が原作の『太白山脈』（一九九四）、李清俊の小説が原作で一家の葬儀を描いた『祝祭』（一九九六）、韓国で最もポピュラーな伝統説話を映画化した『春香伝』（二〇〇〇）などがあり、『酔画仙』（二〇〇二）はカンヌ映画祭監督賞を受賞している。

『西便制』のヒットの背景には、父ユボンを演じた俳優の金明坤（一九五二－）の存在もある。パンソリの修行経験があることに目を付け、金明坤に『西便制』の主演と脚本を任せたのである。金明坤はのちに『太白山脈』（九四）にも出演し、文化観光部長官、世宗文化会館理事長を歴任している。

2　『西便制』の物語と恨

『西便制』は、一九四〇－六〇年代の朝鮮半島南部の全羅道を舞台にした、血の繋がらないパンソリ芸人親子三人の放浪旅の物語である。時代遅れの伝統芸能パンソリに情熱を傾け続ける父ユボンと、唱者である姉ソンファ、鼓手である弟ドンホは、田舎を転々と旅しながら暮らしている。貧しく惨めな暮らしの中、パンソリにこだわり酒に溺れるユボンを見兼ねたドンホは、父の元を飛び出してしまう。ユボンとソンファの二人きりになると、ユボンはソンファに、「お前の歌は美しいだけで胸に突き刺さるような恨がない」と叱り付ける。「人は、生きる中で胸に恨が重なり塊となる。生きることは恨を重ねることであり、恨を重ねることが生きることだ」とパンソリ特有の声の根源を恨に求め、ユボンは芸の厳しさを教えようと、毒薬でソンファを失明させてしまう。盲目になっても、ソンファはめげることなく修行に励む。やがてユボンは死に、数年後、ユボンとソンファの行方を探していたドンホは、さびれた宿でソンファを見つける。ドンホは客のふりをしてソンファの部屋に入り、太鼓を叩く。ソンファは唱い出し、二人は無我夢中になって演唱し夜を明かすが、ソンファは「恨を傷付けたくない」と言い、ドンホはソンファに自分の正体を告げることなく宿を後にする。

注目すべきは、父が娘に毒を飲ませて失明させ、パンソリの神髄である恨を植え付けるシーン(46)と、姉弟が再会を喜ぶことよりも「恨を傷付けたくない」と言って芸人精神を貫くラストシーンである。これらのシーンには恨が凝縮されているが、同時に既存の恨言説との微妙なずれも存在している。

林権澤が表現した恨については、高美淑によって次のようにずれを指摘されている。

自分の経験した全ての苦難を恨という高尚な表象に収斂すると同時にそれを通じて「得音」できるという表象につながる。ここでもう一つ、とてつもない転倒が起こる。歌を追求して恨の境地に到達するのではなく、恨を抱くことによって「得音」に至るという転倒が起こる瞬間、恨は生の現場を離れ、はるか彼方の未知の虚構を彷徨う超越的な旗標になる(47)。

この映画で描かれている恨は、高美淑の言うように「虚構」である。「恨を抱く原因」と「結果としての恨」

という因果関係はもはやなくなっているからである。長きにわたって続いた恨の探求は、「恨とは何か」という恨の感情の中身に関心を寄せ続けた結果、「何によって恨が生じたか」という原因を探る問いと切り離されてしまい、原因なくして単独で存在しうるという究極の恨の姿、つまり「完成体」としての恨にたどり着いているのである。恨が因果関係なく単独で存在することによって、それまでの恨の議論につきまとっていた恨のネガティブな側面は失せ、芸人魂に昇華されている。「恨を傷付けたくない」というせりふにも、恨は決して粗末に扱ってはならない「高尚な精神性」であり、恨を維持するためには、絶えず苦労や悲しみを背負い続けなければならないという姿勢がにじみ出ている。

このように、『西便制』の恨には、李御寧のそれを凌駕するほどの「崇高さ」が付与されており、その崇高さ故に、失明の暴力性や弟との再会の否定をも甘んじて受け入れる、自虐的な生き様が展開されているのである。

この映画に見られる恨言説のずれを敏感に察知した人物が他にもいる。恨への造詣が深い金芝河である。当時、大絶賛されたこの映画を見て、「恨が宿っていく過程が見えない」[48]と批判したのである。この批判に驚いた林権澤は、「受難と苦痛の中で暮らしてきた生そのものが恨を積む過程だ」[49]と反論している。

しかし、この反論の最中にも、既存の恨議論にはなかった言説が飛び出している。従来恨は不可抗力的に「凝り固まる（맺히다）」「積もる（쌓이다）」ものであった。しかし林は「植え（심다）」たり「積む（쌓다）」ものと理解している。特に「積む」は、功徳や修行の行為であることから、やはり恨が体得すべき「崇高な何か」として捉えられているのである。

金芝河とは、パンソリを取り上げた点でも共通している。しかし、両者のパンソリへの理解は正反対である。『西便制』は、近代化に翻弄され時代遅れとなったパンソリ芸能にしがみつくパンソリ演者の生活苦と宿命に、悲哀の感性を見出している。一方の金芝河は、パンソリの風刺や諧謔の感性に着目し、その表現方法を自らの作品に取り込み、支配層に抵抗する民衆の怒りとして表現した。それ故こうした金芝河流のパンソリは、八〇年代の民主化運動時に、抵抗のシンボルとして浸透した。

実際パンソリ研究者や熱心なリスナーであればあるほど、パンソリから悲哀の感性を連想する人はそれほど多くない。パンソリの演目は伝承説話をもとにしており、哀切な歌い方が求められるのは、一部の演目のさらにまた一部の場面だけだからである。『西便制』には春香歌の「サラン歌」、沈清歌の「沈清が印塘水（海）に飛び込む場面」「沈盲人の目が開く場面」などが登場する。まだ幼く目の見えるソンファは明るい「サラン歌」を、ラストの目の見えないソンファは切ない沈清歌を唄い、恨を獲得した姿を表現している。『西便制』では恨が強調されているものの、『西便制』で唱われる演目をとってみても、悲哀をモチーフにしたものばかりでは決してない。「パンソリに恨がある」という言説は、『西便制』以前からも存在しなかったわけではない。しかし、その言説が広く大衆に共有されたのは、『西便制』のヒットによってであった。その意味で『西便制』シンドロームは、「悲哀（恨）のパンソリ」という「われわれの文化」をついに見つけたという、解放以降希求してきた「韓国的なるもの」の発見の驚喜であったのである。

3　林権澤の恨言説

続いて、林権澤の恨理解を彼自身の言葉から確認する。

「恨」は自分自身で受けとめなければいけないものであり、それによって他人に復讐したり、何かを傷付けようとしたりするものではない。「恨」の向かう方向は常に自分の内側であって、決して外側ではない。……この映画の三人の親子が放浪する姿に韓国の民族全体が今もさすらい生きていること、どこか確実に定着できずにさすらい生きているということを重ねることができる。(50)

林権澤は恨について「内側」へ向かうものであり、苦悩や苦痛を宿命として「受けとめ」る感性のことだと理解している。さらに、こうした恨を「さすら」う民族の姿と重ねる。「流浪」は新聞調査でも出現した語彙で、亡国の歴史、南北の分断、それに伴う離散家族などを含み、さらには解放後から模索し続けてきたにも関わらず、いまだ定まらぬアイデンティティー問題も指すのであろう。

次の引用は、林権澤が恨を「解く」ことについて語っている部分である。

われわれ韓国人は生きることそれ自体を「恨」として受け入れ、すべての苦悩を抱えて生きてきましたが、……積み重なった「恨」をその時その時で解きほぐしながら生きるということです。……積もり積もった苦痛の歳月を和らげながら生きてきたのが、わが民族ではないかと思っています。(51)

このような林権澤の「解し」の世界を体現したシーンが、映画中盤に登場する。民謡「珍道アリラン」(52)を三人で唱う、五分を超える有名なシーンである。行く宛てもなく疲れ果てていた三人は、誰からともなく「珍道アリラン」を唱い始める。三人にとって困難な状況に変わりはないが、歌によって足取りは軽くなり、次第に心が解されていく様子を描写している。林権澤は朝鮮の美について柳宗悦に共感しながらも、悲哀ばかりでなく生命力にも日を向け、生命力とは興が湧き上がり溢れ出る、そうした感情世界のことだとも説明している。それがこの「珍道アリラン」のシーンなのだろう。[53]

次のインタビューで、林は恨について包括的に語っている。

恨は定義できません。大変広い意味を持ちますから。外勢に侵略され被害を被ることも、強大国によって強制的に暮らさなければいけない民が抱くものも恨ですし、子育てをしていてある日突然貧しくなり病気の子を病院に連れて行けずに死ぬのをただ見ているのも恨といえるでしょう。こういったことを含めて定義しなければならないので研究者も悩んでいると思います。われわれは特に恨を持たざるを得ませんでした。歴史の中でも日本では復讐という概念で表現しますね。われわれ韓国人の中には心のわだかまりとして残っているのです。[54]

「恨は定義できません」という答えに注目したい。新聞調査で見てきた歴史的文脈と日常的文脈の混在、李御寧により広まった「日本の〈復讐文化〉との対比」言説にも触れているものの、結局恨を定義することには「研究者も悩」むとしている。そして、この「恨は説明できない」という言説も、現代韓国人の典型的な恨のイメージに他ならない。

「恨は説明できない」言説は、「外国人には恨は理解できない」という言説に発展する。こうした言説の存在を、映画評論家の佐藤忠男が指摘している。[55]『西便制』は、九〇年代当時日本で公開された数少ない韓国映画の一つで、映画雑誌で特集が組まれるなど、それなりに耳目を集めた。そこで、佐藤忠男は李御寧の恨論を引き合いに出して次のように語っている。

（日本人には恨の神髄は理解できないのではないかという意見には）私は必ずしもそう思わない。日本にも子を失った母の嘆きをひたすら嘆きぬく能の名作『隅田川』をはじめ復讐とは結びつかない悲嘆の物語は数多くあり、とくに能、説教節、浪曲、歌謡曲には韓国の「恨」につながる表現上の好みが色濃くあると思う。（括弧の補足は引用者）

佐藤が言うように、恨の神髄は日本人に理解不能なものでは決してない。それにも関わらず、「外国人には理解できない」と多くの韓国人は口を揃える。この不思議な現象が生じたのは、恨の神髄が、朝鮮半島独自の「苦難の歴史」に起因するという言説と無関係ではないであろう。先に取り上げた林のインタビューでも、「外勢に侵略され被害を被ることも、強大国によって強制的に暮らさなければいけない民が抱くものも恨」という部分は、「苦難の歴史」と恨とを絡めた言説である。

4　『西便制』に表れた「われわれのもの（우리 것）」

『西便制』を鑑賞した韓国人のレビューには、「韓国的」「韓国人だけが感じられる」といった言説が散見される。公開当時のレビューは残念ながら存在せず、近年書かれたレビューの一部を紹介する。[56]

「韓民族の魂がこもった恨のソリ」二〇一五年三月五日（強調引用者）

「恨が多くて、胸が苦しくなるくらいに愛さざるを得ないわれわれの歴史、わが民族、われわれの物語

…それを見た気がします」二〇一七年六月二四日

「アリアリラン、スリスリラン、喜びと悲しみのある曲調。韓国人だけが感じられる魔性」二〇一八年一二月一五日

「恨を結んだ頃の悲しい思い出」二〇一九年二月二日

「韓国映画の記念碑的作品」二〇一九年三月二三日

「韓国人ならではの特有の恨を感じられる」二〇一九年四月二日

「恨とシンミョンのパンソリ、韓国文学の粋と特質を見せてくれる最高の映画」二〇一九年六月二一日

「大変感動し、恨を解く場面で泣きました。名作として記憶されると思います」二〇一九年一二月二四日

「韓国的な映画」二〇二〇年八月二日

「文学の映像化、これ以上韓国的なものはない」二〇二一年一月一日

「恨の情緒が最も感じられた映画」二〇二一年一月二二日

このように、『西便制』を鑑賞した人は等しく映画の中に「われわれのもの（우리 것）」を見たと感じていたようである。

では、映画を見た韓国人は、具体的に何に対して「われわれのもの」だと感じたのだろうか。それは、伝統芸能パンソリであり、女性の苦難史の物語であり、経済発展にいそしむ中で気にも留めていなかった半島の美しい山河であり、そしてさすらいの旅芸人の生き様とも重なる苦難の歴史によって結ばれた恨の情緒であった。対立していた民主化運動世代とそれ以前の世代がともにこの映画に共感を寄せたことも、ますます

「われわれのもの」であるという確信を強めることに貢献したに違いない。「われわれのもの」の中でも、「われわれの文化」の発見は、伝統文化消費へとつながっていった。[57] 映画をきっかけに、民謡やパンソリ、座禅などの教室が活況を呈するようになっていったのである。

「われわれのもの」を獲得したいという欲求は、時代的にも求められていた可能性がある。『西便制』が大ヒットした九三年に一冊の旅行記が出版されている。「わが国は全国土が博物館だ」で始まる兪弘濬の『私の文化遺産踏査記』（ソウル：創作と批評社、一九九三）である。兪弘濬（一九四九－）は第三代文化財庁長官（二〇〇四－〇八）を歴任した美術史家、評論家である。全国の史跡を巡った紀行文はその後シリーズ化され、累計三〇〇万部のロングセラーとなった。「国民の必読書」といわれ、『西便制』のヒットと並び「文化的な事件」として語り継がれている。この本により、それまで見向きもされなかった韓国の文化遺産や遺跡を訪ねる「地方踏査ブーム」が起こった。交通の便が悪いためマイカーや観光バスをチャーターしない限り行けないところばかりだったが、マイカーを持つ中流層は週末に地方を訪ね、「われわれのもの」に接した。[58] 著者の名言「知っている分だけ見える（아는 만큼 보인다）」は当時の流行語となっている。

「われわれのもの」を求めるこうした動きが見られるようになった背景には、八〇年代後半以降に韓国の人々の生活に訪れた変化がある。八七年の民主化達成後、九二年に初の文民政権である金泳三政権が誕生して市民生活はさらに安定した。生活にゆとりが生まれた市民は、文化的欲求を高めた。しかし、当時の韓国で市民が享受できた文化といえば、（闇市場も含めて）ハリウッドや香港の映画であり、アメリカンポップスやJポップであり、日本のアニメや漫画、小説だったのである。われわれの文化は日米、香港などとは比較にならないくらいに低質だと思っていたところ、突如現れた質の高い「われわれのもの」に人々が感動し、熱狂するのは当然のことであった。

5　「恨は韓国人にしか理解できない情緒」という言説

一方で、恨がいかなる感情であるかについては、映画の中でも明確にされない。林監督自身も明確に語れないのだから、当然といえば当然である。興味深いことに、その不明確さが逆手に取られて、恨は「われわれのもの」、つまり韓国人の心性に違いなく、「恨は韓国人にしか理解できない情緒」という言説のみが声高に叫ばれるようになる。「この情緒はわれわれにしか分からないものだ」という自負ともとれる感情は、当時の新聞記事や関連書籍からも読み取れる(59)。

ナショナルアイデンティティーとして韓国人に広く浸透した恨言説とは、まさに「恨は韓国人にしか理解できない情緒」という言説だったのではないだろうか。『西便制』は、「恨は韓国人にしか理解できない情緒」という最終的かつ最高の恨言説を国民に広くすみずみまで行き渡らせた、「恨の物語」のクライマックスだったのではないかと考えている。

『西便制』が恨言説の絶頂となり得たのは、それまでの恨探求の集大成のような論文やエッセイとしての表現ではなく、映像と叙事というそれまでにない刺激的な伝達方法を取ったことも作用したであろう。見る人の感性に強く訴える映画だからこそ、「恨は韓国人にしか理解できない情緒」言説は、瞬く間にして人々の間に拡散していったのである。

「新派もの（お涙ちょうだいもの）の映画はそれまでも多数存在したではないか、なぜ『西便制』だけが特別なのか」という反論もあり得よう。確かに新派ものは多数制作されていたが、それらはメロドラマ的、あるいは怨恨や復讐といった安っぽい感性に基づいたものが大半であった。『西便制』のような、伝統芸能や芸人魂といった「崇高な感性」とは無縁だったのである。磨き上げられた玉のように、繊細ではかなくも美しい恨の情緒を描いて見せたこと自体、映画史的にも画期的であった。

四節　小結

李御寧の『土の中に、あの風の中に』（六三）の日本語版は、七八年に「恨とうらみ」（『恨の文化論』）を、八二年に「解しの文化」を補足（『韓国人の心　増補恨の文化論』）して出版された。「恨とうらみ」は『恨の文化論』のために日本語で書き下ろしたもので、「解しの文化」は李御寧の『西洋から見た東洋の朝』（六七）の中の論文を日本語に翻訳したものである。

時系列に従って見ると、日本では「恨とうらみ」の後に「解しの文化」が追加されたように見えるが、韓国では「解しの文化」の発表が先であり、「恨とうらみ」の韓国語論文での発表は九〇年代以降となる。要するに李御寧の恨言説の最後に当たるのが、「恨とうらみ」なのである。

李御寧の「恨とうらみ」は日本文化と比較する形で韓国文化の核となる恨を浮き彫りにする。『土の中に、あの風の中に』では、「停滞性、脆弱性、没個性、主体性のなさ、曖昧さ」といった破壊すべきコンプレックスばかりではあるが、栄光の歴史や誇りの社会である日本と口惜しい歴史や挫折の苦しみを持つ韓国とを対比させ、負の歴史や経験があるからこそ「恨の文化」が生まれ、そうした文化を持つ自分たちは美しく生きることや愛や平和を知っていると主張した。また、「解しの文化」は恨そのものの純化ではなかったが、「恨とうらみ」は恨自体に価値を与え、恨を美しいものに昇華させた。このように、李御寧は恨に「解し／解き」の視点を足し、恨から「怨み」を取り除くことで、韓国固有の文化である「恨の文化」を完成させたのである。

八〇年代の韓国文化論興隆期には、論文集『恨のはなし』（八八）や恨研究を行った文学者の千二斗によって、恨の概念が整理され深化していく。こうした恨研究は、六〇年代に作られた「情恨」論や七〇年代に作られた「解しの文化」論を一つの恨概念にまとめようとするものであった。

九〇年代に入り、大衆の間で「恨こそ韓国文化の核である」という言説が広まる決定打となったのは、映画『西便制』（九三）であった。この映画はパンソリという伝統音楽（国楽）を取り上げ、達人の境地に至るために「恨を積む」という芸人魂がテーマとなっている。『西便制』では、李御寧の恨論がさらに純化されて、「高尚な精神性」にまで高められている。この映画が異例の大ヒットとなり社会現象を巻き起こした背景には、さすらい芸人の生き様が「苦難の歴史」の共有から生まれた恨の情緒と結び付くことによる、パンソリという「わが伝統芸能」の発見、「韓国人にしか理解できない情緒」の発見があった。これは、それまで「ない」と思っていた「われわれの文化」を手にした喜びのようなものだったと筆者は考える。「われわれのもの」を探求してきた旅は、伝統や芸能とも結び付く高尚な「恨の文化」を手に入れることで、ひとまず終幕したのである。

注

（1） 李御寧『恨の文化論』（東京：学生社、一九七八年）
（2） 李御寧『韓国人の心　増補恨の文化論』（東京：学生社、一九八二年）

（3）李御寧「春香伝と忠臣蔵を通じてみた韓日文化の比較－怨と恨の文化記号論的解読」（翰林日本学、一九九六年）が韓国で発表されるまでは、日本語の論文が引用され続けた。
（4）チェ・サンジン「〈恨〉の社会心理学的概念化の試み」『一九九一年度韓国心理学会年次学術発表大会論文目録』（韓国心理学会、一九九一年）、三四七－三四八頁
（5）前掲『韓国人の心　増補恨の文化論』、二六七頁
（6）『春香伝』は老妓の娘・春香と郡守の息子・李道令の身分を超えた恋物語。
（7）前掲『韓国人の心　増補恨の文化論』、二六七頁
（8）前掲『韓国人の心　増補恨の文化論』、二六七頁
（9）前掲『韓国人の心　増補恨の文化論』、二六七頁
（10）前掲『韓国人の心　増補恨の文化論』、二六九－二七〇頁
（11）前掲『韓国人の心　増補恨の文化論』、二六八頁
（12）前掲『韓国人の心　増補恨の文化論』、二七〇－二七一頁
（13）前掲『韓国人の心　増補恨の文化論』、三頁
（14）書評「詩的な手段で民族の心を描く」『週刊東洋経済』（一九八二年九月一一日号）、七一頁
（15）書評「日本的心情の純粋な形が韓国に」『週刊朝日』（一九七八年五月一二日号）、一一〇頁
（16）権粛寅「大衆的韓国文化論の生産と消費―一九八〇年代後半以降を中心に」『精神文化研究』（七五）（韓国学中央研究院、一九九九年）、五五頁
（17）李圭泰『韓国人の恨』（ソウル：世宗出版公社、一九八〇年）
（18）前掲『韓国人の恨』、まえがき
（19）目次は次の通りである。
序論：徐洸善「恨が結ばれた人、恨が結ばれた民族」

Ⅰ恨の現象
・崔夏林「恨に対する省察—○に送る手紙」『詩と否定の精神を探して』(ソウル：文学と知性社、一九八四年)
・高銀「恨の克服の為に」『韓国社会研究二』(ソウル：ハンギル社、一九八〇年)
・韓完相・金成基「恨に対する民衆社会学的試論」韓完相・金成基『現代資本主義と共同体理論』(ソウル：ハンギル社、一九八〇年)
・任軒永「恨の文学と民衆意識」『今日の本』(ソウル：ハンギル社、一九八四年)
Ⅱ恨の構造
・文淳太「恨とは何か」『民族文学』(一)(ソウル：イサク、一九八五年)
・金烈圭「民怨と天怨」『恨脈怨流』(ソウル：主友、一九八二年)
・李効再「韓国女性の恨」『女性と社会』(ソウル：チョンウ社、一九七八年)
・丁大鉉「恨の概念的構造」『韓国語と哲学的分析』(ソウル：梨花女子大学出版部、一九八五年)
・金烈圭「怨恨思想と恨霊意識」『甑山思想研究』(五)(ソウル：甑山思想研究会、一九七九年)
Ⅲ恨の解し
・徐洸善「恨の話と司祭的実践」『基督教思想』(ソウル：大韓基督教書会、一九八四年一二月号)
・徐南洞「恨の司祭」『民衆神学の探求』(ソウル：ハンギル社、一九八三年)
・徐南洞「恨の形象化とその神学的省察」『民衆神学の探求』(ソウル：ハンギル社、一九八三年)
・玄永学「民衆神学と恨の宗教」『神学思想』(四七)(ソウル：韓国神学研究所、一九八四年冬号)
・文東煥「恨—新しい生の起点」『アリラン峠の研究』(ソウル：韓国神学研究所、一九八五年)

(20) Ⅰ恨の現象、Ⅱ恨の構造には文学者と社会学者による恨の論文が、Ⅲ恨の解しには四人の民衆神学者による五本の論文が収録されている。

(21) 高銀「恨の克服の為に」徐光善他『恨のはなし』(ソウル：ポリ、一九八八年)、四八頁

(22)　前掲「恨の克服の為に」『恨のはなし』、五四頁
(23)　尹健次『現代韓国の思想』（東京：岩波書店、二〇〇〇年）、四六頁
(24)　決まった歴史状況の中にある社会集団に独特な感情（構成員が特定の状況の中で経験する習合的な恐怖、不安、怒り、自信または恍惚感のような一連の正しい感情など）の複合、または特有の情動傾向および態度の類型を意味する。
(25)　韓完相・金成基「恨に対する民衆社会学的試論」『恨のはなし』、六三－六四頁
(26)　何かのきっかけで体の中に神気が入り（トランス状態になり）、その人の気と合わさって興奮状態になる様。
(27)　前掲「恨に対する民衆社会学的試論」『恨のはなし』、九七頁
(28)　ムーダンは死者の言えなかった言葉や解けなかったわだかまりを解き、その過程で生者の中にもある恨を同時に解消するという。
(29)　一般人がシャーマンになる成巫体験の過程には相当な苦痛と迫害があるという。巫祖神である「パリテギ／パリ公主」の神話に成巫体験が描かれている。
(30)　任軒永「恨の文学と民衆意識」『恨のはなし』、一〇二頁
(31)　前掲「恨の文学と民衆意識」『恨のはなし』、一〇七頁
(32)　「情恨の伝統と素月の詩」『韓国語文学』（一）（一九六三年）、「恨的・人情的な小説の論考」『文学』（七）（一九六三年）などの業績がある。
(33)　千二斗「韓国的恨の構造と機能について：特に日本のもののあわれとの比較を中心に」『国語国文学研究』（一三）（圓光大学校人文科学大学国語国文学科、一九九〇年）、六五－八六頁
(34)　日本語版は千二斗『韓国的恨の明と暗　文学作品における恨の考察』（広島：エミスク企画、二〇〇二年）
(35)　千二斗「韓国的〈恨〉について―特に日本のもののあわれとの比較を中心に」『朝鮮学報』（一三一）（朝鮮学会、一九八九年）、九七頁
(36)　前掲「韓国的〈恨〉について―特に日本のもののあわれとの比較を中心に」、九八頁

(37) 前掲「韓国的〈恨〉について―特に日本のもののあわれとの比較を中心に」、九九頁
(38) 「パンソリ流派発表会-権三得誕生二〇〇周年」『東亜日報』(一九七一年七月三日、五面)
(39) 「横説垂説」『東亜日報』(一九七四年五月二九日、一面)
(40) 崔吉城『恨の人類学』(東京:平河出版社、一九九四年)、四五三頁
(41) 金両基『オンドルと畳』(東京:大和書房、一九九〇年)、三六頁
(42) イム・ジンモ「絶対強者　趙容弼二」『新東亜』(五一九)(二〇〇二年一二月号)、四六六-四七七頁
(43) パク・イルホ「国民歌手チョー・ヨンピル　音楽はその時代の歴史を反映するもの」『フォーブスコリア』(三三)(二〇〇五年一一月) http://forbes.joins.com/forbes/program/forbes_article/0,3773,aid%252D204562,00.html (確認日二〇〇五年一一月五日)
(44) 水野邦彦「〈恨〉の構造―『西便制』によせて―」『韓国社会意識素描』(東京:花伝社、二〇〇〇年)、上別府正信「林權澤監督の映画『西便制』と恨」『韓国のアイデンティティ論としての恨-恨の言説の形成過程を中心に』(中央大学大学院博士論文、二〇〇八年)
(45) カン・ジュンマン『韓国現代史散策:一九九〇年代編　一巻』(ソウル:人物と思想社、二〇〇六年)、三二一-三二三頁
(46) 原作では寝ている一〇歳の娘に塩酸を掛けて目を潰すシーンとして描かれている。
(47) 高美淑『啓蒙の時代』(ソウル:ブックドゥラマン、二〇一四年)、二八一頁
(48) チョン・ソンイル対談『林權澤が林權澤を語る二』(ソウル:現実文化研究、二〇〇三年)、二七〇頁
(49) 前掲『林權澤が林權澤を語る二』、二七〇頁
(50) 李清俊『西便制』(東京:早川書房、一九九四年)、二四九頁
(51) 「〈風の丘を越えて-西便制〉特集」『キネマ旬報』(一一三五)(一九九四年七月上旬号)、一〇四頁
(52) 珍島アリラン
ユボン:人ひとり生きて何百年生きようか、糞みたいなこの憂い世、円満に暮らそうぞ

ソンファ：聞慶鳥嶺はなぜ峠、曲がりくねった稜線に涙する
ユボン：歌とともにさすらう人生、いつも積もった恨を解いてみようか
ソンファ：天には星がきらめき、我が心は憂いにみちて
〈サビ〉：アリ　アリラン　スリスリラン　アラリガナンネ
福岡ユネスコ協会『林権澤は語る〈映画・パンソリ・時代〉』（福岡：弦書房、二〇一五年）、一二頁
(53)　前掲『林権澤は語る〈映画・パンソリ・時代〉』、四八頁
(54)　前掲『林権澤が林権澤を語る一』、三〇九－三一〇頁
(55)　佐藤忠男『韓国映画の精神　林権澤監督とその時代』（東京：岩波書店、二〇〇〇年）、二三二頁
(56)　『西便制』の「評点」『NAVER映画』https://movie.naver.com/movie/bi/mi/point.naver?code=16906（確認日二〇二一年八月二四日）
(57)　「参禅―テッキョン―丹田呼吸―パンソリ―仮面劇〈われわれのもの〉で健康を守る」『東亜日報』（一九九三年九月二七日、一一面）
(58)　前掲『韓国現代史散策：一九九〇年代編　一巻』、一〇〇頁
(59)　「私の生、私の考え〈捨てられ忘れられたわれわれのもの〉映像に」『京郷新聞』（一九九三年十一月一〇日、五面）
「〈われわれのもの〉に目覚めた十代観客に希望感じ」『朝鮮日報』（一九九三年五月三日、七面）
伊藤哲司他編「韓国映画〈風の丘を越えて－西便制－〉を語り合う」『日韓の傷ついた関係の修復』（京都：北大路書房、二〇一一年）、二一七－六五頁

五章　「恨の物語」のその後

前章までは韓国における「恨の文化」の完成までの過程を、李御寧の恨論を軸に見てきた。しかしその後の韓国では、「恨の民族」という言説は影を潜めていく。植民地主義研究の台頭により文学や哲学といった本流の「恨の文化」研究が下火になっていったのである。無論、恨研究自体が終焉したわけではなく、他分野に波及し、ハン思想（Hanism）や火病などの考察が行われるようになった。また、「韓国人は恨の民族」という言説は、日本でも受容されていった。受容当初は比較的肯定的に受け止められていたが、二〇一〇年代の嫌韓の時代になると、恨はバッシングの対象になる。本章では、「恨の文化」完成後の韓国における恨言説の動向と併せて、日本での恨言説を考察する。

一節　韓国におけるポストコロニアル研究の台頭

一、九〇年代の恨言説の批判と弱化

1　九〇年代の時代背景

一九九〇年代は、韓国社会にとってもう一つの激動期であった。八九－九一年にソ連や東欧が民主化したことで冷戦構造が崩壊し、日米を中心とした西側諸国だけでなく、社会主義国家も含むグローバルな外交への対処が必要になった。開発独裁と自由主義をミックスさせた経済体制の見直しも求められ、自由主義に則った市場開放、政府支援の撤廃、規制緩和が要求された。

九三年に、民主化運動家であった金泳三（一九二七－二〇一五、大統領在任期間一九九三－九八）が大統領に就任した。軍事政権と対比させるべく文民政権を名乗り、世界の主要国に仲間入りするために、全ての分野で「世界化（segehwa）」（九四）というスローガンを掲げた。「世界化」政策という国家目標により、コメや金融などの国内市場を開放し、労使関係にも市場原理を導入するなど、新自由主義的な規制緩和を行った。国際競争力を高めるための政策は、経済だけでなく教育など幅広い分野にも適応された。(1) 第一次経済開発五カ年計画が始まった六二年から年率十％近い高い経済成長率を記録してきたが、(2) 九六年一二月、ついに「富裕層クラブ」といわれる国連のＯＥＣＤ加盟国入りを果たした。

しかし、こうした右肩上がりの急成長についに終止符が打たれる。九七年七月にタイから始まったアジア通貨危機のあおりを受けて、外貨準備高不足による債務不履行直前の通貨危機に陥ったのである。ＩＭＦ（国際通貨基金）に救済を申請し、一二月にはＩＭＦの管理下に入ったが、韓国経済が受けた打撃はすさまじく、ＫＩＡグループやヘテグループなど名だたる大企業の倒産が相次いだ。国際的地位向上を果たしてからわずか一年で、民主化以降、最大の国難を迎えたのである。「世界化」政策の中で、財閥系企業が過度な重複投資や借入による経営を行ったことも一つの要因となったようである。(3)

ＩＭＦ危機の最中に大統領になったのが、慶尚道出身の朴正煕と敵対関係にあった全羅道出身の金大中（一九二四－二〇〇九、大統領在任期間一九九八－二〇〇三）であった。金泳三と同様、独裁政権時に民主化を訴え、朴正煕に殺されかけた拉致事件などから「恨の政治家」とも呼ばれる。放送禁止楽曲を指定したり検閲を行ったりした権威主義的な朴正煕の文化政策とは違って、映画の事前審査制を撤廃するなど、金大中の政策は「支援はすれど口は出さない」というものであった。解放以降、日本の大衆文化は禁輪対象であったが、「二一世紀は文化産業の時代であり、これ以上の文化鎖国政策は誰の助けにもならない」とし、九八年から六年かけて、段階的に日本の大衆文化輸入許容政策も進めた。

恨言説は九〇年代になってより強化され、自明な韓国精神文化の象徴として定着した一方、まったく別の潮流も誕生した。

九〇年代前半までは韓国のナショナリズムに批判的な研究はあまり見られなかったが、九〇年代後半になると韓国の文学研究論者から、韓国のナショナリズムへの批判として「恨は近代の産物」とする主張が登場し始める。(4)沈善映や高美淑、ソン・ユギョンらが、(5)「柳宗悦の美術評論に端を発する恨は、植民地主義的なもの」だと指摘したのである。それまで一部のリベラルな研究者が恨を懐疑的に見ることはあっても、多くの人々に信じられていた「恨の民族」言説が崩れ始めたのであった。

さらに、文学研究とは違った文脈からも批判が起き始めた。それは恨の根拠とされてきた巫俗やパンソリなどの韓国文化の各分野の研究者からの批判で、恨言説の中で民俗文化が一面的に捉えられてきたと指摘するものであった[6]。巫俗研究をフィールドとする民俗学者の趙興胤は、巫俗儀礼には死霊祭だけでなく祈願祭なども ある点、ムーダンには恨の多い貧しい女性ばかりがなるわけではない点、怨恨神だけが巫俗神ではない点、フィールドワークによる本格的な調査が全く行われていない点などを挙げて、恨と巫俗の関係を否定した[7]。

恨言説の生みの親である文学界でも、鄭百秀[8]が恨が「民族共同体の固有の情緒」であるという点を批判した。恨の典型的なテクストとされる金素月の「つつじの花」を取り上げ、同時に見出される詩的情緒である恨の「翻訳不可能性」を否定した[9]のである。文学界において最も総体的に恨言説批判を展開したのは、ポストコロニアル研究の文学者である権明娥であろう。権は植民地体験と朝鮮戦争によって作られた精神を韓国社会はいまだに引きずっており、その一つが「受難史の叙事」を語ることであり、その典型的な例が恨だ[10]として、従来の恨言説を批判した。

書籍発行数からも恨言説の動向を確認することができる。韓国教育学術情報院の『ＲＩＳＳ（学術研究情報サービス）』によると、「恨」の検索ワードでヒットする書籍数は、二〇〇六年までは増加傾向にあるが、それ以降は減少している。全体の書籍発行数が九〇年の四一、七一一冊から二〇一三年の六一、五四八冊[11]へと、およそ一・五倍の伸びを示しているのにも関わらずである。人々の関心から恨というテーマが薄れつつあるということである。

1948－2010年の恨関連の書籍数の推移

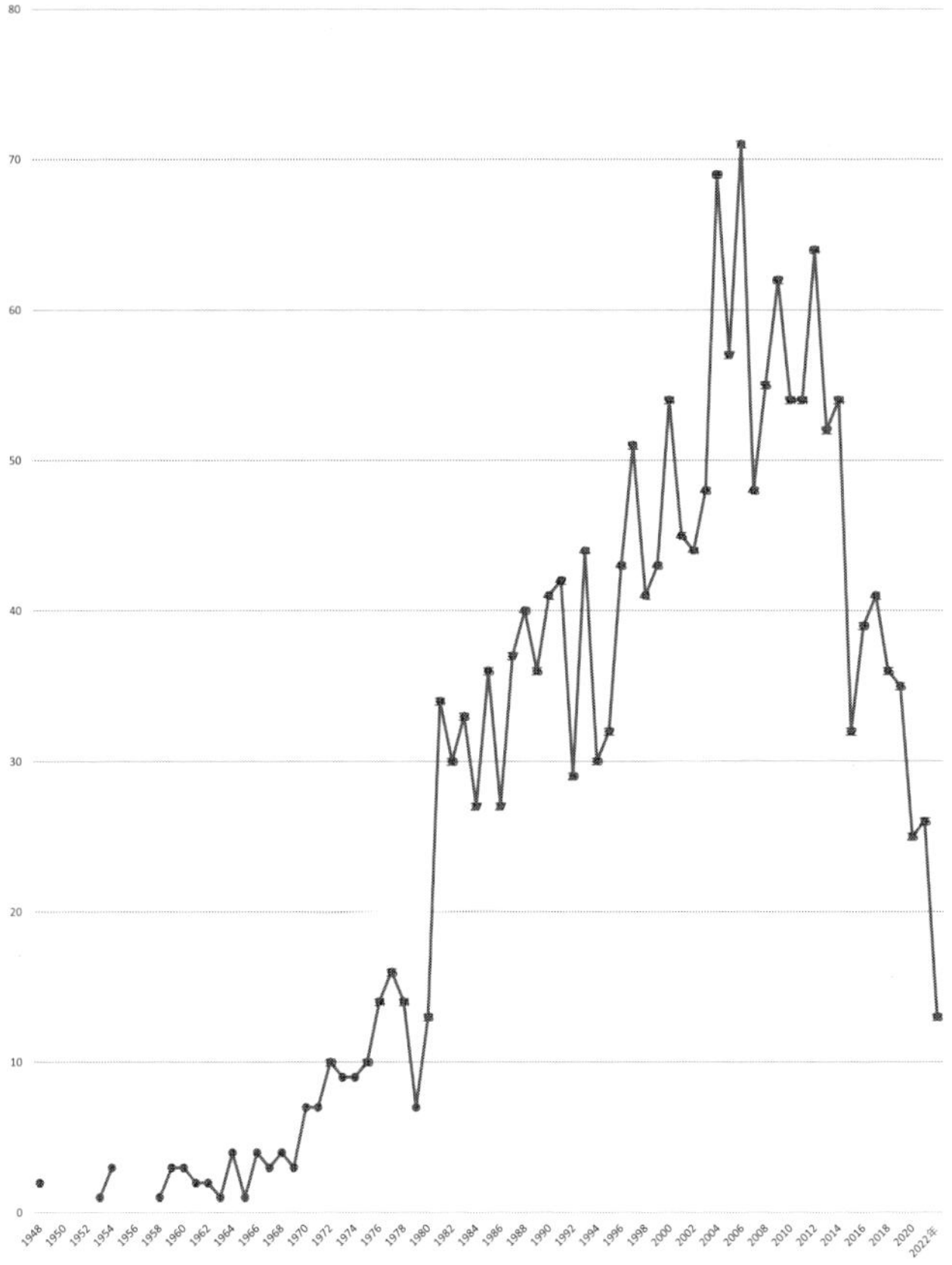

恨書籍数筆者ランキング

	人名			検索ヒット数
1位	朴在森　박재삼	詩人	1933-1997	27
2位	李文烈　이문열	小説家	1948-	21
3位	千鏡子　천경자	画家	1924-2015	12
4位	金東仁　김동인	小説家	1900-1951	12
5位	康俊晩　강준만	社会学者	1956-	15
6位	韓勝源　한승원	詩人・小説家	1939-	11
7位	金素月　김소월	詩人	1902-1934	10
8位	李圭泰　이규태	元新聞記者	1933-2006	9
9位	金南祚　김남조	詩人・教育者	1927-	7
10位	安秉煜　안병욱	随筆家	1920-2013	6
11位	尹在天　윤재천	随筆家	1932-	8
12位	崔吉城　최길성	巫俗研究者	1944-2022	8
13位	金烈圭　김열규	民俗・文学研究者	1932-	9

ある。

2　教育現場における恨言説

二〇二〇年代の韓国社会にも、いまだ「恨＝民族性」言説が残存している空間がある。それは教育現場である。

分断国家の韓国では、八七年に民主化されるまでのおよそ四〇年間、民族主義と反共主義が結合したイデオロギーが社会を支配しており、その国民教化・体制維持の重要な役割を担ってきたのが学校である。解放以降、高校の国語教科書に掲載されてきた詩の中に、金素月の「つつじの花」がある。「つつじの花」をどのように教わるのか、現役高校教師のパク・サンチョルによる二〇一二年の国語の授業観察の記録は次の通りである。

S教師：
わが国の詩・歌詩で離別の情恨を詠った詩にはどんなものがあるか見ていきましょう。「カシリ」の前にまず「黄鳥歌」があります。……二番目に「カシリ」です。そして「西京別曲」。これも離別の悲しみを詠いました。……そして伝統がどこに引き継がれてくるのかといえば、「送人」という漢歌にも引き継がれます。その次は朝鮮時代に行きましょう。朝鮮時代……黄真伊の詩調……そして民謡の中で代表的なのが前回習った「アリラン」。そして現代にどこに引き継がれますか。「つつじの花」に引き継がれます。(12)

「離別の情恨」は、六〇年代に文学者が「つつじの花」から見出し、過去に遡って先祖探しを行ったものだが、教育現場では高句麗の瑠璃王が作った「黄鳥歌」、高麗時代の「カシリ」「西京別曲」「送人」、朝鮮最高の妓生と呼ばれた黄真伊が失恋などを詠んだ定型詩の「詩調」、民謡の「アリラン」にも見られ、朝鮮半島の文学史に息づく伝統的な情緒、つまり民族性として現代詩にも受け継がれていると教えているのである。パクは授業観察後、作品の主題だけを反復して覚えさせる文学教育を批判し、次のように述べている。

高校時「つつじの花」を習った学生は「つつじの花」のテーマが「離別の情恨」であることを知っている。しかし学生たちは「情恨」の意味を知らないまま、テーマの「離別の情恨」という理解を強制される。このような光景は昔も今も教室の授業で常習的に反復されてきた現象である。(13)

この授業観察は一つのサンプルでしかないが、現代の学校教育でも、金素月作品の情緒が「情恨」であることを、「情恨」の意味もろくに説明せぬまま子供に無批判的に刷り込んでいるというのである。韓国社会において恨は、もはや経験に即した体感を伴う情緒ではなく、学校で知識として習得するものとなっている。中学の音楽教科書の改訂の変遷を追ってみると、採用頻度が最も高い歌の一つに民謡「恨五百年」がある。(14)韓国人であれば誰もが知る国民歌である。

では、いつから恨を学校現場で教えるようになったのだろうか。

韓国の教育課程は、大韓民国成立時から九七年までに七回改編されている。(15)「つつじの花」や「恨五百年」は第一次教育課程（五四－六三）から教えられている。第二次改訂（六三－七三）では「古典」科目を設置、第三次改訂（七三―八一）では国民教育憲章を制定している。第三次改訂は朴正煕の一〇月維新体制確立後に改編されたもので、韓国社会全体で「韓国的なるもの」を模索する中、「韓国的なるもの」を大量に「発見／発明」した成果が教科書に反映されたものと考えられる。

例えば、国語の教科書には「民族文化の伝統と継承」「韓国の美」「世宗大王」「正月」といった随筆や国土紀行文、歳時風俗、衣食住、生活慣習に関する逸話から、愛国・愛郷、伝統文化愛を育む内容が盛り込まれた。

具体的には、黄順元の小説「夕立」や仏のアルフォンス・ドーデの小説「星」など、非日常的で非社会的な文学作品がラインナップされた。当時の文学界では純粋文学派と参与文学派が対立していたが、教科書には純粋文学が採用された。感性豊かな作品で感受性豊かな青少年を育成するのが目的であったという[16]。こうした政権の狙いにピタリと合致したのが、金素月の「つつじの花」であった。同詩は今でも国民に愛され続けている。

チャ・ヘヨンが、六〇年代当時の国語教科書に一貫して見られたイデオロギーは、「反共」「民族」「純粋」の三つであったと分析している[18]。六〇年代の朴正煕政権期には、経済面において北朝鮮が優位で、今では想像しがたいほど緊迫した体制間競争の中で、反共教育や「韓国人」を作るための民族教育が進められたという[19]。このように、国が「良い文学」の物差しを決め、「良い文学」を選別し、文学における美意識を管理する中で[17]、恨は民族的な心性として「教えるべきもの」となった。さらには、文学史を遡っても同じ恨の情緒が見られることを示すことで、「恨は民族的情緒」という刷り込みをより強固にしたのである。

二、日本の植民地支配と植民地主義

一九一〇年から四五年の日本による朝鮮半島の植民地化の歴史は、現在もなお、日韓・日朝関係に大きな歪みを生じさせている。日韓両国が掲げる「正しい」歴史認識は、時に激しく衝突し、相容れない。原因が、一〇〇年前の不都合な過去にあることを相互に認識しているにも関わらず、いまだに解決の糸口が見えない。ここでは、両国の懸案事項である植民地支配によって創られた植民地主義的な痕跡や後遺症について見ていく。

1　近代ナショナリズムと植民地主義

自らを中華文明の朝貢冊封体制の中に位置付けていたことから、一九世紀末に台頭した朝鮮の近代ナショナリズムには、欧米列強など対外勢力に対抗する「反侵略」と中華システムや封建制度から脱する「反封建」のスタンスが存在した。封建制度を維持し「反侵略」を訴えた「衛正斥邪思想」、近代的価値観を吸収し「反封建」を求めた「開化思想」、平等と理想社会というユートピア（後天開闢）を説く「反封建」と、王による政治的支配を肯定し伝統的価値観を堅持する「反侵略」を唱えた「東学思想」などが代表的な当時のナショナリズムである。[20]

だが文学研究者の高美淑は、自ら近代化を担おうとしていたこの時期の「勇ましい」民族のメタファーが、一九一〇年の併合を前後して、「女性的なもの」「受動的な悲哀が伴うもの」へと変化したという。[21]こうした無自覚な同化現象も実は植民地主義の影響であったと指摘しているのである。

「植民地主義」とは、植民地を獲得して拡大あるいは維持しようとする政策あるいは支配の方法、またはそれを支える帝国の支配思想のことを指す。植民地主義という概念には、宗主国と植民地、文明と野蛮、主人と奴隷、規範と模倣、主体と客体という二項対立的概念が存在する[22]。政治・経済的な支配だけでなく、それに伴う文化的、言語的、身体的な権力関係という言説支配も含む。

三七年前後の日中戦争による総力戦体制期になると、総督府は戦時動員を極大化させるために、教育の場における日本語の徹底、神社参拝、創氏改名、志願兵制度の導入などの同化政策を強化した。韓国ではこの時期を「民族抹殺政策期」と呼んでいる。

ちなみに日本の同化政策では、天皇制イデオロギーを基盤に、朝鮮人を帝国の「臣民」とする擬似日本人化政策がとられた[23]。水野直樹は、日本型植民地主義について「同化と排除」の二重性で説明している[24]。被植民者にも日本民族と同等な地位を認めるというものではなく、絶妙な格付けを前提としていた例として神社を挙げることができる。日本民族が天照大神に直接帰一するのに対して、植民地下の朝鮮では天照大神とともに「国魂大神」を祀り、「国魂大神」を介してのみ天照大神につながれるというロジカルに基づく「排除」が存在していた[25]。戦争末期に実施された「創氏改名」も、朝鮮人の名を日本名にするという同化政策であったが、日朝の区別がなくなったわけではなく、名前は区別の根拠であり続けた。創氏改名後も、氏が日本式でなかったり、下の名前が朝鮮名のままであることも多く、姓名を見ただけで朝鮮出身者であると判別できるケースが多かったからである[26]。

また、教育の場における日本語の徹底が進められたことは、就学率からも確認できる。日本では一八八六年から義務化されていた初等教育が、朝鮮人に拡大し始めたのは一九三〇年代からであった。この時点での就学率は在朝日本人児童九九・七九％に対して、朝鮮人児童は一七・三％とかなりの開きがある。[27] また、三九年の日本語識字率は一三・九％しかなく、朝鮮語識字率ですらも四四年時点で四五％と推定されている。[28]
一方で、植民地朝鮮は、西欧文明、技術、価値、習俗など[29]近代を取り入れる際に宗主国である帝国日本に依拠・依存したことで、無自覚のうちに精神的支配を受けることになった。宗主国は科学的・合理的な近代思想を掲げる反面、植民地の伝統的な価値観、文化、宗教などを意図的に無視あるいは否定する。被植民者は、「後進的」「低開発」「非効率」的であるため教化すべき対象と見なされ、「劣等コンプレックス」を植え付けられることになる。ラジオや雑誌、学校といった新たな文化装置は、帝国への憧憬心を与えると同時に、植民地の伝統文化を破壊し、愚鈍で野蛮という劣等性を刷り込む装置として働く。こうして被植民者は複雑な内面を抱えざるを得なくなるのである。

そうした状況下にあった植民地朝鮮に、日本の敗戦によって急激な変化が訪れた。日本帝国は消滅し、朝鮮半島は独立した。解放前の秩序は突如として崩壊し、日本から押し付けられた内鮮一体の諸制度は撤廃され、朝鮮人としてのアイデンティティーを堂々と持つことが許される状況となったのである。

ところが、無自覚な植民地主義は、植民地支配終焉後も、内面化された記憶として残り続けた。「劣等コンプレックス」が被植民者・元被植民者の自己形成や自己及び社会の記憶に決定的な影響を与え続けたことを、李御寧のエッセイ『土の中に、あの風の中に』（六三）も証明している。

南富鎮は、植民地経験の中で抱いた民族意識について、「あたかも内面を他人に取られ、やむなく他人の内面を所有してしまったような感覚に近い[30]」と評している。近代的なものや価値観を押し付けられ、慣れ親しみ身体化していた日本的習慣、流行歌など日本の大衆文化、日本に対する親しみや郷愁などの全て、身体化されていた生活の多くが、異民族の支配によってもたらされていたという現実に気付くことは、日本の戦後が体験したパラダイム転換にも勝るとも劣らない衝撃であったことを、解放後のベストセラーである咸錫憲のエッセイからも読み取れる。

この解放が盗っ人のように不意に訪れたということだ。……かっては志士といわれた人たちもみな変節し、指導者と言われる人もみな妥協し、知識人もみな売られてしまった。……それが一九四五年八月一五日、突然解放になったのだ。きのうまで我々がしてきたことを互いに心に秘め見渡した時、きまりが悪くてすっきりしない状態があった。[31]

2　追い付くことと隠すことの曲芸

植民地主義には、宗主国が植民地にまいた種が、植民地側の欲望や要求によって大きく育ち、刈り取られていくという側面もある。[32]日本がまいた「帝国主義への憧れ」は、解放後に「帝国主義への否定」へと形を変えて成長していくわけだが、その際に生じる歪みを解放後の知識人は経験することになる。

まず行ったことは、日本統治時代の「完全なる否定」であり、その痕跡を「隠す」ことであった。「真の韓国人・韓国である」ことは、「日本人・日本でない」ことを明確にすることだったからである。

帝国主義の伝統を継承する国立大学を例に挙げてみよう。植民地支配下で創設された京城帝大（現ソウル大学）の文化や学風について、ソウル大学出身の歴史学者・尹海東（一九五九－）は、「（日本に）追い付くことと隠すことの曲芸」[33]と表現した。「日本」に追い付こうとしながらも、そのことを「隠す」という心理は、近代文明への単なる「憧れ」ではなく植民地主義の「否定」とを併せ持った態度である。こうした植民地主義的メンタリティーは、解放後の韓国社会を読み取る上で重要な鍵となる。

尹によれば、解放後の韓国歴史学は、日本の歴史学研究をこっそり学びながら拡大していったという。そのため、表向きには日本の論文や資料が引用されず、自分たちの学問的土台がどこにあるのかを隠す術も学ぶという、精神分裂症的な態度を有していたという[34]。

3　「収奪と抵抗」の歴史教育

そのような土壌で生まれたのが、「収奪と抵抗」の歴史観である。日本の「収奪性」を強調し、朝鮮民衆はそれに「抵抗し続けた」という民族意識を基礎としており、この歴史観は国家イデオロギーを反映した産物である歴史教科書という形で具現化されている。

元外交官の松本厚治[35]は九〇年と九六年の国定教科書[36]を調査し、韓国の歴史教科書は、朝鮮民衆が日本の強大かつ邪悪な統治に抵抗し続けたというパルチザンの「物語」であるとした。その一方で、歴史的な事実、つまり植民地期の朝鮮社会の発展という不都合な事実や数字、例えば人口の激増、産業化、農業改革、法の支配、身分制・奴隷制の廃止、画期的な衛生の改善、公教育を通じての言語文化の基礎造成、日本人学者の学術的な業績、戦後に至っては法の継承、行政機構や制度の継承、生活文化の取り入れ方などを隠蔽し、代わりに長い頁を割いて日本の収奪性（「日本邪悪論」）を強調しているとした。

一見客観的に思えるこの指摘は、国定の歴史教科書を調査している点に留意が必要である。ナショナルアイデンティティーを育むことを目的とする国定の歴史教科書では、宗主国の精神的支配から脱却するための記述も、盛り込むべき内容の一つとなり得る。教科書の植民地に対する記述がアンバランスになるのは、植民地側として当然のことともいえる。強力に残る宗主国の痕跡を消しつつ民族意識を形成するための最短の道が、「日本邪悪論」は言いすぎにしても、「植民地暗黒論」を展開して、公的な記憶や認識を再構築することだからである。しかし、こうした公的記憶は世代が変わっても容易に変化するものではないだけに、植民地期から遥かに時代が下った二〇〇〇年代以降生まれの世代も、植民地主義のまとわりついた民族意識を持ち続けることになる。そのことが、未来の両国関係にどのような影響を及ぼすのかは、憂慮するところではある。

こうした歴史認識に対して疑問を呈する言説も韓国内から登場していることは、ある種の救いともいえる。金哲は『抵抗と絶望』（大月書店、二〇一五）で、「収奪と抵抗」の歴史は、植民地の記憶を民族の純粋性、連続性という神話のもとに封印し、究極的には植民地の恥辱と屈辱の記憶をきれいに「精算」、即ち「忘却」しようとする韓国社会の欲望を反映するものだと批判している。[37]

4　「親日派」批判

日本で暮らす韓国人留学生に向かって、「親日派ですね」と声を掛けたら気まずい表情をする人がいるかもしれない。一般名詞としての「친일파（親日派）」は、韓国語では「지일파（知日派）」と言い換えなければならない。近年はかなり緩くなった感があるが、「国」のイメージが連想される「日本が好き」という表現を不用意に公言できない社会的コードも存在する。

韓国社会における「親日派」は、植民地期に日本帝国主義に迎合した「売国奴」と同義の蔑称だからである。政治学者の木村幹は、韓国における「親日派」の意味について「〈日〉本帝国主義に〈親〉たる者」「日本帝国主義への協力者」[38]と述べている。

植民地朝鮮では、法律や社会制度、文化的価値観など、全てにおいて「日本的なもの」を受容しなければならなかった。そのため、役人や軍人といった支配階層に近いエリート、経済界や言論、学問、芸術の中心人物も皆「親日」的に振る舞った。彼らが異民族の支配に積極的に協力したというより、日本帝国に組み込まれる中で無意識的のうちに日本を模倣し、日本の枠組みを中心に思考し行動せざるを得なかったと見るべきである。当時の知識人を、「日本支配による奸計」や「意志の弱い民族反逆者」と安易に断罪できない理由がここにある。

しかし、日本帝国の一部として組み込まれて精神的に同化し、中には植民地主義の共犯者・加担者であった過去を持つ者も存在するが故に、その「忌まわしい歴史」に対する潔白性と純粋性を求め続けることになる。潔白性や純粋性への強迫観念や自己アイデンティティーの過度な確認も、植民地支配の後遺症といえる。日本文化や日本人に好意を抱いていても、気軽に「好き」とは言いにくい空気の存在は、単に「日本憎し」という反日感情ではないのである。韓国社会における「反日行動／反日感情」という表現には、留意が必要である。

これに対し、「親日」の対義語に当たる、「반일（反日）」は、日本政府や日本の政治家、一部保守論陣が植民地統治を肯定したり、自分たちの歴史認識に反する態度を示した時に確固たる批判の態度を見せることを指す。こうした態度は、アンチやヘイトを意味する「혐일（嫌日）」とは区別されている。

5　「女性の受難史」という物語

韓国では二〇〇〇年代以降、植民地主義に侵された自国のナショナリズムに対する覚醒を促す言説が登場するようになる。

韓国社会における植民地主義の根深さについて指摘したのが、植民地主義研究者である権明娥である。権明娥が注目したのは、「受難の歴史こそがわれわれの歴史」だと捉える民族意識であった。こうした民族意識こそ植民地支配の後遺症であり、韓国人はいまだ植民地主義に捕らわれた「奴隷状態」にあることを自覚して自らを再構築するべきだとした。[39]

受難史の中でも、権明娥は「女性の受難史」に注目した。[40]「女性の受難史」とは、伝統社会の女性の恨言説に見られるように、女性が暴力や抑圧などの苦難を被ってきた歴史を指し、このような「女性の受難史」の物語を民族の表象と捉えることである。

権明娥は「女性の受難史」の物語は、植民地期に作られた歴史的産物のみならず、解放後の近現代の大衆に向けた啓蒙の物語にも表れていると警鐘を鳴らした。例えば軍事独裁体制下では、国民統合のための「国史」や「国文学」で「女性の受難史」を再生産していたという。[41]

こうした状況を、権明娥は「強姦されて汚れて腐った子宮」という過激な言葉で表現している。自らを「女性の受難史」に例えてしまうのは、自己否定や侮蔑感、浄化に対する強い強迫観念、ヒステリー、不安の現れであるとした。[42]

「女性の受難史」の物語の具体例を見ていこう。

権明娥が代表例として挙げた一つは、柳寛順（一九〇二－二〇）をめぐる物語である。柳寛順は、三・一独立運動に積極的に参加し逮捕され、拷問を受けた末に一七歳で夭折した人物で、韓国人であれば誰もが知る「偉人」である。権は柳寛順を顕彰する文化は、自らの歴史を受難史として描き、民族のアイデンティティーを「受難者」という言葉で再現する行為だとした。[43]

また金素月の作品論で交わされた文学界での恨論が、高麗民謡やアリランなど過去の伝統文学や歌に遡って考察されていくところも、金素月作品に表象される「女性の受難史」の物語の再生産になっているという。[44]映画『西便制』（九三）も、「女性の受難史」を表象したものの一つであるとした。「得音」のために、あるいは自分に依存させるために、父ユボンが娘ソンファの視力を奪う場面が特に象徴的である。ユボンは死の間際、「芸事や美意識の厳しさを教えるために自分が毒を盛った」とソンファに暴露し、「恨に凝り固まった歌を歌わずに恨を超える歌を歌え」と遺言する。虐待され、一方的に願いを押し付けられたにも関わらず、ユボンを恨むどころかその志を継ごうとするソンファのけなげさ、美しさが強調されている。これらは「芸人の精神的高尚さ」「孝行娘のけなげさ」「筋を曲げない職人気質」「感傷的な道徳」という感情論にくるまれているものの、収奪する男性と抑圧される女性を描いた「女性の受難史」だという。[45]

権明娥の指摘以外にも、沈清伝など他者を救うために人身御供となる女性の物語も、また一つの「女性の受難史」の物語であるといえよう。さらに、昨今の日韓関係の懸案事項である「慰安婦」問題も、現代韓国を代表する「女性の受難史」の物語といえる。慰安婦問題が韓国社会で注目され始めたのは九〇年代からであるが、この慰安婦を取り巻く社会運動は国民の呼応によって、日本を巻き込む大きなうねりとなった。慰安婦問題への対応は、韓国社会における女性の人権問題への関心の高まりにのみ還元されがちだが、人権意識だけで理解するのは早急である。「女性の受難史」をナショナルヒストリーとして内面化してきた彼らからすると、「慰安婦」はあまりにも分かりやすい新たな「女性の受難史」の物語であった。だからこそ、慰安婦問題を「われわれの物語」として受け止め、運動を支え、アイコン化していったと見ることもできる。二〇二〇年、元慰安婦保護団体である正義連の前理事長らによる補助金横領事件発覚を境に、世間一般の運動に対する支持は薄れつつあるが、慰安婦運動が聖域化され、元慰安婦の発言が無謬視されるなど、批判や指摘が許されなかったのは、この問題が民族意識の次元で捉えられていたからこそでもある。

ここで思い出してほしいのは、既に検討した咸錫憲の『苦難の韓国民衆史』である。同著も「苦難」というキーワードから韓国史を考察し、「受難史の物語」を自己内省化したものである。朝鮮民族を「受難の女王[46]」というモチーフで語っている箇所もある。

三、ポスト恨時代の「韓国的なるもの」

『西便制』のヒットによって恨言説の国民的レベルの拡散というクライマックスを迎えた後、「恨の物語」は静かに終幕していく。恨の象徴とされたパンソリに関しては恨の情緒とは相反する「諧謔」や「興」の情緒が注目されるようになり、苦難を耐え忍ぶ「女性の受難史」は苦難を乗り越える女性の物語へと転換していく。植民地主義から生み出された「恨の文化」が、二〇〇〇年代以降にどのように形を変えていったかを見ていく。

恨から諧謔へ

二〇〇七年、林權澤監督は、記念すべき一〇〇本目の演出映画として『西便制』（一九九三）の続編である『千年鶴』（二〇〇七）を公開した。この映画の原作も『西便制』と同じく李清俊の小説『南道の人』で、血の繋がらない兄妹の愛を描き、シナリオや演出は前作を超えた出来映えであった[47]。だがマスコミや評論家の期待とともに封切られた同作の結果は全く違うものとなった。国民の共感を得られず、興行に失敗したのである。暴力的といえるまでの苦しみを女性主人公に与え、女性がただ甘受する「女性の受難史」の物語は、もはや通用しなくなっていた。

その一方で、近い時期に大反響を呼んだ映画がある。時代劇映画『王の男』（二〇〇五）である。この映画も『西便制』と同様に、前評判が決して高くない低予算映画であった。ところが、口コミで観客数がみるみる伸び、一〇〇〇万人を突破してしまったのである。一〇〇〇万人はメガヒット映画の動員数の基準で、当時の記録では『シルミド』（二〇〇三）に次ぐ韓国映画歴代二位の快挙であった。

朝鮮中期を背景にした『王の男』の主人公は、男寺党（남사당《ナムサダン》）と呼ばれる道化師集団を率いる賤民出身の男である。王を風刺し旅していた男寺党は、偶然にも宮廷に召し上げられ、王（燕山君）のお抱え道化師となる。公職者の横領や賄賂を茶化した彼らの道化は斬新で、遊び好きの王は喜び、男寺党の男を寵愛する。しかし、王のトラウマに触れたある日の道化に王が激怒し、男寺党の男は目を潰されてしまうというストーリーである。男寺党は現在にも受け継がれ、二〇〇九年にユネスコ無形文化遺産に登録された伝統芸能である。

偶然にも『西便制』と『王の男』には、芸人が目潰しに遭うという共通の展開があるが、多くの対比も起きている。主人公が女性から男性へ、パンソリの「恨」から男寺党の「諧謔」へといった箇所である。『西便制』の情緒は悲しみや諦念であったが、『王の男』の情緒には悲哀も見られるものの、物語のメインストリームは笑いや興で、『王の男』で展開される風刺は、時の政権や権力者に向けられた隠喩となっている。『王の男』のレビューには、「シンミョンのわくパフォーマンス」「笑いが訴える悲しみ」「新派の感動を無気力に酸化させる(48)」といった言葉が並んでいる。新派とは、ベタな設定と大げさな感情表現で、無理矢理泣かせる作品のことである。このように、『王の男』の観客は、「悲しみの感情だけがベースの作品はもう古い」と感じており、恨以外の情緒に興味を示しているのである(49)。

諧謔や風刺をモチーフにした作品は、その後エンターテイメント作品として多数制作されるようになり、ブラックコメディや社会風刺は『王の男』以後、韓国映画やドラマの作風の一つとなっていく。「恨の文化」の拡散以降、国民的情緒として新たに注目されたものの一つが、『王の男』の情緒でもあった「シンミョン」である。「シンミョン」とは興、面白い、楽しいといった感情を指し、恨とは対照を成すものとみなされている。

また、ポスト恨時代には女性が「受難史」を黙って甘受するのではなく、受難に立ち向かっていくことを良しとするようになった。韓国社会における慰安婦問題で見せる毅然とした態度や、文学や運動におけるフェミニズムの台頭も、受難を乗り越えようとする態度の表れと見ることができよう。

二節　「恨の文化」周辺における恨言説の広がり

前章までは「恨の文化」に関する言説を見てきたが、恨言説は「文化」以外の次元でも拡散していく。その一つが、「意識構造」として恨を考察したものである。「意識構造としての恨」言説は、日本人によって書かれた論稿に数多く登場しており、日本社会で広がりを見せている。ここではまず韓国人研究者や知識人による「意識構造としての恨」言説を整理する。またこの節では恨の同音異義語であるハン思想（Hanism）、精神医学から生まれた「火病」やエンタメ業界の中で見られる恨言説も併せて見ていく。

一、意識構造としての恨

1　金容雲の恨論：弱者のあきらめない心

金容雲（一九二七－二〇二〇）は日本で生まれ、一九四五－四七年に早稲田大学で学んだ後、アメリカで博士学位を取得した数学研究者である。米ウィスコンシン大学で教鞭をとった後、六九－九三年まで漢陽大学数学科で教えた。日韓両国の数学史比較研究など両民族の比較に関心を持ち、彼が韓国で出版した『韓国人と日本人―刀と筆の文化』（ソウル：プリキプンナム、一九八一）はベストセラーとなった。その他に、『韓国人と日本人―双対文化のプリズム』（サイマル出版会、一九八三）、『鎖国の汎パラダイム―日韓文化の異質性』（サイマル出版会、一九八四）、『日韓民族の原型』（サイマル出版会、一九八六）、『韓国人、大反省』（徳間書店、一九九三）などの比較文化本も手掛けている。

金容雲は『日韓の宗教意識と天理教』（天理教道友社、一九八五）の中で、恨について説明している。同著の冒頭では本題に入る前に、「民族性や国民性については宗教の場合と同様、どちらが優秀であるとか、またはどちらが悪いということなどはまったく意味のないことなのです。それよりも、お互いの生き方を愛情と理解心をもって見てゆくべき」だとし、「韓国は日本に侵略を受けることが少なくなかったので、お互いに先入観が入りやすい」とし、「どちらの民族も、自尊心を持って誇れることのできる立派な文化を創造してきている」とした(50)。「外から見る場合」に「不自然なことに見えるものがあれば、どうしてそうなったのかとその理由を考え、誤解のもとを正し、むしろこれからの私たちの生き方に何かいい考えがないか、という立場を取っていきたい(51)」としている。

金容雲の恨論で特筆すべきなのは、日本に恨の概念がないこととその理由を述べ、韓国で恨が生まれた背景を説明するとともに、韓国人の中にある「不条理」に対する対応や「傲気」といった「反骨精神」を指摘した点である。

「韓国人、または韓国文化の特性は〈恨〉を抜いては語れない」とし、「これこそ、韓国人の意識の核となるもの[52]」だとした。「同じ農耕民であり、人種的にも近い日本人と韓国人」の文化の違いは、「〈恨〉の有無で論じていくことさえできそう[53]」だとした上で、「〈自分の受けている苦しみや圧迫が、不当なものである〉という意識が前提にあって恨になる[54]」と説明した。「自分に負わされている不幸は不条理なのだという自覚」を持ち、「そのような感情が胸の中にうっせきしているのを抑鬱（억울《オグル》）という」と説明している。[55]こうした意識は、「コンプレックスみたいなもの」でもあるが、反骨精神にもなり得るとした。

そこで、日本人の言う「残念・無念」には「あきらめの心理が前提」にある反面、「恨はあきらめとは反対の心理現象」であるとし、「〈もう少し私の運命は良くてもいいはずだ〉というような自分に対する甘え」の感情が存在していることを指摘し[56]、日韓の身分制度の違いから考察を行っている。「韓国では、みんなが両班（＝貴族）なのです。……科挙、今様に言えば高級公務員試験に受かりさえすれば文班または武班に属することができた[57]」とし、日本人のように「自分の分をわきまえて百姓なら百姓、職人なら職人として仕事をまじめにコツコツやっていくことが、人間の生きがいを求めることだという思想がなく、それよりもむしろ偉くなって、できれば貴族にでもなるのが人間としての生きがい[58]」と考えたという。このような身分制度の違いによって、韓国では「可能性がある、少しの希望がもたされてきた社会だと思い込まされる[59]」とした。「長いものには巻かれろ」や「泣く子と地頭には勝てない」などのことわざを例に挙げ、日本では「きれいさっぱり忘れて、新しい事態に適応していく」ことの方が現実的で、「恨を持つことが返って苦しかった」

ために、日本人の意識の中には恨が作られなかったのではないかと分析している。[60]
このような反骨精神は、歴史の中で培われたものでもあることから、「不当な侵略・圧力に対する憎しみは強く、いくらがんばってもどうにもならないといった社会制度に対しては最後まで対抗することを美とし、善として受け入れている」[61]とした。恨の裏返しとして、「負けることを自認しない」、つまり負けん気を指す「傲気（오기《オギ》）」の存在や、[62]日韓の仇討ち物語を比較し、韓国では恨を晴らすことが正義と受け止められているとも述べている。

2　金烈圭の恨論：死生観としての恨

民俗学者であり恨研究をリードしてきた金烈圭は、死生観や倫理観としての恨論も展開している。日本で初めて出版された金烈圭の書籍は、『韓国人の心理－日本人が見落としている意識構造』（ごま書房、一九七八）であった。「韓国人の死生観」「韓国人の金銭観」「韓国人の対面意識」など、指向性や意識から韓国人を理解する構成になっている。恨については、「韓国人の宗教観」という項目で語っており、韓国と同じシャーマニズムの土壌のある日本や中国の宗教との決定的な違いは、怨恨意識の有無にあるとした。

怨恨は呪術的な黒い力になるものと思われている。黒い力というのはこの世に危害を及ぼす力という意味だ。その黒い力は災難を生み、疫病を生み、ときには戦争を引き起こすと信じられてきた。李朝時代の記録に、宮中の女中の怨恨のために干魃が続くと信じられていたため、干魃のひどかった時代には一時彼女たちを実家に帰らせた、という文章が残されているが、怨恨の力がどれほど恐れられていたかを示す例であろう。宗教が最終的に人間の救済を目的にしているのは明らかだが、韓国人の宗教意識の底にある怨恨の意識が、韓国の宗教を円満な人間関係、倫理的人間関係を回復させるための宗教にしているといえるだろう。今日、韓国人は怨恨を残さないように、人から怨まれないように神経をつかって生きている。自分の心の内部に沈んでいるこうした感情が、生活の倫理になっている限り、どんな宗教を持とうが、私たちは信仰からこの怨恨意識を消し去ることはできないであろう(63)。

怨恨意識とは、「怨みは災いのもととなる」ので、「怨みを抱えたまま死ぬこと」は良くないという考えのことである。これが、「人の怨みを買うな」「人にひどい仕打ちをすれば、それ以上の苦痛が返ってくる」という韓国人の倫理観につながっているという。

3　李圭泰の恨論：被害者意識・自虐・弱者への共感

前述した韓国文化論の執筆者である李圭泰は、一九九四年に韓国、翌年に日本で出版された『韓国人の情緒構造』（新潮社、一九九五）の「自虐と怨念を抱いた民族情緒」の章で意識構造としての恨論を展開している。李圭泰は、恨とは「心の中に傷をじっとしまっておく状態」だとして、「異見や不満があるとき」の東洋と西洋の対処法の差を例に挙げて、恨を説明した。例えば、韓国では父親や姑、教師がどんなに不当なことを言っても、その「不当さと錯誤と欺瞞に対して緊張を解消させる方法を取ってはならないために、それを従容として受け止めて〈恨〉として残存させる他ない」とした。家族や団体、職場のような、自分が所属する集団の利害に一致しない個人の意見も、「たとえそれが正当で正しくても、主張しないケースが多」く、「自己主張を集団意志の中に消滅」させてしまうが、この時にその挫折が「〈恨〉となって蓄積される」とした。韓国人がこのように振る舞うのは、「外向的な処理を不道徳とみなし、むしろ内向的な処理を美徳としていたため」であり、こうした「怨念の蓄積」が、韓国人の恨に「別の意味を派生させた」とした[64]。

李圭泰は恨から派生した意識や情緒について、次の三つを取り上げている。

一つ目は、「被害者意識」である。「欧米人の精神異常には加害妄想症が多いそうだが、韓国人は被害妄想症がとりわけ多いと言われる」とした。これは、「国民は官憲の被害者」や「野党は与党の被害者」といった立場が弱い側だけの意識ではなく、警察の取り締まりが強化された時に、「市民は警察の被害者」だと思い、家庭を省みずに徹夜勤務する「警察は市民の被害者」だと思うなど、双方が抱くケースも例として挙げている。さらに、「西洋人に原罪意識の傾向があるとすれば、韓国人には〈原恩〉意識が強い」とし、原恩意識の背景、つまり子を産み育てるという、これ以上ないほど尊いとされる「親の恩」の背後には、子育ての苦労話を子どもに話して聞かせるといった親側の「被害者意識」が見られるとした[65]。

二つ目は、恨を自虐で処理する「モラル・マゾヒズム」である。「怨念を外向的に発散するのに慣れない韓国人は自分のことを内向的に深化させて自虐でもって問題解決を試みる」とし、自殺統計を挙げ、女性の自殺未遂が多いのは「本気で死のうとする自殺ではなく、怨念と自虐的な解決を求める傾向の証明であり、自殺をその自虐の手段として借用したもの」だと説明している。韓国のある地方の口伝説話には、「母親の言うことを聞かないある放蕩息子がいたが、息子を心配するあまり母親が死んでしまうと、息子はようやく悔い改めて立派な人になった」というパターンが多いが、こうした説話は「モラル・マゾヒズム」でもって息子に罪悪感を持たせ、亡き母の望み通りの行動を取るよう促しているという[66]。

三つ目は、弱者に同情し共感する「弱者意識」である。韓国人は「恨みを抱いたまま死んだ人物を求心点として連帯感を覚え」てきたとし、怨霊信仰を例に挙げて、「〈恨〉を十分に体験した者と自分とを同一化して、その人物を崇拝したり、同情したりすることで、自分自身の恨の〈カタルシス〉を図」っているという。

さらに、「自分を弱者に格下げして〈恨〉を自分の中で処理する傾向」は、演説で自己卑下して共感を誘うといった行為にも頻繁に現れているとした。こうした「弱者に対する共感意識」には、「強者の暴走を隠然たるうちに制御する肯定的価値」がある反面、「感情が理性を圧倒する否定的な価値としても現れる」とした(67)。

4　崔吉城・真鍋祐子の恨論：公憤と烈士

日本語で書かれた恨に関する初の本格的な学術研究書は、巫俗研究者である崔吉城（一九四四－二〇二二）の『恨の人類学』（平河出版社、一九九四）である。同著は韓国で出版された『韓国人の恨』（ソウル：礼典社、一九九一）の翻訳版である。

崔吉城は人類学的な理論、調査を駆使して、ムーダンに対する差別、怨霊信仰、前近代社会における女性の恨、死と巫俗といった巫俗関連の論稿の他に、先祖供養や自殺、文学など幅広いテーマから恨に迫った。例えば、人類学の社会劇分析を応用して、恨の蓄積と表現の過程を考察している。人間関係において不当であると感じた時に呼び起こされる鬱屈した腹立たしい感情を、個人的な「私憤」と、抽象的で制度的な「公憤」とに分けて捉えた。これらの怒りは、反対給付でもって復讐しようとする感情を誘発するという。韓国巫俗は、こうした怒りを処理する役割を持ち、直接的・間接的に復讐を防ぐメカニズムとして作用しているとした。具体的には、怨恨の多い鬼神を媒介に、人々の強い復讐心や怨恨を和らげようとしたという。

崔吉城の社会劇理論や巫俗研究に刺激された、日本人による恨の社会学的研究も発表されている。真鍋祐子の『烈士の誕生－韓国の民衆運動における恨の力学』（平河出版社、一九九七）である。民主化闘争の渦中で倒れた犠牲者は「烈士」と呼ばれ、現在に至るまで大々的に祀られている。同著はこうした学生運動や労働運動などの「運動圏《ウンドンクォン》」での自死とその遺族の心理、民衆運動の力学を解明しようとしたものである。

真鍋は、全国民主化運動遺家族協会において烈士一号とされる全泰壱の焼身自殺を取り上げ、全泰壱が、母親や仲間たちによって殉教者に仕立て上げられていく様をイエスに例えた。そして、故人の遺志を継いだ者たちを民主化運動へと突き動かす力が「恨」の作用だと説明している。死者の無念と生者の中にある悲哀が「悲劇の集合的感覚」という「恨」を作り、その「解し」が「敗北意識、虚無感、諦念といったものの昇華」を経て「反乱のエネルギー」として展開していくとした。

真鍋はあとがきに、同著の執筆動機を記している。

今も忘れ難い一つの光景は、光州望月洞の五・一八墓域において、つい先ほどまでおどけていたはずの学生たちがいっせいに沈黙し、畏怖の面持ちでこうべを垂れる姿であった。私はそこに何やら立ち入ってはゆけない空気を感じながら、自分がこのような感覚を共有できない「外国人である」という現実に粛然とせざるをえなかった。(68)

韓国で共有されているこうした意識の源泉は、「〈孝〉の生命論」を基調とした「〈冤魂〉思想」にあり、「それに伴う時間および空間を超越した〈共生〉の感覚」にあると結論付けた。こうした感覚は、九〇年代の「示威文化」にも帰結するという。

二〇一〇年代以降の日本の嫌韓論には、「示威文化はルサンチマンとしての恨に基づく」という言説がある。恨は「強者をおとしめようとする弱者のひがみ根性」と捉えられたのである。しかし、崔吉城や真鍋の論稿が指摘した運動圏や示威行動における恨は、烈士やイエスのように「無念」を抱いた人物を媒介とする「公憤」および「悲劇の集合的感覚」のことを指している。巫俗神やイエス、運動圏の烈士・全泰壱、金芝河といった恨を抱くアイコンに共感することが運動の求心力となるという構造は、宗教的救済にも発展していく。

二、ハン思想（Hanism）と恨

ハン思想（Hanism）[69]は、韓国固有の思想として研究されているもう一つの「ハン」である。[70] 한《ハン》には固有語で「一つの・偉大な・中心」などの意味があり、ハングル（한글）のハン、三国時代の馬韓《マハン》・辰韓《チンハン》・弁《ピョン》韓《ハン》のハン、大韓帝国《テハンチェグク》・大韓民国《テハンミングク》のハンなど、民族にとって大事な場面やものにおいて多用されていることから、「ハン」の持つ思想的背景を探る研究が盛んになった。檀君神話や神羅の花郎徒などの歴史、東学や甑山教、圓仏教などの民族宗教、パンソリや文学などの伝統芸術から生活様式に至るまで、幅広く研究されている。[71]

このハン思想について韓国思想哲学者の小倉紀蔵は、ハン思想こそが民族の核心概念だとした。ハン思想は八〇年代に、シャーマニズムや東学などの「民衆文化」が注目されるようになる中で構築されていったナショナリズムの一表象であると説明している。[72] 恨研究よりも後に登場した概念とはいえ、ハン思想の方が韓国の民族意識をより表していというのである。

実は恨もハン思想も、ハングルでは同じ「한《ハン》」という表記であることから、混乱のもとになっている。しかし、そのことを逆手にとって、両者を一つのものとして捉えようとする試みも存在する。小倉紀蔵は論稿「朝鮮の美と時間意識」（二〇一〇(73)）で、恨とハン思想の両義を持たせた「ハン」という表記を採用している。また金慶珠は『恨の国・韓国―なぜ日韓は噛み合わないのか』（祥伝社、二〇一九）で、次のように述べている。

> 恨（ハン）と書いて、「うらみ」と読む。でも、それはあくまでも日本語での話。韓国語で「ハン（한）」とは「ひとつ」（one）を意味します。「完全なる統合体」。これこそがハンの真髄であり、ひとつであると同時に、すべてを意味する概念です。そして、この完全なるひとつとしてのハンが崩壊するとき、韓国人の心は、その混乱や挫折に対して複合的な思いを、もうひとつのハン（恨）へと転換させていくのです(74)。

ここで言及されている「ひとつ」や「完全なる統合体」という表現はハン思想の概念である。金慶珠はハン思想が崩壊すると恨になるという、二つのハンを一元化して解説しているが、恨とハン思想は『韓国哲学事典(75)』でも別項目で記載されている通り、韓国においては一般的にまったくの別物(76)と解釈される点には留意すべきだろう。

三、恨の学際的研究と社会心理学・精神医学的研究

1　恨の思想研究のその後

メインストリームであった恨の思想研究が下火になる一方、恨が民族固有の情緒としての実体性を得たことで、[77]恨研究は学際的な広がりを見せていった。

そのうちの一つに『恨の学際的研究』（ソウル：哲学と現実社、二〇〇四）がある。同著は韓国学術振興財団人文学育成課題「恨の構造分析を通してみた韓国人のアイデンティティー研究」を書籍化したもので、前述した論文集『恨のはなし』よりも学際的である。哲学者である金珍が中心となって、仏教、儒教、カトリック、プロテスタントにおける恨を紹介し、「恨のフェミニズム的理解」「韓国詩歌文化における恨」「恨の超克と和解様式としての女性映画」など哲学、宗教学、女性学、精神分析学、文学、映画批評など多岐にわたる学問領域[78]の論文が収録されている。序文には「恨に対する学術的研究は二〇世紀の植民地史観と事大主義を越え、韓国民族のアイデンティティーを持って二一世紀を迎えるために始めた研究である」「韓国人のアイデンティティー回復のために恨の構造研究を始めた……」といった記述があることから、新たな「アイデンティティー」創出を目指したようである。

2　社会心理学における恨の感情分析

心理学では、文化心理学というジャンルに恨に関する論稿が存在し、精神分析研究が行われている。文化心理学は、文化と人間の心理との相互影響関係を研究対象とする心理学の一分野である。恨の心理学的研究

は、中央大学心理学科の名誉教授で韓国心理学会会長（一九九五－九六）を務めた心理学者の崔祥鎭を中心に、九〇年代頃から進められるようになった。

文化心理学分野から紹介する次の二冊は、いずれも韓国人の心理的特徴の一つとして恨を取り上げており、八〇年代までの恨の本質論的言説研究とは違って、「現代韓国人にも恨の情緒はあるのか」という問いのもとに書かれている。

一冊目は崔祥鎭およびキム・ギボムの『文化心理学　現代韓国人の心理分析』（ソウル：知識産業社、二〇一一）である。同著の章「韓国人の民族的情緒、恨」で、韓国人の心理体系に着目して恨を解説した。韓国人の中で恨の状況とされる心理的経験を、恨ではなく別の言葉に置き換えるなら、「苦痛、欲求挫折、悲しみ、悲嘆、憎悪、不幸感」などになるという。恨がこうした多様な感情になり得るということは、「恨経験」とは、恨を誘発させる客観的事件よりも、恨を経験する人の心理的経験に依存していることを意味するとした。もし「韓国人には恨が多い」といえるとするのであれば、「恨の心理的経験体系が発達しているから」だとした。

韓国人の恨経験の心理体系について、貧しくて、無学で、差別待遇を受けているために恨があるというC大学の理事長を例に、次のように解明している。

苦痛、挫折、悲しみ、悲嘆、憎悪、後悔といった感情は恨を構成する原料となる感情であって、恨そのものではない。また、こうした感情は、同じ状況で外国人も感じ得る。ではどのようにしてこのような原料としての感情が、恨の経験と恨の感情に再創造されるのか。この解答は恨の漢字が持つ意味、つま

り「悔いる（뉘우침）」という言葉に見出すことができる。
恨経験の本質に対する理解と絡めて「悔いる」に含まれる二つの重要な意味要素は、「自分を振り返ること」と「悟る」という、自分に対する反省から自分に気付くというものだ。……恨経験は不幸な自分の身の上を悟ることから始まる。……貧しい、無学だ、差別待遇といった不幸が恨に発展するには、自分がこうした不幸を経て「自分の身の上を思うと恨めしい（서럽다）」とか「自分の今の立場を思うと恨めしくなる身の上」といった「恨めしい身の上（서러운 신세）」に対する自己認識が必要だ。[79]（強調引用者）

同じ境遇でも、恨経験の心理体系が旧世代よりも発達していない若者や子どもは自己表現に恨をほとんど用いないという実態が、恨には「不幸な自分の身の上を悟る」という自己認識が必要であることを裏付けているという。

「恨めしい」と「恨めしい身の上」とを区別して捉えたところも興味深い。「私は恨めしい」は自分の今の感情が「無念で悲しい」ことを指しており、自分に不幸を与えた存在にも向かい得る感情である。一方で「恨めしい身の上」は、「自分の身の上を思うと無念で悲しい」ということなので、「人から理不尽な扱いを受けたこと」そのものに目を向けているわけでない。「理不尽な扱いを受ける身の上の自分が、無念で悲しい」という感情を表出しているだけなのである。

こうした独特な心理体系の形成は、「韓国人は力が弱いがために、恨めしい思いをすることが多い[80]」という前提に基づいて起きたという。「力がないので理不尽な被害を被っても当事者に恨みを晴らしたり、不当な被害を回復しようとすることすらできない」ことが、火病のもとだとも説明している。登場する例えも興

味深い。韓国では、ＤＶ夫と離婚した出戻り娘を持つ母が、面と向かって婿を非難し立ち向かうことも、かといって娘を幸せにしてやることもできず、哀れな娘を持った自分の身の上を恨み悲しむ例がよくあると紹介されている。婿を恨むどころか、哀れな娘そのものでもなく、哀れな娘を持った自分の身の上を恨んで「何たる私の運命（아이고 내 팔자야）」と自らの胸を叩くシーンは、韓国ドラマなどでもよく目にする光景である。ただし、同著でも恨感情の心理体系から若者を除外しているように、こうした心理表現は、ドラマの中でも中高年女性に限られるようである。

このような社会心理学における恨分析は、哲学的・文学的に恨を考察した言説研究にはなかった新たな視点をもたらし、「なぜ韓国人だけが恨を抱くのか」という問いへの一つの解答ともなっている。

文化心理学における恨研究の二冊目として紹介するのは、ハン・ソンヨル、ハン・ミン他による『文化心理学　東洋人、西洋人、韓国人の心』（ソウル：学志社、二〇一五）[81]である。

参照したいのは、恨の現代的意味について記述している部分である。「最近の若い世代を代表とする今日の韓国人にとって、恨という感情が多く発見されないのは、第一に、大部分の人が恨の概念を情操的次元で使用しているから」だとした。映画『西便制』で接するような恨は、「普通の韓国人は学習していて知ってはいるが、現実的に経験する感情とは言い難い」としている。とはいえ、一般の人に恨が直接現れていないだけで、韓国社会はいまだに「差別や蔑視」による「不幸性欠乏」の恨を経験し続けているという。かつては、無念や怒りが自責や感傷を経て、諦念や無常といった性格として内在化したが、現代社会では無念や怒りを「外部に表出するようになった[82]」と指摘している。

また、現代的な恨の意味について「自己価値の否定の経験[83]」と関連付けて説明している。失敗や挫折からくる自己否定があまりに大きくて耐えられないために、韓国人はその感情の原因を自分自身の運命に向けることで、心理的負担を軽減させようとしているのだという。

さらに、恨の反対概念として、シンミョンについても考察している。

自分や自分が属す集団が否定的であったり肯定的でない状況に置かれたとき、人々は心理的に居心地が悪く感じる。自己価値感の損傷を意味する恨は、代表的な否定的情緒だ。そして、ある原因によってその状況が肯定的な方向に変化し、否定的状態にあった自己（あるいは集団）の価値感が回復したり再確認されることで、強烈な快感が発生する。それがシンミョンであり、このときに否定的状況から肯定的状況へと転換するいくつかのケースがシンミョンの類型に当てはまると見ることができる[84]。

「自己価値の損傷」が恨であるとするなら、シンミョンは「自己価値の回復」あるいは「自己価値の再確認」だとし、シンミョンを感情レベルで捉えて恨と対比したところが興味深い研究である。

3　精神医学における火病研究

恨と関連した精神疾患として取り上げられている疾患がある。火病（화병）である。韓国語では「ファッピョン／ファビョン」と発音する。

火病の研究は一九七〇年代から始まったが、最も整理されている日本語の論文は、上別府正信の「火病と恨―火病という研究対象の浮上と火病患者の語りを手がかりに[85]」（二〇〇八）である。ここでは上別府の研究を参考に、火病の概要と学説史、火病と恨の関連について見ていく。

火病についての最初の文献は、一七世紀の『朝鮮王朝実録』とされ、「病」として医療分野で扱われ始めたのは七〇年代からである。火病が注目されるようになったのは、八三年にアメリカ精神医学会で主に在米韓国人を対象とした臨床研究として発表されたLim KMの「火病：韓国の文化依存症候群」（原題Hwa-Byung: A Korean Culture-Bound Syndrome）以降からである。火病研究は国内よりも国外が先行しており、海外で注目されたものが逆輸入されるという過程を踏んでいる。

国内では七五年のキム・ヨンシクによる火病の農民調査研究が始まりで、七七年に医学者のイ・シヒョンが火病を韓国文化の特殊な精神疾患に位置付けた。イ・シヒョンの臨床研究によれば、火病は中年以降の女性や社会的・経済的な弱者、教育水準が低い階層に多く見られるという。また、火病の原因は家庭生活（夫や舅姑問題、家庭の貧困や家財の損失、過度な労働、子どもの教育問題）や社会的挫折、政治的不満などによる悩みや苦しみ、怒り、憎悪などに代表される感情反応にあるとした(86)。八〇年代以降は、閔聖吉などのグループが精神医学的アプローチで研究を進めている(87)。

精神科医の間でも、火病と恨の共通項が指摘されている。火病の火（화）が「怒り」を意味することから、火病の症状は「怒りやストレスを発散させること」、つまり「ヒステリー、癇癪」だと誤解されがちだが、実態は、「怒りやストレスを発散できない」ために発症する病、つまり「恨病」と捉えるべきだという(88)。

火病の原因としては「ストレス」が挙げられているが、現代社会においてストレスは万国共通のものであり、韓国特有の病の説明にはならない。そこで、韓国社会特有のストレスとして推察されるのが、人間関係上のストレスである。李圭泰は韓国人の意識構造について、自分が所属する家族や組織の中で、「自己主張を集団意志の中に消滅」させる傾向があり、それが「〈恨〉となって蓄積される」としている（五章二節一一三）。つまり、親子や夫婦、嫁と姑、上司と部下といった身近な人との関係性において、どちらか一方が「自己主張できずに自分の思いを溜め込み、かつそのストレスの吐き出し口がない」状況が、火病を発症させているというのである。「身近な人」との関係性の中で起きるため、火病を発症させた原因となる相手に対する感情は、必ずしも「恨み、憎しみ」だけとは限らない。

上別府は、キム・スンヨンが一九九八年から二〇〇〇年にかけての電話相談で収集した「火病患者の具体的な事例」から、四三歳の女性のケースを紹介している。

相談者は「夫は全知全能だ、夫は天だ」と思って結婚し、夫と子どものためだけに慎ましく暮らしてきたという。ところが自分が病気を患って入院するとき、夫から「入院しなくても良い病気、病院へ行っても何もならない」といった「衝撃的で致命的な言葉」が返ってきたため、夫に「人格的にひどく失望」し、「自身の結婚は失敗」だったと考えるようになったと語っている。自分が一番苦しい時に、入院代がもったいないと言って相談者の健康よりお金を優先するという「不当な待遇」を受けたために、夫を受け入れられなくなったという。その一方で、夫には「酒、博打、暴力などの問題行動」はなく、相談者の言葉からは夫への「愛を感じることもでき」、上別府は、火病を発症させた原因となる相手に対する感情には、「悲しみ、失望、怒り、後悔だけではなく、愛情や未練も内在していると考えるべき[89]」だとしている。

また火病も恨も概念が不明確であるため、幾つかの論争を生んでいる。恨の状況は火病の症状が出る前に見られるのか（火病の原因論）、後に見られるのか（火病の後遺症論）、また火病はそもそも韓国人特有の病なのかどうかという論争が、その代表的なものである。いずれにしても、恨と火病を結び付ける言説が見られるようになったのは、「恨の文化」研究が一段落して以降であることは強調しておきたい。

四、エンタメとしての恨（悲しい物語のドラマ、バラード）

「恨の文化」自体は「オワコン（流行の過ぎた終わったコンテンツ）」であるものの、エンターテインメント界では、悲しみの情緒という形で引き続き消費されている。ドラマや映画における「悲しい物語」や、大衆音楽における「バラード」、読者や視聴者投稿に見られる「悲しい事情（사연）」は、今でも多くの大衆の心をつかんでいる。

「悲しい物語」は、お涙頂戴の「新派」と通じるものであるが、より節制された表現にすることで、以前よりも洗練されたエンターテインメントとなっている。ドラマ「秋の童話」（二〇〇〇）は、出生の秘密、交通事故、血の繋がらない兄妹、不治の病などベタなストーリー展開ではあったが、悲運の愛という「悲しい情緒」が空前の大ヒットにつながった。この情緒をそのままに引き継いだのが、韓国ドラマの代表作である「冬のソナタ」（二〇〇二）である。若い男女が初雪に喜び、雪だるまを作って戯れるシーンなどは、純粋文学で描かれる情景のようでもある。その後、ドラマの演出・表現は飛躍的に向上し、死後の世界や恨霊、妖怪が登場するファンタジー、社会から見捨てられたアウトサイダーを描いたヒューマンドラマなどジャンルも多様化しているが、「悲しい物語」は現在でも愛されるジャンルの一つである。

バラードは、大衆歌謡の中で確固たる地位を保持してきた。韓国バラードの父といわれる柳在夏（一九六二－一九八七）は、クラシックのバックグラウンドを持つシンガーソングライターで、若干二五歳で交通事故死した天才という「悲しい事情」も、彼を特別な存在にしている。名曲「愛しているから（사랑하기 때문에）」を収録した、彼の遺した生涯唯一のアルバム（八七）は、韓国バラードの歴史を塗り替えたといわれ、

現在まで続く韓国バラードジャンルの起源ともされている。

バラードの皇帝シン・スンフン（一九六六－）、バラードの貴公子チョ・ソンモ（一九七七－）、バラードの皇太子ソン・シギョン（一九七九－）の他にも、ペク・チヨン（一九七六－）、パク・ヒョシン（一九八一－）、Ｇｕｍｍｙ（一九八一－）、Ａｉｌｅｅ（一九八九－）など、各世代に名バラーダーが存在するのも、韓国社会においてバラードが愛され続けていることを如実に物語っている。

ダンスやヒップホップアイドルの時代に突入した〇〇年代以降、バラードは歌謡界の中心の座を譲った。だが、それから二〇年以上を経た今でも、「悲しみ」が伝わる唱法や音楽性に加えて、歌詞にも別れや苦しみなどの「悲しい事情」を盛り込みながらドラマや映画のサウンドトラックの舞台で引き続き活躍している。

ただ、これだけ悲しみを促進する商品が多いと、消費者側も「悲しみ消費」に目が肥え、物語におけるベタな悲しみの表現や、似たようなバラードの量産は、「安易な新派」として作品の評価を低下させる要因ともなっている。映像作品の世界では、恨というと、過去の遺物のような古臭いイメージがあり、現代ものでは、若者のセリフに用られることはほぼなくなっている。

三節　日本の嫌韓論における恨言説

一、日本で韓国文化論の輸入が始まった時代背景

1　八〇年代から〇〇年代までの日本での韓国文化論

日本において韓国を文化面でも知ろうとする動きは、八七年の民主化達成、八八年のソウル五輪に呼応する形で始まった。ソウル五輪の誘致が八一年に決定すると、八四年にはＮＨＫハングル講座が開始した。民主化達成後には、軍事政権期の「独裁」「暗黒」「貧困」という対韓認識に変化が起き、「政治」「人権」といった小難しいテーマ以外にも、旅行や料理など隣国の文化や日常に関心を示すようになり、第一次韓国ブームと呼べる社会現象に発展した。カジュアルなルポタージュである、関川夏央の『ソウルの練習問題－異文化への透視ノート』（新潮社、一九八四）がよく読まれたことは、等身大の韓国を理解したい欲求を表している。

八〇年代の韓国文化論を主導したのは、国文学者の李御寧や民俗学者の金烈圭、数学者の金容雲、大手新聞の論説委員である李圭泰などで、彼らの韓国文化論が同時代に日本でも紹介された。この時期の「韓国文化論本」の相次ぐ出版が、日本における「韓国文化＝恨」という言説の始まりである。

総務省の調査によれば、日本人の韓国に対する親近感は八〇年代から徐々に高まっており、二〇〇〇年には五割以上の国民が韓国に対して親近感を持つに至っている。令和二年度の調査（三四・九％）[90]と比べてもかなり高い数値である。この時期は二〇〇二年日韓ワールドカップ共催を目前に控えていたため、「韓国と

仲良くしなければ」という社会的な圧力が働き、テレビで韓国特集が組まれ韓国関連の新書が発行されるなど、マスコミがこぞって韓国を取り上げた結果であろう。『Newsweek 日本版』（二〇〇一年五月一六日号）の巻頭特集「韓国をうらやむ日本人―エステから経済改革までかつて軽んじた国に憧れる理由」、『日経トレンディ』（二〇〇一年九月号）の特集「韓国人気で分かる日本が失ったもの」などは、韓国社会から何かを学び取ろうとする初めての動きであった。この現象について小倉紀蔵は、「ルックコリア」現象と呼んでいる。(91)

二〇〇〇年代には、表面的な隣国理解だけではなく、「見えない文化」にも関心が広がった。川村湊編『思想読本（六）韓国』（作品社、二〇〇二）が代表的である。「思想読本」シリーズは、ヘーゲルやマルクス、ポストコロニアリズムなどの哲学や思想を取り上げてきた初学者向けの入門書で、シリーズ六冊目となる『韓国』は、「思想」として韓国を捉えようとする画期的な書籍であった。韓国の民主化以降、日本人にとっての興味はサブカルチャーや生活文化、グルメといった日常の延長に留まり、日本をリードする知識人は戦後一貫して韓国に関心を持ってこなかったが、そこに変化の兆候が見られたことになる。

こういった社会背景のもと、ニューカマーや日本人による第二世代の恨言説が生成され、日本の新聞にも「恨《ハン》」という言葉が登場するようになった。

2　日本人による韓国文化論と恨

日本人による恨言説の始まりは、日本に本格的な韓国研究者が登場する以前にまで遡る。ＳＦ・ノンフィクション作家の豊田有恒『日本人と韓国人ここが大違い』（文藝春秋、一九八五）は、恨について次のように説明している。

韓国人は、ここが違う。まず、我慢をしない。なんでもストレートに行動に表す。したがって、抗議、デモ、反政府言論、直接行動などを手控えることはない。ありとあらゆる手段に訴えても、うまくいかないとなると、その感情は、しだいに沈静してくる。沈静しても、なくなるわけではないから、心の奥底に澱（おり）となって残る。巧く説明できないが、あきらめの境地で、しかも、まだ釈然としないといった状態だろう。……ふだん、この感情は表面に現れないが、なにかの外的刺激で、意識の表層部に浮上してくることがある。ストレートに吐き出され、エネルギーを使いつくしてしまうと、また沈静する。反日感情は、まさに、この恨（ハン）の世界にある。[92]

「心の澱」は李御寧の恨言説（解けない恨）などに、「エネルギー」は金芝河の恨言説（闘争のエネルギーとしての恨）などに通じるが、韓国の恨言説と違うのは、「反日感情」がまさに恨だと指摘した点である。反日感情と恨を絡める言説は、日本でのみ見られ、二〇一〇年代以降の嫌韓論でより顕著になる。

恨の解決としての「行動」や、普段は沈静化しているが何らかの「刺激」により「吐き出す」としたところは、文淳太（四章二節）の捉え方と似ている。ただし、文淳太がポジティブな「解し」として「行動」を提示したのに対して、豊田の恨言説ではネガティブな「怨恨」の表れとして「行動」を捉えている。そして「怨恨」をすぐに「行動」として表し、「行動」をもってしても解決が見られず諦める状態を「情恨」とした。このように豊田の理解は、恨と「解し（行動）」のメカニズムをあべこべにすることで、恨の「悲しみや苦しみ」の感情がまるで感じられず、解決のための積極的な「行動」であるはずの「解し」が「駄々」や「わがまま」のように感じさせている。

外交評論家の加瀬英明の『「恨」の韓国人「畏まる」日本人』（講談社、一九八八）では、恨がより具体的に解説されている。恨は韓国固有のもので、日本語の「うらみ」とは異なり、内に向けられ、激しい自責の情念から生まれ、英語に訳すと「フラストレーション（満たされない欲求）」であるが、自分を滅ぼしかねないそれよりも遥かに強い「うらみ」であるとした。

加瀬はさらに自分が無力であるために、どうしても果たしたいと思っていたのに果たせなかったうらみが、内面に鬱積してこもったのが恨であり、この恨こそが韓国人のエネルギーの源で、六〇年代以降の経済成長（恨晴らし）は恨によってもたらされたと説明した。(93) 加瀬の恨論には、「忠臣蔵」の怨念論が登場し、李御寧の恨論を参照したことがうかがえる。恨とエネルギーを関連付ける解説では金芝河を連想させる。ただ金芝河は力の矛先を民主化闘争に向けていたが、ここでは経済成長の原動力としてのみ説明している。

九〇年代に、日本語で書かれた韓国文化論でベストセラーとなったのが、呉善花（一九五六－）の『スカートの風』シリーズ（三交社、後に角川文庫）である。呉善花は八三年に渡日してきたニューカマーで、東京外国語大学大学院（英米地域研究）修了後は通訳翻訳業に携わり、日本に帰化している。九〇年にシリーズ一冊目を執筆しており、二〇一〇年前後からは日本の嫌韓言論人を代表する一人として、多くの「嫌韓本」を執筆している。

呉善花の恨論の論調は、九〇年代と二〇一〇年代とで大きく異なるが、まずは九〇年代について概観する。呉が恨について記しているのは、『続スカートの風　恨を楽しむ人々』（一九九一）の「恨を楽しむ人々　韓国人の情緒と反日感情の実際」、『新スカートの風　日韓＝合わせ鏡の世界』（一九九二）の「〈恨〉と〈もののあわれ〉」、『ワサビと唐辛子　恨の国・韓国から見た「受け身文化」の国・日本』（祥伝社、一九九五）

の「もののあわれと恨」の三本である。『ワサビと唐辛子』は『新スカートの風』と内容が重なるため、ここでは『スカートの風』シリーズの二冊を取り上げることにする。

呉は『続スカートの風』（九一）で次のように恨を語っている。

韓国人にとって生きることそのものが恨である。……自分が強く願っていることを達成できるならば、死んだ後には恨がなくなるという。自分の願いが達成できないとき、自分の無能力が恨になることがある。そこでは恨の対象は具体的に何かというのははっきりしないのが特徴だ。(94)

恨はどちらかというと未来への希望のために持ち出されるものであるため、「～すれば恨がなくなるだろう」という未来形を使った言い方をよくする。……将来の人生へ向けての願望の意味で使う。だから恨があること、恨みを持っていることは、悪いことではない。恨があるからこそ未来への希望が持てる。(95)

呉は恨を「悪いことではない」とポジティブに捉え、よく使われる言い回しを例に挙げている。こうした生活に密着した恨については本書の新聞調査でも確認したが、日本では呉以外に触れている論者がほとんどいない。

続編の『新スカートの風』（九二）では、「もののあわれ」と比較し(96)、以前よりも観念的に恨の概念を提示している。恨は、人間ならば誰もが抱え込みうる不完全さや欠如の感覚から発しており、その限りでは「もののあわれ」とよく似た心情だという。しかし、恨ではそうした弱さを否定的に捉えて解消へ向かおうとする一方、「もののあわれ」は内面の弱さを肯定し、抱え込んだまま生きようとしているとした。さらに、次のように語っている。

恨は単なるうらみの情ではなく、達成したいこと、達成すべきことができない自分の内部に生まれる、ある種の「くやしさ」に発している。それが具体的な対象を持たない時は自分に対する嘆きとして表され、具体的な対象を持つとそれがうらみとして表されるのだといって良いように思う。そして、さらに重要なことは、そうした恨を解いてゆくことが美徳ともされ、美意識ともなる、ということである。(97)

この記述には、「嘆き」「うらみ」「解し」という一連の恨言説が並んでいるが、恨の原因を「達成したいこと、達成すべきことができない自分」とすることで、亡国や分断、構造的な差別、死といった韓国における恨言説の総体的背景が見えなくなり、「かなえたい夢や願望」のような個人次元のものだけをイメージしやすい記述になっている。

次に紹介するのは通信社記者の粟村良一がソウル駐在中の体験をもとに執筆した『「恨の国」見聞録　現代ソウル一六景』（共同通信社、一九九五）である。現代政治、説話、歴史認識、地域感情など様々なトピックを扱い、韓国人の奥底、感性の内懐に恨が潜んでいるとした。あとがきでは「情が多く、涙が多い」彼らの心情の深層に思いをめぐらしつつ書いた結果、様々な場面で「恨＝悲しみの涙」の風景が浮かび上がったとしている。(98)

韓国人はよく自分たちのことを「情の多い民族、涙の多い民族、恨の多い民族」と言う。ここまでの多難な歴史をかいくぐる中で、そういう民族的な性格が形作られてきたのだろう。離散家族を招待した秋夕の望郷の歌番組の司会者が語った通り、韓国人は涙と恨の多い民族だ。韓国人の恨とは「悲しみの涙」のことだ。それは怨みや怨念のように自分の外の他人に向けられた思いではなく、自分の胸のうちに沈んで積もる情のかけらのことだ。自分の「悲しみの涙」を晴らすこと、つまり自分のかなえられなかった夢を実現することでしかその恨を晴らすことができない。離散家族にとっての恨は引き裂かれた肉親と再会し、ともに暮らすことができたときに初めて解くことができるのだ。その日まで、分断された恨＝「悲しみの涙」は南北の住民の心のうちに降り積もることをやめないだろう。(99)

また、韓国人の心情の核心である恨の物語の例として、伝統説話の「沈清伝」を取り上げ、恨は日本人が考えがちな怨恨や恨み辛みの感情とは異なるとしている。主人公の孝行娘・沈清の恨は、怨念のように自分の外の人に向けられた思いではなく、自分の胸のうちに潜んで積もる情のかけら、つまり「悲しい涙(100)」のことだと語る。他人に対する怨恨や復讐とは無縁の「自分がどう救済されるか」を主題とした、個人内で完結して解決されるべき心情(101)だとした。

韓国の恨言説にもしばしば登場する「沈清」や「春香」などの説話以外に、通信社記者ならではの視点で、現代史や時事ネタからも恨を見出している。「離散家族と亡命者の恨」「民族抹殺の歴史への恨」「南北分断五〇年の恨」などを取り上げ、「朴正熙元大統領の貧しさに対する恨は〈漢江の奇跡〉という経済建設で貧しさを追放したときに、初めて解かれた」と述べたり、「朴正熙元大統領のライバルであった金大中や北朝鮮のスパイの金賢姫の不幸な境遇や生涯」も恨だとしたりした。

二、日本発の恨言説：儒教的意識構造としての恨

日本人研究者として初めて、思想・哲学的アプローチで恨について言及したのは、韓国朝鮮思想を専門とする古田博司である。古田から一〇年ほど遅れて小倉紀蔵が続く。古田は『悲しさに笑う韓国人』（人間の科学社、一九八六）や『朝鮮民族を読み解く』（筑摩書房、一九九五）、小倉は『韓国は一個の哲学である』（講談社、一九九八）や『心で知る韓国』（岩波書店、二〇〇五）において、儒教社会や儒教思想の観点から恨について言及している。

1　古田博司の「儒教的意識構造としての恨」：永遠に継承、下層階級の不満

古田博司（一九五三―）は、日本における韓国思想研究の第一人者的存在である。古田の『朝鮮民族を読み解く』（九五）によれば、同著は八〇年から八六年まで大学院に通う傍ら日本語講師としてソウルに滞在した時の実体験と、大量の読書から得た知識をもとに、既存の韓国言説に対する反省のスタンスで書いたという。

古田のスタンスの一つは、「既存の倫理観やイデオロギー」の色眼鏡で韓国を見ないことであった。北朝鮮を「地上の楽園」と礼讃し、韓国を「暗黒の独裁」とおとしめる、あるいはその逆など、イデオロギーに偏らない言説を目指した。もう一つは、「過去の〈負い目〉」に捕らわれ、本音を言えない風土を壊そうとしたことである。日本の「良心的知識人」の韓国言説は「単なるカタルシス」であったとし、あえて言いにくいことも書いたという。古田自身も、『朝鮮民族を読み解く（再発刊版）』（〇五）で、「筆は相変わらず厳し

く辛辣なのだが、それを覆って余りある愛情がある」と振り返っている[102]。

古田は『悲しさに笑う韓国人』（八六）の「この不可思議な情念・韓国人の〈恨〉」で、文人・政治家を頂点とするピラミッド社会の朝鮮と左官屋や大工など分野別に頂点を持つ日本、身分の上下が可能な朝鮮と身分が固定化された西洋など、朝鮮社会を他国と比較した上で、解放後は「上昇の可能性」が高まった分だけ、一点しかない頂点を目指す、ますます「上昇志向の強い社会」になったことを指摘し、次のように恨を説明した。

こうした社会では階級上昇に成功し、宗族のために名を成し功を遂げることがすべての人々の願いとなる。逆にいえば、貧しく名がないことは屈辱であり、はなはだ不名誉なことになる。この無念を韓国語で「恨」という。字は恨みだが恨みではない。他人を恨むのではなく、自己の果たせなかった願い、その無念さを「恨」というのである[103]。

李御寧の恨言説についても具体的に名指しし、恨は「実はそんなに美しいものではない」とし、「美意識というよりは意識構造[104]」だとした。というのも、「果たせなかった夢を子に託す」ことは人類に普遍的だが、「労働職種をはなはだしく見下し」、「現在の分に決して安じない」、「解消されるまで果てしなく継承」されるのが恨だからだとした。かなわぬ恨は子や孫に「継承される[105]」とするなど、儒教的血族主義と絡めて恨を語ろうとするのは、その後の日本で多く見られる恨言説である。古田は恨を儒教と結び付け、個人レベルでは階級上昇として、国家レベルでは国家的ステータス上昇にフォーカスして恨を捉えた。

呉善花もそうであったが、こうした恨言説は、日常的な言葉遣いとしての恨が、全ての恨をカバーするかのような拡大解釈にも思える。恨を上昇願望と結び付けることによって「貧困の恨」や「無学の恨」は説明できるとしても、あくまで韓国社会が捉えていた恨の一部を切り取ったものに過ぎない。しかも、「解消されるまで果てしなく継承される」という部分は「恨みを晴らすまで果てしなく恨む」に読み替えられやすい。現に、日本では「韓国は日本を永遠に恨む」という恨言説が確固たる地位を築いている。こうした言説がもっともらしく聞こえるのも、古田が、恨を儒教と結び付けたことが影響していると考えている。「儒教的意識構造としての恨」言説が、日本の恨言説の基層を作っているといっても過言でない。

古田は、『朝鮮民族を読み解く』（九五）の五章「理気の世界」でも、儒教道徳について解説する中で恨論を展開している。ここで、古田は「様々な解釈があるが、筆者から言わせればそれは、〈伝統的規範から見て責任を他者に押し付けられない状況の下で、階序型秩序で下位に置かれた不満の累積とその解消願望〉[106]」だと恨の定義を明確にした。この恨の定義は、二〇二二年七月現在の日本語版「ウィキペディア[107]」の「恨」にも掲載されており、二〇一〇年以降に登場する嫌韓派の恨言説に多大な影響を及ぼすことになる。さらには、恨と関連する精神科の症例として、早々に火病について言及した[108]。九〇年代中盤の韓国国内には火病と恨の関連性を指摘する研究がまだ少なかったにも関わらずである。

『悲しさに笑う韓国人』（八六）では「ステータス上昇」という願望の側面が論じられたのに対して、『朝鮮民族を読み解く』（九五）では、恨が願望ではなく「不満の累積」というネガティブなものに収斂されている。古田が恨の定義の中で「伝統的規範」と呼んだのは、儒教道徳のことである。「掃除夫の父を恥じている不孝者の自分はゆるされず、孝子たるもの母の幼少時の自殺で父を責めることなどできない」など、「儒教道徳の呪縛からくる生きづらさ」から精神的に病む症例を挙げ、恨と絡めて説明した。

古田が使用した「階序型秩序」という語を用いた恨言説は韓国に存在しないが、類似の表現があるかを確かめるために八〇年代までの文献を参考にした『韓国民族文化大百科事典』の項目「恨」の記述を確認しておく。見出し「韓国人の恨」を見ると、「不安と萎縮の歴史」「儒教思想による階層意識」「男尊女卑思想による女恨」「加虐的士大夫による被虐的民衆の恨」「高麗創建時に旧百済の人材を登用しなかったことからくる恨」「継母と継子、義兄弟間、隣人とのいさかいなど個人間の恨」などが恨の発生原因として列挙されているが、やはり「階序型秩序」という単語は見られない。

また、韓国の恨言説で、古田の定義した「階序型秩序」に類似する「儒教的秩序」と関連付けて語られていたのは主に女性であった。「男尊女卑思想による女恨」がそれに該当する。さらに賤民や奴婢の恨である「儒教思想による階層意識」や、収奪によって生まれた貧富の差という「加虐的士大夫による被虐的民衆の恨」も「儒教的秩序」に含められるかもしれない。しかし、それ以外の発生原因は「儒教的秩序」とは関係がなく、古田の解釈は一部を切り取ったものといえる。

『韓国民族文化大百科事典』では発生した恨の「解し／解き」についても触れており、「民間信仰、民謡やパンソリ、宗教、意志的行動」によって恨を解くことは、諦念からくる無力感、鬱、暴力の誘発を止揚する新たな道であり、恨解きの中でも「諧謔」に注目すべきだとしている[109]。だが、古田の恨言説からは、「解し／解き」の言説がすっぽりと抜け落ちている。

古田の恨言説が、その後の日本の恨言説に与えた影響は大きい。恨を「上昇願望」の文脈とつなげることで、「階序型秩序・儒教的秩序」が個人の階級または国家の国際的ステータスに読み替えられ、恨は「階級が低い者や国際的ステータスが低い国の不満」と読み取られかねない。「責任を他者に押し付けられない」

という表現も、「本来は責任を他者に押し付けたい」、つまり階級・国際的ステータスの低さの責任転嫁の願望があることをにおわせてしまっている。

2　小倉紀蔵の「儒教的意識構造としての恨」：あるべき姿・場所へのあこがれ

小倉紀蔵（一九五九－）は『韓国は一個の哲学である』（九八）や『心で知る、韓国』（〇五）で、朱子学の理気論を用い、韓国における思想や事象を解説した。古田の『朝鮮民族を読み解く』（九五）にあった「理気の世界」の章を詳述したものともいえる。

小倉の恨論も、儒教社会であることをベースに意識構造として恨を解説した点では、古田の恨論の延長線上にある言説である。ただし、李御寧の願恨論や「恨とうらみ」、金烈圭の「白い恨と黒い恨」、任軒永や文淳太の「情恨と怨恨の二要素としての恨」など、韓国での言説をより引用した解説となっている。例えば、韓国人の復讐心と嫉妬心は強く、恨は復讐を伴う恨みとは異なるという主張は誤りだという小倉の指摘[110]は、李御寧の「恨とうらみ」を念頭に置いたものであろう。「両親が子どもには同じ苦しみを絶対に味わわせてはならないとする。こうした恨が韓国では社会的エネルギーとして肯定的、建設的に機能してきた[111]」というのは、金烈圭の「白い恨」の説明を用い、恨の肯定的性格を述べている部分である。

「辛辣」と自称した古田の表現を、柔らかくニュートラルに言い換えたのが小倉の恨言説ともいえる。「ステータス上昇」を「あるべき姿・場所へのあこがれ[112]」に、「不満」を「あこがれが何らかの障害によって挫折させられたという悲しみ・無念・わだかまり・つらみの思い[113]」に言い換えている。

古田と小倉はともに、恨を儒教社会から説明しようとしており、儒教システムの中でも、流動的な身分制度、一点頂点型社会を取り上げた。

韓国にも、儒教的秩序で下位に置かれた「女性の恨」を語る恨言説は数多く存在する。その意味で、恨は「階序型秩序で下位の者の不満」という指摘は韓国での恨言説の延長線上にあるといえる。しかし、現代社会の上昇志向と恨とを関連付けた言説は、これまで本書で見てきた恨言説には登場しない日本独自のものである。「ステータス上昇」と近接する言説としては、新聞調査で「無学の恨」が見られた程度である。

日本の恨言説は、現代韓国人や韓国社会を理解するために恨を用いたことで、韓国で作られた恨言説とは、一部の用語を共通させながらも、異質なものとなっている。異質さを生んだ最大の要因は、儒教社会と恨とを強力に結び付けたからである。

三、日本の嫌韓論における恨言説：恨バッシング

ここからは日本の嫌韓論における恨言説を検討していくが、本論に先立ち、嫌韓論の台頭について概説しておく。ドラマ「冬のソナタ」の大ヒットに端を発する「韓流ブーム」の反動で、『マンガ嫌韓流』（普遊社、二〇〇五）がベストセラーとなったのが、二〇〇〇年代の「嫌韓ブーム」の始まりである。賛否両論ありながらも、同漫画の続編（〇六–〇九）が出版され、これを皮切りに、出版メディアの「嫌韓ブーム」へと突入していった[114]。嫌韓に加えて嫌中や反朝日新聞を掲げる右派オピニオン雑誌『WILL』（二〇〇四–）や『月刊Hanada』（二〇一七–）が創刊された。

二〇一二年の李明博大統領の竹島上陸が、日本社会での嫌韓ムードを急拡大させた。嫌韓本や嫌韓記事が一気に増え、二〇一四年頃には書店で「嫌韓コーナー」が目に付くようになる。総務省調査による「日本人

の韓国に対する親近感調査」の親近感度も、二〇一二年を境に低下した。市川孝一は嫌韓本の主要テーマを①反日（反日的態度）②小中華主義・事大主義③ケンチャナヨ精神④安全意識の欠如⑤ウリジナル信仰⑥遵法（順法）精神を欠く：OINK⑦司法の暴走⑧根強い優越感とコンプレックス⑨整形大国の九つにまとめているが[115]、ここでは恨と絡む言説に注目して嫌韓論を考察する。

1　井沢元彦の恨言説

嫌韓と恨が絡むようになった時期は、実はさらに遡ることができる。嫌韓感情と恨を絡めた最初の言説としては、作家・井沢元彦の小説『恨の法定』（日本経済新聞社、一九九一）がある[116]。

井沢元彦（一九五四－）は元テレビ記者のミステリー作家で、とりわけ歴史ミステリーを得意としている。『猿丸幻視行』（一九八〇）で江戸川乱歩賞を受賞し、日本史・世界史分野のノンフィクションも数多く著している。中でも二〇二二年現在も連載が続く『逆説の日本史』は大人気シリーズである。韓国関連では、嫌韓派・藤岡信勝との共著『NOといえる教科書　真実の日韓関係史』（祥伝社、一九九八）や、呉善花との共著『困った韓国の急所』（祥伝社新書、二〇一三）などがある。

『恨の法定』（九一）は、日韓両国の分かり合えない歴史論争を描いたSFミステリー小説である。裁判長には古代の中国神である天帝、立会人は朝鮮建国の始祖檀君と日本の聖徳太子、証人には日韓両国から親鸞、道元、上杉鷹山、李退渓、金春秋などの歴史上の人物が登場し、裁判が展開していく。ストーリーは、韓国においてステレオタイプ的に語られていた「日本には文化がない」「歴史における全ての過ちは日本の植民地支配（日帝三六年）にあり、日本が誠意ある謝罪と対応をしない」という韓国側の主張を日本が論破し、日本の主張を韓国に飲み込ませて和解するというものである。日本側の登場人物が知性に満ち論理的である一方、韓国側の人物はモラルが欠如し感情的で[117]、日本側による一方的な啓蒙教化の様子が描かれている。井沢はあとがきで、日韓は「どうしてこんなに仲が悪いのか」について、自身の考えを簡潔に述べている。日韓関係が複雑化している原因は、韓国人が陥る「朝鮮文化の絶対化」にあり、同著はその見解に対して反論し、「朝鮮文化の相対化と解析」に挑戦した作品なのだという[118]。

次の引用では、「儒教の弊害」がいかに深刻であったかを述べ、「外国の文化や言葉や考え方まで強要させるぐらいの干渉」がなければ朝鮮は近代化できなかったとしている。

だから近代化できたのです。つまり堅牢で、独力では破壊不可能な「保守」部分を外国がこわしてくれた。だからあとはスムーズにいった。儒教の中の近代化を阻害する部分、つまり極端な保守主義、労働や技術の蔑視が消された。もっとも組織への忠誠とか礼儀とか、近代化に矛盾しない部分は残り、むしろその国の発展に寄与した。だから、この部分だけに注目して、儒教精神が近代化を促進したなどという学者がいまもいる。しかし、それはまちがいで、確かにプラスにはなったが、近代化の根本要因は外国の干渉にあります。それもなまじっかなものではダメで、その外国の文化や言葉や考え方まで強要させるぐらいの干渉でないと、儒教体制を突き崩すことはできないのです[119]。

ここからは井沢の恨論について考察していきたい。実は恨という言葉は小説の題名以外には登場しない。それにも関わらず、なぜ題名に恨という言葉を採用したのかについて、後に井沢は「少なくても韓国では〈恨〉というものがエネルギーの根源になっている。日本だと悔恨とか、否定的に使われていて、その一字を取ってみても、捉え方は水と油。そこで両国の〈誤解〉の象徴として使った[120]」と回顧している。

さらに後年、井沢は、恨をよりネガティブに捉え、「国内においても国王や貴族など上流階級は徹底的に庶民を絞り上げた。圧政に苦しんだ庶民も、やり場のない怒りをそうした生きるエネルギーに変換させるしかなかった。このような〈恨み辛みや不満を、生きるエネルギーに転換した状態〉を〈恨（ハン）〉という」[121]と定義する。この定義は、金芝河の恨論と重なるにも関わらず、独裁政権下での圧政のことには触れておらず、朝鮮時代における庶民の抑圧の文脈のみが登場している。さらに井沢は遡って、中華文明の脅威にさらされ続け、恨が古代王朝から連綿と続いてきたとも書いている。こうした「朝鮮時代の圧政が恨を生んだ」という言説は、朝鮮王朝バッシングおよび朝鮮時代の儒教バッシングとなって、その後の嫌韓論に頻繁に見られるようになる。

日本に対する過度な攻撃性である「反日」の根底にも、恨という感情があると説明する。解消困難な抑圧状況や不満、抵抗心、憎悪や怨恨の感情が活動のモチベーションになっており、そういう人やそういう人々の集団である国家も必要以上に攻撃的になり非理性的になると述べている。[122]井沢の恨論では、ネガティブな恨み辛みの力を恨と捉えており、恨は韓国人固有の民族情緒であり特有の攻撃性だとした。

「恨み辛み」という感情については、金烈圭も「黒い力」[123]という表現で語っている。ただし、金烈圭が語ったのは、死者の怨恨のことであった。恨がもたらす「攻撃性」という概念については、咸錫憲や李御寧が語った「宿命論的態度」とはまるで真逆である。金容雲のいう歴史上敗北が多かったが故に簡単には負けを認めないことが善とされる「傲気」（五章二節一－二）のようなものだとはいえるかもしれない。[124]井沢の使った「非理性的」については、韓国に類似する言説はない。恨を原因とする精神病である火病の症状の一つとして現れるヒステリックを指している可能性はある。ただし、火病といわれる症状の多くは鬱である。

『恨の法廷』には、儒教によっていかに社会が停滞していたかが長々と記述されている。これは、大日本帝国が植民地化を正当化しようとして主張した、朝鮮が中華王朝に翻弄される他律的な社会であるという朝鮮社会停滞史観に基づく論理そのものである。

2　その他の嫌韓派の恨言説

二〇一〇年度以降の嫌韓派の恨言説については山本峯章の『韓国人は、なぜノーベル賞が獲れないのか？和の日本　恨の韓国』（ベストブック、二〇一四）、黄文雄の『恨韓論　世界から嫌われる韓国人の「小中華思想」の正体！』（宝島社、二〇一四）、松木國俊の『こうして捏造された韓国「千年の恨み」』（WAC、二〇一四）、呉善花の『反日韓国の自壊が始まった』（悟空出版、二〇一四）と『韓国を蝕む儒教の怨念：反日は永遠に終わらない』（小学館新書、二〇一九）、シンシアリーの『韓国人による震韓論』（扶桑社新書、二〇一五）、室屋克実監修のムック『日朝中世史恨みの起源』（宝島社、二〇一六）、『日朝古代史　嘘と恨の原点』（宝島社、二〇一七）および『二〇〇〇年の歴史でひもとく日韓「気質」の違い』（宝島社、二〇二〇）の九冊を中心に考察を行う。次は彼らの恨の定義である。

韓国の文化は「恨の文化」とも言われるが、それは主に李氏朝鮮時代に入ってから朱子学一色に染まり、極端な「崇儒斥仏」になったことからきている。「恨」の文化は儒教道徳＝朱子学の持つルサンチマンがルーツなのだ。(125)（黄文雄）

では韓国人をこれほどまでに対日戦争に駆り立てている日本への「恨み」は一体どこからきたのでしょうか。そこには、朝鮮半島に特有の「恨」という精神文化がベースにあります。「恨」とは「長期間積もった不満や辛さ、憎悪や恨みを生きるエネルギーに転換したもの」といわれており、小中華思想とともに韓国人のＤＮＡに刻まれています。中国大陸の宗主国に長い間、虐げられてきた歴史にその由来を求める説もありますが、それならベトナムやチベット、ウイグルでも同じでしょう。なぜ韓国人にのみ「恨」が形成されたのでしょうか。三十六年間の日本による過酷な支配があったから？　とんでもありません。実は韓国自身の歴史に深く根ざした怨念がその根本にあるのです。[126]（松木國俊）

恨、ハンの特徴は悔しすぎて、最初から晴らすことが出来ないと決めつけているところです。晴らしたように見えても、結局はまた悔しさが貯まります。まるで「過去のある時点に刻まれているような」ものので、その悔しさに終わりがありません。事案によっては同情できなくもないですが、所詮は憎しみ。自分自身を侵食します。だから病気（火病）にもなるわけです。[127]（シンシアリー）（括弧の補足は引用者）

抑圧に対する不満、願いを果たせない無念や悲哀などが蓄積した朝鮮半島独特の民族感情である「恨」は、厳しい階級社会であった李王朝時代に、顕著になったといわれています。私は恨を「かなわなかった願い」に対する複雑な感情と解釈していますが、恨については韓国人のあいだでもその解釈をめぐって諸説あり、日本人にはなかなか理解しがたいものです。たとえば日本で、没落した名族が一族復興の彼岸を代々継承するのは、恨に似ているようで違う。恨には「誰かのせい」でそれが出来なかったという恨みがましい感情も含まれているように思います。そういう意味では倭奴と蔑む日本に圧倒されてきたという思いは、韓国の国民が継承してきた、日本に対する恨なのかもしれません。[128]（室屋克実）

これらの主張を見ていくと、共通点が浮かび上がってくる。

一つ目は、韓国人が恨を持つようになった背景について、儒教社会から説明しようとする点である。儒教の過酷な身分制度や上下関係が人々を苦しめたこと、儒教が報復を奨励していることなどが論拠となっている。

二つ目は、恨を「恨み辛み」「不満」「悔しさ」「憎悪のエネルギー」と捉えている点である。恨の「悲哀」の側面についてはほとんど言及がなく、芸術や巫俗による「解し」については全く触れられていない。松木は「逆恨み」とも表現しており、このような感情は、自分の問題を棚に上げて全てを「他人のせい」にする自文化中心主義や独善主義だという非難につながっていく。

三つ目は、恨を現代社会の問題と関連付けて語ろうとする点である。「反日教育」や「慰安婦問題」「徴用工問題」などの歴史認識を恨によるものと説明したり、あるいは現代韓国人が恨を抱いていることの論拠として火病を取り上げたりしている。

ここからは、彼らの主張を「儒教社会の弊害」「独善主義とルサンチマン」「火病」の三点に集約して見ていきたい。

3　嫌韓派の恨言説①：儒教社会の弊害

儒教バッシング

嫌韓派に特徴的なのは、恨言説を儒教と絡めて語る点[129]である。

儒教バッシングでたびたび主張されるのは次の言説である。
一つ目は「歴史をもっと遡ることも可能だが、恨が生まれたのは朝鮮時代だ」という言説で、「恨五百年」などを根拠に挙げている。この言説は、粟村など嫌韓派でない人物も言及している。
二つ目は「朝鮮の身分制によって人々が恨を抱いた」という言説である。厳密には「労働を蔑視する朱子学の身分制度によって抑圧された人々から恨が生まれた」というものである。二つ目から四つ目の言説に関しては、古田博司の主張を引いたのか、室屋をはじめ多くの嫌韓派が言及している。しかし、韓国の恨言説では、民衆は恨みを抱き続けるのではなく解消しようと試みてきたとしており、解消方法は復讐ではなく、シャーマニズムなどの民間信仰や諧謔的な民俗芸能であったとされているのは本書で確認してきた通りである。また、「民のうらみ」と書いて「民怨」という語が存在するが、これは恨みを募らせた下層民が上層民に復讐するという意味で使用されたのではない。「民怨」は「天怨」にも言い換えられ、天変地異などの際に、「悪政により〈民怨〉が溜まったことが原因だ」などのように使用されており、悪政を正すための根拠として語られるものである。[130]
三つ目は「支配層の権力闘争である党争によって負けた側の恨は子々孫々続く」という言説である。

李朝時代の支配階級では血腥い凄惨な争いが、何代にもわたって際限なく繰り広げられてきました。しかも、負けた側は絶対にその恨みを忘れません。李朝時代は、祖先が受けた屈辱を晴らすことが何より大切な行為でした。相手への憎悪は世襲され、争いは果てしなく続いていきます。「憎悪と恨み」こそが彼らの生きるエネルギーでした。「恨」の原点の一つは、まさにここにあると思います。[131]……恨みや憎悪を精神的支柱として生きる「恨」の社会では、「過去を水に流す」ことができません。このため、

日本とは全く異質の「過去を水に流さない文化」が李氏朝鮮時代を通じて形成されました。[132]（松木國俊）

「恨は解けないもの」という既存の言説をもとにしながら、韓国人は「恨み続ける」「過去を水に流せない」といった新たな言説が生まれている。

四つ目に「儒教は報復を奨励した」という言説もたびたび伴われる。これについて金容雲は、日韓両国に共通する意識としており、仇討ち物語などを例に挙げて説明している。さらにいえば、『韓国民族文化大百科事典』[133]の「恨」の項目で、復讐の具体的事例として中国の『三国志』および『列国志』、日本の「忠臣蔵」が挙がっているが、韓国の事例は特段紹介されていない。むしろ韓国の事例では、無力感から鬱になることを避けるために、かといって暴力に頼らない恨の解消方法が、民間信仰や民謡、パンソリなどであったと解説している。また、文化心理学では無念や怒りを「外部に表出するようになった」としているが、あくまで「現代社会」での話である。

以上のように「恨とうらみは異なる」という確固たる言説がありながらも（もちろん、韓国人は人を恨むことがないという意味ではない。うらみとは別に恨があるということである）、「韓国人は恨み深い」という言説が生まれてしまったのは、「韓国は儒教社会である」、そして「儒教社会は恨が生まれやすい」、だから「韓国人は恨み深い」という三段論法に基づいていると考えられる。

嫌韓論に潜む朝鮮社会停滞史観

あらためて指摘しておきたいのは、儒教バッシングは植民地史観の典型でもあるということである。植民地史観とは、併合直前の朝鮮社会がいかに劣っており停滞していたかを主張する歴史観である。日本の朝鮮併合に正当性を与え、教化の当為性をもたらすためのロジックであった。

韓国内にある植民地史観について指摘した歴史学者の李基白（一九二四－二〇〇四）は、韓国史の古典的概説書である『国史新論』（六一）の中で、植民地史観として「半島的性格論」「事大主義論」「党派性論」「文化的独創性の欠如」「停滞性論」の五つを挙げている。「半島的性格」とは、朝鮮半島が「四囲に優勢なる各種族の競争的な植民地」となってきたことを見ても分かるように、独立心がなく「依存性」または「他律性」が強いとするものである。[134]「事大主義論」「党派性論」は儒教社会の否定そのものである。外交政策の一つであった事大主義や政治的な言論に基づく朋党政治（党派政治）をはじめ、王宮政治の紊乱、両班の腐敗など、朱子学の悪習が朝鮮社会を疲弊させた要因だとして、儒教を徹底的に否定した。「文化的独創性の欠如」については、儒教を基盤とする中韓とは異なり、独自の文化を持つ日本民族の優越性を強調するためのものである。「停滞性論」は、朝鮮には近世がなく、古代のまま社会が停滞していると主張するものである。

嫌韓派は政治的スタンスが保守であることが多いため、植民地を肯定的に評価する植民地史観と親和性が高く、日本の優越性を強調するために、恨言説をしばしば利用する。

（恨は）ネガティブな感情が生きるエネルギーになることはあるが、そういう人間、民族や国家は、必要以上に攻撃的、非理性的になる。民族が団結するためにも、必ず憎悪の対象が必要になるからだ。逆にわれわれ日本人は、太古の昔から「恨み」という感情をケガレの一種、つまり排すべきものだと捉えてきた。いつまでも恨みを抱き続けるのは悪いことで、いずれ水に流すべきものと考えられてきたのだ。だからこそ、日本人は和や協調性や思いやりを大切にするのである。[135]（井沢元彦）（括弧の補足は引用者）

このように日本をポジティブな「和の国」、韓国をネガティブな「恨（恨み辛み）の国」としたり、日本を「水に流す」文化とする一方、韓国は「千年の恨み」の文化とするといった比較は、井沢や黄文雄[136]、山本峯章[137]にも見られる。

さらにいえば、そもそも、現代韓国社会を儒教社会として語ることには注意が必要である。「現代韓国社会はどこまで儒教社会なのか」は、筆者にとっても非常に興味深い問いである。戦後のキリスト教の急成長、祭祀の急激な縮小、火葬の定着などは、儒教文化の衰退事例としてすでに指摘のあるところだ。日本よりも変化のスピードの早い韓国社会では、世代間の意識格差が大きいことでも知られる。八〇年代の民主化当時も、六〇年代生まれの民主化闘争世代（五八六世代）とその親世代では価値観に相違が見られたし、民主化達成後の九〇年代以降生まれの世代（MZ世代）の意識はますます儒教的価値観から遠ざかり、日本の同世代の意識との同質性の方が高いといえるかもしれない。したがって、慣習の中に儒教文化が残っているにせよ、日本社会以上にグローバル化が急速に進んだ韓国人の心性および韓国社会を動かすイデオロギーにどこまで儒教の影響を見出せるのかについては、慎重に考察すべきだと考えている。二〇〇〇年前後の小倉紀蔵の業績[138]などは、「韓国がいかに儒教社会であるか」を描き出す試みにおいて成功した事例であり極めて示唆的なものであったが、それから二〇年経った二〇二〇年代の韓国においても妥当な指摘なのかについては、今後検証が必要である。

4　嫌韓派の恨言説②：独善主義とルサンチマン

恨み辛みとしての恨

韓国において恨を定義する際には、大きく三つの概念が段階的に登場してきた。解放後の「諦念や悲哀」の情緒から始まり、民主化運動当時になって「（民主化達成のための）民衆のエネルギーの根源」説が登場し、最後にシャーマニズムが対処してきた死者の「怨恨」が加わるというものである。「諦念、悲哀」「エネルギー」「怨恨（憎悪、恨み辛み）」の概念を踏まえて次の引用を見てみたい。

恨は単なる「うらみ」の情ではなく、達成したいのに達成できない自分の内部に生まれるある種の「くやしさ」に発しています。一般的にはそれが自分に対する「嘆き」として表され、具体的な対象をもつとそれが「うらみ」として表され、相手に激しく恨をぶつけることになっていきます。[139]（呉善花）

長年、溜まりに溜まった不満や憎悪をバネにした生きるための壮絶なエネルギー[140]（松木國俊）

長い屈辱の歴史によって育まれた恨み辛みの感情、韓国人特有のメンタリティである。複合的な原因が生んだ怨恨と怨念が積もり積もって半島に立ちこめ、怒気が天を衝いたのだ。[141]（黄文雄）

呉善花の「嘆き」は一つ目の「悲哀」であり、「うらみ」は三つ目の「怨恨」と捉えられ、恨を両義から説明しているが、松木と黄は共通して「憎悪」や「恨み辛み」つまり「怨恨」の意味で恨を用いている。

また、「恨み辛み」の感情については、植民地史観を概説する際にも述べたが、しばしば日本の「水に流す文化」との対比で言及される。「恨み辛み」を「韓国は過去にこだわりがち[142]」という言説に発展させ、「植民地統治を引きずりすぎる」という非難に結び付けている。

「エネルギー」の援用も散見される。韓国の文脈では「民衆」を立ち上がらせ「民主化」を達成するための力として説明されたが、嫌韓派は普通の人の「生きるためのエネルギー」に拡大解釈することで、「人を恨むことが生きるためのエネルギー」という言説に発展させていく。

他律性と責任転嫁：「対象」を獲得した恨

呉善花も述べているが、「恨み辛み」の感情は、恨が「対象」を獲得したときに発生するという。そういう意味において、恨という感情は「依存性」や「他律性」といった植民地史観ともリンクする。

呉善花の場合、『続スカートの風』（九一）で「韓国人は生きていることそのものが恨である。自分の今ある生活を不幸に感じたとき、自分の運命が恨になり、自分の願いが達成しないとき、自分の無能力が恨になることもある。そして恨の対象が具体的に何かということは、はっきりしていないことが多い[143]」としている。しかし約三〇年後になると、呉善花は韓国人の特徴に次のような「責任転嫁」の意識を付け加えている。

ただ、韓国人が、自分の不幸を嘆いて見せるときに特徴的なことがあります。それは「自分はなんの罪もない、清く正しい善なる者なのに、誰（何）かのせいで自分は恵まれずに不幸だ」と、一方的に自らを純化し自己責任を回避していることです[144]。（呉善花）

うまく行かないことに対して、自己内省をすることなく自己正当化を行い、「誰（何）かのせい」にするという「責任転嫁」言説は、他の嫌韓派の言説にも見られる。室谷は恨について、「恨には〈誰かのせい〉でそれができなかったという恨みがましい感情が含まれているように思います[145]」と語っており、こうした歴史的な恨（＝日本へのコンプレックスや憎悪）を解くために、反日と歴史偽造は続いているとしている。

このような「誰（何）かのせい」という言説は、韓国の恨言説にはなかったものである。あえて挙げるとするなら、金容雲の語った「不条理」の感覚[146]が近いかもしれない。ただ、不条理に思うという感覚そのものが、「誰（何）かのせい」という対象の獲得、あるいは対象への攻撃性に転じるとは必ずしもいえない。金容雲も、当初は他者を恨む「怨恨」であっても、やがてどうにもならない現実から自虐的になっていく傾向を指摘している。さらに、社会心理学での恨研究を見れば、不幸を「自分の運命のせい」にするという心理分析が行われている。ただしこれは、「他者への責任転嫁」ではなく、「運命への責任転嫁」といえるもので、自己否定感の精神的負担を軽減するための心理状態のことを指している。韓国は「過去を水に流さない」「恨み続ける」儒教社会であるというフィルターを通すことで、不条理の感覚や自虐的心理が自己正当化と他者攻撃性へとねじ曲げられて解釈されたようである。

こうした恨の「誰かのせい」言説は、「日本のせい」という言説に置き換わり、自分の非を省みない「独善主義」へと発展して、猛烈なバッシングへといざなわれていく。

韓国には、（西洋のような）罪の文化も（日本のような）恥の文化も、存在しない。あるのは五〇〇年、一〇〇〇年の恨みだけで、恨みの裏返しが依存である。恨みや依存、嫉妬や虚栄、甘えや無責任、ウソや告げ口は、成熟した大人のものではない。韓国人が大威張りでふりまわしているのは、すべて、未成

熟な子供の感情や心理で、大人が、まともに、とりあえるものではない。[147]（山本峯章）（括弧の補足は引用者）

このような「独善性や甘え（＝幼稚性）」の言説は、韓国に対する「一方的主張とねつ造による反日歴史教育」「朴槿恵前大統領の〈千年の恨〉発言」「告げ口外交」「犯罪大国」といった指摘と結び付いている。

さらに、「独善主義」について強く非難した黄文雄は、次のようにルサンチマン[148]を用いて説明した。

儒教道徳をベースにする戦後韓国人の道徳観は、ニーチェが言う「畜郡道徳」そのものだろう。その代表的なものは、「日帝三六年の七奪」という被害者意識であり、「反日」を軸とする倫理・道徳観だ。韓国の恨み辛みから生まれた「反日」意識は、ニーチェの言うルサンチマンそのものである。[149]（黄文雄）

ルサンチマンとは、ニーチェがキリスト教批判のために用いた概念である。ニーチェがキリスト教の根底には、ユダヤ人の、かつて自分達を虐げてきたローマ人へのルサンチマンがあるとしたように、黄文雄は儒教社会の道徳観には、「強者は悪、弱者こそが善」という意識構造があるとした。

保守系論客である西尾幹二も産経新聞で「恨はルサンチマン」[150]と語るなど、嫌韓派においてルサンチマン言説は多発しており、自分を善もしくはピュアな存在に位置付けて自己正当化をはかる点において両者は共通しているという。

無論既存の恨研究の中にも、恨とルサンチマンの関係を考察した業績は存在する。滝沢秀樹[151]と千二斗[152]の業績がそれであるが、どちらも恨がルサンチマンであることについては否定的である。[153]金芝河の恨言説は「弱者のルサンチマン」と捉えることもできるかもしれないが、独善主義や自己正当化とは結び付いておらず、反日とも関連付けられていない。李圭泰も「被害者意識」と恨を絡めて説明しているが、そもそも恨が蓄積されるのは「自虐」という「内向的な処理」をしているからであり、ルサンチマンが意味する「強者への仕返しを欲する心」とは異なると捉えるのが韓国では一般的解釈であろう。

5　嫌韓派の恨言説③：火病

嫌韓派の言説に必ずといっていいほど登場するのが「火病」である。一九九五年時点から「恨と火病」について言及している古田博司が[154]、『WILL』などの保守系雑誌に「火病」について積極的に投稿したことも影響しているのであろう。

火病は韓国の文化依存症候群として、一九九四年にアメリカ精神医学会の『精神障害の診断と統計マニュアル　第四版（Diagnostic and Statistical Manual of Mental Disorders, DSM-IV）』の巻末付録「文化的定式化の概説と文化に結びついた症候群の用例集」に、韓国の文化依存症候群として、「韓国人にだけ現れる珍しい現象で、不安・うつ病・身体異常などが複合的に現れる怒り症候群」と記載された精神疾患である。「文化依存症候群」とは、香港の精神科医の Pow Meng Yap が一九六七年に最初に用いた概念で、ある地域、民族、文化環境において発生しやすい精神障害のことを指す。

火病であるか否かの診断は次のような症状の有無によって行われる。注目したいのは心理症状に「心のしこりや恨」が登場する点である。

・過去六カ月間

・核心身体症状（三つ以上）
胸の苦しさ／熱感／突き上げ／喉やみぞおちが詰まったように感じる
・核心心理症状（一つ以上）
理不尽だと思ったり憤る感情をたびたび感じる／心のしこりや恨
・関連身体症状（二つ以上）
口が渇いたり喉が渇く／頭痛やめまい／眠りにつきにくく、すぐ目が覚める／動悸
・関連心理症状（二つ以上）
些細なことにも怒りが生じ憤怒が込み上げる／人生が虚しく感じられ自分がみすぼらしく哀れに思える／恐れ（恐怖心）やドキドキ（緊張）がある
・関連ストレス：症状と関連するストレス
・一般的医学的状態に由来するものでないこと
心臓疾患／逆流性食道炎／甲状腺機能亢進症　など

このように火病は、明確な診断基準が設けられている精神疾患だが、嫌韓派は「文化依存＝韓国人だけの症候群」という名称を逆手にとり、「韓国人ならではの異常人格としての火病」言説を生み出している。次では、このような言説がどのような論理で展開されているのかを見ていく。

呉善花は『韓国を蝕む儒教の怨念』（小学館、二〇一九）で、新聞記事を根拠に「韓国人には人格障害が多く、火病は韓国人だけの人格障害だ」とした。その新聞記事とは「韓国人の五〇％が怒りのコントロールに障害を抱えており、一〇％が治療が必要なレベル」（東亜日報）[155]、「男性四五％が人格障害」（ニューストマ

ト）[156]といったもので、韓国人は「偏った考え方や行動パターンのため、家庭生活や社会生活、職業生活に支障をきたした状態」にあるとし、次の五つの精神的特徴を挙げ、多くの韓国人がこれに当てはまるとした。

・善悪、白黒、敵味方など、中間のない両極端の考えに陥りやすい
・「私とあなた」（自分と他者）の区別が曖昧で自分本意
・容易に他者を信じることができない
・自分は理想的・完璧だという思いと、自分は劣等で価値がないという思いが同居している
・物事を受け止める心が弱くて狭く、処理できなくなると爆発的な行動を起こしやすい

日本でかつては「人格障害」や「性格障害」と呼ばれていた精神障害は、「異常な人格・性格」という偏見にさらされやすいことから、『DSM-IV-TR　精神疾患の診断・統計マニュアル』（二〇〇三年新訂版）で、病名が「パーソナリティ障害」に変更されている。「パーソナリティ」とは、「その人らしさを形成している見方や反応の仕方、考え方、人との関わり方、振る舞いの仕方」といった意味である。厚労省の「メンタルヘルス総合サイト」によると、パーソナリティ障害とは、「大多数の人とは違う反応や行動をすることで本人が苦しんだり、周囲が困ったりする場合に診断されます。認知（ものの捉え方や考え方）、感情のコントロール、対人関係といった種々の精神機能の偏りから生じるものです。〈性格が悪いこと〉を意味するものではありません」とされ、「パーソナリティ障害のために生きづらさを強く感じ、鬱病、社交不安障害、依存症などの合併や併存[157]」が見られるとしている。

パーソナリティ障害の名称変化の経緯を見ると、「韓国人には人格障害が多い」という言説は、本人の苦

しみを度外視した精神障害への無理解が露呈しているとともに、人格障害という言葉の持つ偏見性をむき出しにした言説と見ることもできる。現にこの言説を「韓国人には異常人格者が多い」という意味に取り違えた読者もいるのではないかと想像する。また、「大多数の人とは違う」ことで苦しむのが「人格障害（パーソナリティ障害）」であるならば、火病の診断基準を見る限り、火病は人格障害ではないのではないかと思われる。

ここで一つ、火病に関する日本のネットスラングを紹介しよう。日本では、一部のネットユーザーが「怒りを抑えられないヒステリー」のことを「ファビョる」[158]と呼ぶ。これは「火病（ファビョン）」をもじったものである。こうした火病を「怒り」としてのみ捉えるネットスラングが造り出されたのは、呉善花が新聞から引用した「怒りのコントロールに障害」があるというイメージに引っ張られたからなのかもしれない。先の引用によれば、火病の心理症状は「理不尽だと思ったり憤る感情をたびたび感じる」「心のしこりや恨」「些細なことにも怒りが生じ憤怒が込み上げる」「人生が虚しく感じられ自分がみすぼらしく哀れに思える」「恐れ（恐怖心）やドキドキ（緊張）がある」ことだとされている。「憤り」や「怒り」の症状も含まれるが、「心のしこりや恨」「虚無感」「恐怖心や緊張」といった心理も火病の症状なのである。

日本の「火病」言説よりも適切に「病的ヒステリーが多い」ことを指す言説が、実は韓国にある。特にストレスもないのに衝動的に言語的・物理的暴力行為を行う精神疾患を指す「憤怒調節障害（間欠性爆発性障害）が多い」という言説である。確かに韓国では、日本語の「キレやすい」に変わる表現として「憤怒調節障害」を用いるケースが見られる。しかし火病に関しては一般的に、溜まりに溜まった憤りや恨を原因とする心身の不調という病として捉えられている。「怒りを原因とする心身不調」が、日本では「怒りをコントロールできずに発散する病」に置き換わっているのである。

「韓国人には火病（憤怒調節障害）が多い」という言説は、「韓国人の反日は火病だ」という言説に発展していく。

呉善花は、東洋医学・精神医学の研究者であるキム・ジョンウの「火病は原因と感情反応で、歴史的な民族固有の情緒的な恨と共通線上にあることと、時間的経過によって恨が克服されずに病理化されたこと」を引用し、恨を「病理」として捉えたのが火病だとした。その上で、朝鮮社会の見聞録を記したH・Bハルバートの『朝鮮滅亡』の「朝鮮人は、本当に怒ると正気を失うと言えるかもしれない。自分の生命などどうなってもいいといった状態になり、牙のある動物になってしまう。口のまわりにあぶくがたまり、いよいよ獣めいた顔つきになる。……遺憾なことだが、この怒りの衝動に我を忘れる悪癖は男性だけの独占ではない……」を論拠に、火病の歴史の古さを強調した。そして、「朝鮮半島に住んできた多くの人は人格障害を伝統的に患ってきたから、反日的な行為をしてしまう」と解説した。[159]

確かに、李圭泰も「感情が理性を圧倒する」という恨の否定的側面について指摘しているが、これは「弱者への共感」という文脈での話である。しかも、五章二節三－三で見てきたように、火病の実態は、「悲しみ、失望、怒り、後悔、愛情、未練」といった感情が、膠着した人間関係の中で「発散できずに蓄積される」ことによって起きる心身の不調なのである。そうであるなら、「韓国人の反日は火病だ」という言説は、「韓国人の反日はヒステリックな行為」という意味にはならず、「韓国人の反日は、怒りを発散できずに内にこもって苦しんでいる状態だ」と言っていることになる。

以上、嫌韓派の恨言説に共通する「儒教社会の弊害」「独善主義とルサンチマン」「火病」の三点について見てきた。恨を「儒教社会の弊害」と見る言説は「植民地史観の焼き直し」であった。「独善主義とルサンチマン」の言説は恨を説明する際に「恨み辛み」の点だけに注目し、「責任転嫁」や「独善主義」が伴うと一方的に解釈して、恨は強者をおとしめんとする「ルサンチマン」へと帰結させていることが分かった。「火病」については、精神疾患としての診断基準を逆手に取り、国際的に公認される「異常人格」と揶揄するための道具として利用していることを確認した。

6　二〇二〇年代韓国における「恨の文化」の認識と嫌韓論の総括

最後に、二〇二〇年代の韓国に暮らす人々の恨に対する認識を知る手がかりとして、韓国社会の集合知を反映したフリーのオンライン百科事典の恨の記述を確認しておく。

ここでは、韓国に複数あるオンライン百科事典の中でも「ナムウィキ」を用いることとする。「ナムウィキ」は「ウィキペディア」と同様に誰でも編集・閲覧でき、韓国語版「ウィキペディア」よりも収録文書数が多く、韓国で最も活発なオンライン百科事典の一つである。

同百科事典の項目「恨（感情）」[160]の中の大見出し「韓国人の情緒を意味する恨」の本文を読み進めると、次のように書かれている。

> 二〇〇〇年代以降、文化決定論が影を潜め、「恨の文化」の言及はほぼ消滅した。
>
> ただし、九〇－〇〇年代に海外に移民した同胞（韓国人）は、いまだに韓国を代表する情緒は恨だというアイデンティティーに縛られており、最近の二〇－三〇代がこうした恨の情緒論の文化に馴染みがな

いという事実を知らないでいる。すなわち、(恨は)今となっては韓国人を代表する情緒やアイデンティティーだと表現することはできない。……こうした解釈は日本人の柳(宗悦)の一方的で誤った解釈に基づいていることを留意すべきである。日本では恨を「うらみ」と解釈し、日帝強占期(植民地時代)から解放された後、植民史観を持つ大多数の知識人が、韓国人を代表する情緒を「恨」と規定し、さらに作品を通じて(恨を)「諦念」と再解釈した事実などを鑑みれば、韓国人を代表する情緒が「恨の情緒」だと主張することこそ、「韓国人はクールでない」とする日本の典型的なレパートリーにしてやられてしまう、あるいは「韓国人はすぐに諦める」という自暴自棄の諦念意識をあおることになりかねないため、これについて反省と批判が求められる。(括弧の補足は引用者)

さらに、「恨はもともと韓国固有の情緒ではない」という見出しの後に続く小見出し「植民地主義の疑い」の本文は次の通りである。

恨の文化を、韓国民族の原形のように理解したり説明したりすることには無理がある。たとえ柳が植民地朝鮮に友好的な人物だったとしても、彼もまた当時の朝鮮を説明するキーワードとして悲しみ、線(曲線)を示し、朝鮮について、歴史的に被害を受けてきた悲しみの民族のように認識しており、これもまた大きく見ると、日本の朝鮮に対する植民地主義の情緒の疑いから逃れられない。すなわち柳宗悦が分析した「恨の民族」という概念もまた、列強の側から植民地を見つめる植民地主義の概念から逃れてはいないのだ。

被支配階級の情緒に恨があるのは当然のことだ。特に、帝国主義に苦しめられながら悲惨な暮らしをしていた被支配階級の場合はさらに。そんな悲惨な感情は、地球上のどの民族、どの社会にも存在してきた。なのに、恨の情緒論は、それを特定の民族（植民地だった朝鮮）の固有の情緒と定義し、利用されてきたために問題となっている。

続いて、小見出し「興の民族でもある」には次のように書かれている。

恨と対になる、あるいは否定する原形論として「興」がある。思ったより韓国人は伝統的にも現代においても愉快な面が多い。……韓国人の普遍的な情緒として語られてきた恨は、日帝強占期（植民地期）や六・二五戦争（朝鮮戦争）という残酷で不条理な数十年を経る過程で韓国人に植え付けられたトラウマであって、韓国人の固有の情緒ではないということである。できないことが多かったときは恨も多くならざるを得なかったが、すでにやりたいことをやり、成果も挙げた後は、その名の通り「恨が解けた」状態になるため、これ以上恨に縛られる必要がないからだ……（括弧の補足は引用者）

このように、オンライン百科事典にも「恨の文化」はすでに「過去の産物」であることが明記されており、二〇二〇年代現在の二〇－三〇代の若者は、恨にもはやセルフイメージを重ねていないようである。

こうした恨言説にまつわる二〇二〇年代の韓国の現状認識を踏まえて、二〇一〇年代の嫌韓論について、あらためて振り返ってみたい。

『烈士の誕生』（九七）の著者である真鍋や、『韓国は一個の哲学である』（九八）の著者である小倉は、嫌韓論が日本内で増殖するようになった現実を次のように憂いている。

「恨」という朝鮮人の思考や文化を理解するための分析概念から、これを巧妙に援用することで、特定のエスニック集団の攻撃、侮蔑するヘイトスピーチへと移行していった。[161]（真鍋祐子）

保守側の「朝鮮半島認識」にも、蔑視の領域に属するものが多い。それを尖鋭化したのがいわゆる嫌韓派の言説だが、これには民主的な社会の公的空間において到底容認できないレベルのヘイト的なものが多く、実に嘆かわしい。伝統的に日本人が持っている韓国・朝鮮への強い差別意識の土台の上に、この二十年の間蓄積された客観的で高度な朝鮮半島認識が都合良く加味されているのが、この嫌韓言説の特徴である。つまり嫌韓派は、この二十年の間に日本で蓄積された、右でも左でもない客観的な認識を表面的に取り込むことによって、あたかも自分たちの認識は客観的であるかのように装っている。しかしここに陥穽がある。ここには洞察がなく、自分に都合の良い知識の断片をパッチワークしているだけだからだ。[162]（小倉紀蔵）

本節では、真鍋や小倉が指摘したように、嫌韓派が、何をどう「巧妙に援用」し「都合良く加味」したのかを明らかにしてきたつもりである。

恨には「停滞性」あるいは「黒い力」といったネガティブな側面が含まれていることを本書で確認してきたが、嫌韓論は、この「恨のネガティブな面」と「ナショナルアイデンティティーとしての恨」を結び付けることを盛んに行った。例えば、「恨み」と「恨の民族」を結び付けて「恨みが民族性」という言説を作り、あるいは「恨みが民族性」と「恨は解けないもの」という言説を結び付けて「韓国人は永久に恨み続ける＝韓国人は永久に日本を許さない」という言説を生んでいる。

だが、すでに見てきたように、韓国で実際に「ナショナルアイデンティティーとしての恨」として認識されてきたものは、李御寧の「恨とうらみ」で確認したように、恨から「うらみ」というネガティブな側面をそぎ落とした文化のことであった。さらには、「心のしこり」を復讐や暴力で解消するのではなく、芸術で昇華するという「解しの文化」を内包したものとして解釈されてきた。しかし、残念ながら嫌韓派はそのことに全く触れておらず、「恨のネガティブな面」と「ナショナルアイデンティティー」とを結び付けるという、実に巧妙で都合の良い言説を作り出している。

また嫌韓論では、異なる時代に起きた議論が一緒くたに混ざっている。例えば、「意識構造としての恨」や「火病」研究は、「ナショナルアイデンティティーとしての恨」という認識が消滅した二〇〇〇年代以降になって活発に議論されるようになった分野であるが、「ナショナルアイデンティティーとしての恨」と「火病」とを一緒に語ることで、「恨」という独特の感情があるから韓国人だけが火病になるといった言説を作っている。

このように、嫌韓派の恨言説は巧妙で都合の良いものであり、その背後に潜む侮蔑的眼差しは許されるべきではないが、その一方で思い測らなければならない部分もある。「〈恨の文化〉の物語」が植民地トラウマの克服物語であったように、嫌韓派には嫌韓派なりの「物語」が存在するからである。敗戦後にアメリカによって去勢された日本は、経済大国の地位を手に入れる代わりに、日本人としてのナショナルアイデンティティー問題を放置させられてきたといっても過言ではない。植民地側からしたら到底受け入れられる内容ではないとはいえ、日韓の歴史認識問題の衝突をきっかけに噴出した嫌韓論もまた、日本のナショナルアイデンティティーの回復作業の一つの過程と見ることもできると考えている。

四節　小結

「恨の文化」が完成した九〇年代以降、多方面からこれを見直す動きが起き始めた。植民地主義研究の登場によって、「民族性としての恨」が否定され、恨に代わる「韓国的なるもの」として興や諧謔、ハン思想（Hanism）が登場した。これらの情緒や思想はいずれも、悲しみの情緒である恨とは逆のものであった。また、恨の発生原因となる植民地や戦争、貧困、独裁政権などを実体験として知らない世代が増え、恨は単に学校で教わる概念になった。

「恨の文化」言説が一気に減退する中で、「意識構造としての恨」が語られ始め、心理学や精神医学といったジャンルで恨が取り上げられるようになった。一方、「恨の民族」であることが否定されても、悲しい情緒のエンターテインメントは連綿と受け継がれ、愛されている。

「恨の文化」言説は日本でも受容された。まずは李御寧や金烈圭、金容雲などの恨言説が韓国文化論として受容され、やがて日本人による韓国文化論が出現した。ただし、日本では「恨の文化」よりも「意識構造としての恨」に興味が示され、儒教と結び付けて恨を捉えようとした。二〇二二年七月時点の日本語版「ウィキペディア」の「恨」[163]には、古田博司の解説をベースに、「伝統規範からみて責任を他者に押し付けられない状況のもとで、階層型秩序で下位に置かれた不満の累積とその解消願望」と書かれている。「恨の文化」は、儒教の教えや習慣、代々の王権や両班による圧政、中華帝国への永続的な服従を余儀なくされたことなど、「内外の圧倒的な力に依存せざるを得なかった朝鮮半島独特の文化」と、日本の植民地支配による抑制と屈辱の歴史であったという「事実を省みない一方的な主張の元で行われる反日教育」によって形成されたと説明されている。

儒教が恨の発生原因だとする説は日本特有のものである。九一年に刊行された『韓国民族文化大百科事典』の「恨」では儒教そのものを指摘することはなく、民間信仰や説話、民謡、文学など幅広く恨の例を挙げている。また、日本の文脈では「植民地体験」と絡めた記述が多いが、広く苦難の歴史に恨を求めており、むしろ、植民地を取り上げるようになったのは、植民地主義研究の結果、「恨は創られたものであり、自分たちの民族性ではない」と否定するためであった。

「冬のソナタ」から始まる二〇〇〇年代初期の韓流ブーム期には、小倉紀蔵の『韓国は一個の哲学である』（九八）が注目された。この書籍をきっかけに、「韓国文化・社会は儒教で説明できる」という言説が広がった。「韓国は儒教社会である」という言説は、日韓の社会の違いを端的に説明するセンセーショナルなものであっただけに、恨は「儒教でも説明できる」が「儒教で全て説明できる」という「安易な解釈」を増長させたのかもしれない。

儒教発生説に基づく恨言説は、政治的に日韓関係が大きく毀損していく二〇一〇年以降、日本の嫌韓論で乱発することになる。

日本の恨言説では、朴槿恵政権を下野させた二〇一六年のろうそくデモの影響にも触れずにいられない。ソウル広場に集まった最大一三〇万人（主催者談）の市民を、日本の嫌韓派は、「恨という怒りと憎しみのパワーに溢れる人々」と捉えた。だが、韓国での論調はまるで違う。「虐げられても抵抗できなかった弱々しい庶民が、大いなるものに立ち向かう英雄談」と見て、誇らしき出来事として描写した（韓国の保守派の見解は当時も現在もこれとは異なる）。ここに、両国の韓国人観に皮肉のようなギャップを発見できる。嫌韓派の韓国人観は「怒りと憎しみのパワーで何でもできるアグレッシブな存在」であるが、韓国の自己認識は「諦念と自己否定のやられてばかりの非力な存在」というものであった。韓国に対して、嫌韓側が過大に、韓国側が過小に評価しているように映るのである。

注

（1）木宮正史『韓国』（東京：筑摩書房、二〇〇三年）、七七頁
（2）林采成「戦後韓国における高度成長の起動と展開」『プロジェクト経済産業政策の歴史的考察成果物』（独立行政法人経済産業研究所、二〇一六年三月）https://www.rieti.go.jp/jp/publications/dp/16j020.pdf（確認日二〇二一年八月三〇日）
（3）ユン・サンウ「韓国成長至上主義イデオロギーの歴史的変遷と再生産」『韓国社会』（一七－一）（高麗大学校韓国社会研究所、二〇一六年）、二七頁
（4）鄭大均は自国へのナショナリズム批判が九〇年代まで登場しない理由として韓国社会の同質性を挙げている。韓国は民族・文化・国民がほぼ一致しており、マイノリティー社会がほとんど存在しないため、ナショナリズムを批判する空気が造成されにくかったとしている。教科書やメディアにも「韓民族」や「韓国文化」の固有性や優秀性を謳う表現が多いという。鄭大均『日本（イルボン）のイメージ―韓国人の日本観』（東京：中央公論社、一九九八年）、一〇七頁
（5）沈善映「*THE COLONIAL ORIGIN OF "DISCOURSE OF HAN" AND ITS RELIGIOUS SIGNIFICANCE IN*

MODERN KOREA」（筑波大学大学院修士論文、一九九八年）
ソン・ユギョン「我が伝統芸術は恨の情緒が底流にあるのか?」キム・ヨンソク他編『韓国の教養を読む　一　総合編』（ソウル：ヒューマニスト、二〇〇六年）
高美淑「恨は我が民族の固有の情緒か」『韓国の近代性、その起源を探して』（ソウル：チェクセサン、二〇〇一年）
高美淑「西便制：〈恨〉と〈芸術〉の隠密な共謀」『この映画を見よ』（ソウル：クリンビ、二〇〇八年）
(6) 趙興胤『韓国の巫』（ソウル：民俗社、一九九七年）、二四七－二四九頁
シン・デチョル『我々の音楽、その味と音』（ソウル：民俗苑、二〇〇一年）、三〇〇頁
(7) この批判は、フィールドを重視する民俗学的アプローチの研究者による、文学的アプローチを取る研究者への批判とも取れる。前掲『韓国の巫』、二四七－二四九頁
(8) 鄭百秀『コロニアリズムの超克』（東京：草風社、二〇〇七年）
(9) 前掲『コロニアリズムの超克』、二九七－二九八頁
(10) 権明娥『植民地以降を思惟する』（ソウル：チェクセサン、二〇〇九年）
(11) イ・ジュンハン他『我が出版一〇〇年』（ソウル：玄岩社、二〇〇一年）、九七－一五三頁
(12) 第一次教育課程（一九五四－六三）、第二次教育課程（六三－七三）、第三次教育課程（七三－八一）、第四次教育課程（八一－八七）、第五次教育課程（八七－九二）、第六次教育課程（九二－九七）、第七次教育課程（九七－二〇〇七）、二〇〇七改訂教育課程、二〇〇九改訂教育課程、二〇一五改訂教育課程
(13) パク・サンチョル「高等学校〈国語〉教科書と詩授業の教育内容—金素月のつつじの花を中心に」『文学教育学』（四二）（韓国文学教育学会、二〇一三年）、二二五頁
(14) 前掲「高等学校〈国語〉教科書と詩授業の教育内容—金素月のつつじの花を中心に」、二二五頁
(15) キム・ハンスン「中学音楽教科書に収録された〈恨五百年〉楽譜の変遷研究」『音楽教育工学』（一二）（韓国音楽教育工学会、二〇一一年）、七六頁

（16）チャ・ヘヨン「国語教科書と支配イデオロギー」『尚虚学報』（十五）（尚虚学会、二〇〇五年）、一〇七－一一三頁
（17）前掲「国語教科書と支配イデオロギー」、一〇七－一一三頁
（18）前掲「国語教科書と支配イデオロギー」、一一二－一一三頁
（19）チョン・ヨンジン「国語教科の美意識と国家イデオロギー」カン・ジンホ他『国語教科書と国家イデオロギー』（ソウル：クルヌリム、二〇〇七年）、二九九－三一八頁
（20）キム・ヨンジャク「韓国民族主義の全体像：思想的葛藤構造を中心に」キム・ヨンジャク編『韓国ナショナリズムの展開とグローバリズム』（ソウル：ペクサンソダン、二〇〇六年）、一七－一九頁
（21）前掲『韓国の近代性、その起源を探して』、六〇－七〇頁
（22）「植民地主義」『コトバンク』https://kotobank.jp/word/植民地主義-80258（確認日二〇二一年五月一九日）
（23）尹海東『植民地がつくった近代』（東京：三元社、二〇一七年）、一八一頁
（24）水野直樹「序論―日本の植民地主義を考える」『生活の中の植民主義』（京都：人文書院、二〇〇四年）、八頁
（25）青野正明「宗教と信仰」日本植民地研究会『日本植民地研究の論点』（東京：岩波書店、二〇一八年）、一一五頁
（26）前掲「序論―日本の植民地主義を考える」、一三頁
（27）金富子『継続する植民地主義とジェンダー』（東京：世織書房、二〇一一年）、三八頁
（28）チョン・ヨンテ『韓国近代と植民地近代化論争』（ソウル：プルン歴史、二〇一一年）、二三〇－二三一頁
（29）例えば道路、貯水池、交通機関、水道、ガスのインフラに始まり、デパートや洋食堂、カフェ、映画館や劇場、歌謡曲の流行などの新しい消費・娯楽文化やライフスタイルなどが挙げられる。
（30）南富鎮『文学の植民地主義』（京都：世界思想社、二〇〇六年）、ⅱ－ⅲ頁
（31）咸錫憲『苦難の韓国民衆史』（東京：新教出版社、一九八〇年）、三〇二－三〇三頁
（32）前掲『文学の植民地主義』、四一頁
（33）前掲『植民地がつくった近代』、一二頁

(34) 前掲『植民地がつくった近代』、一二一―一三頁

(35) 松本厚治『韓国「反日主義」の起源』（東京：草思社、二〇一九年）、五四八―五五〇頁

(36) 二〇二二年現在の韓国の歴史教科書は国定ではない。松本厚治は一九九〇年と九六年の国定教科書を分析に用いた理由について、現在の韓国世論の主要な担い手が学んだ教科書であるためと述べている。

(37) 金哲『抵抗と絶望』（東京：大月書店、二〇一五年）、二一五頁

(38) 木村幹『近代韓国のナショナリズム』（京都：ナカニシヤ出版、二〇〇九年）、一四六頁

(39) 前掲『植民地以降を思惟する』、一五―一六頁

(40) 前掲『植民地以降を思惟する』、二〇頁

(41) 前掲『植民地以降を思惟する』、二九八―三〇二頁

(42) 前掲『植民地以降を思惟する』、二一頁

(43) 前掲『植民地以降を思惟する』、二八九頁

(44) 前掲『植民地以降を思惟する』、三〇六頁

(45) チェ・ジョンム「〈西便制〉と〈族譜〉に見られるジェンダーの政治学、審美主義、文化的ナショナリズム」キム・ギョンヒョン他『林権澤、民族映画作り』（ソウル：ハンウル、二〇〇五年）、一三八頁

(46) 前掲『苦難の韓国民衆史』、八一頁

(47) 高美淑『啓蒙の時代』（ソウル：ブックドゥラマン、二〇一四年）、二九〇頁

(48) 「王の男」『NAVER映画』https://movie.naver.com/movie/bi/mi/basic.nhn?code=39884（確認日二〇二一年六月三日）

(49) 韓国ドラマを例に挙げると、「冬のソナタ」（二〇〇二年）「天国の階段」（二〇〇三年）などは悲劇を耐え忍ぶ女性が主人公であったが、「頑張れクムスン」（二〇〇五年）「花より男子」（二〇〇九年）などでは「キャンディー」キャラクターと呼ばれる運命に翻弄されつつもそれを乗り越えていくたくましい女性像に変わっている。一〇年代以降の作品では、「逆転の女王」（二〇一〇年）「力の強い女ト・ボンスン」（二〇一七年）など、むしろ男性よりも職位が上ないしは力が強い

女性も描かれる。
(50) 金容雲「民族の宗教と倫理」『日韓の宗教意識と天理教』(奈良：天理教道友社、一九八五年)、九頁
(51) 前掲「民族の宗教と倫理」、九－一〇頁
(52) 前掲「民族の宗教と倫理」、二一頁
(53) 前掲「民族の宗教と倫理」、二一頁
(54) 前掲「民族の宗教と倫理」、二一頁
(55) 前掲「民族の宗教と倫理」、二二頁
(56) 前掲「民族の宗教と倫理」、二三頁
(57) 前掲「民族の宗教と倫理」、四〇－四一頁
(58) 前掲「民族の宗教と倫理」、四一頁
(59) 前掲「民族の宗教と倫理」、四四頁
(60) 前掲「民族の宗教と倫理」、三五－三七頁
(61) 前掲「民族の宗教と倫理」、六四頁
(62) 前掲「民族の宗教と倫理」、四九頁
(63) 金烈圭『韓国人の心理』(東京：ごま書房、一九七八年)、一九四頁
(64) 李圭泰『韓国人の情緒構造』(東京：新潮社、一九九四)、一二六－一二七頁
(65) 前掲『韓国人の情緒構造』、一二七頁
(66) 前掲『韓国人の情緒構造』、一二八－一二九頁
(67) 前掲『韓国人の情緒構造』、一二九－一三〇頁
(68) 真鍋祐子『烈士の誕生　韓国の民衆運動における恨の力学』(東京：平河出版社、一九九七年)、四一〇－四一一頁
(69) ハン思想の専門書籍は、申正一『ハン思想』(ソウル：ハン思想研究所、一九八一年)が最初であると推察される。

(70) 日本においては李光濬が『カウンセリングにおける禅心理学研究』（東京：山喜房佛書林、一九九四年）で心理学との関わりで韓国の固有思想ハンについて初めて言及した。その後、申昌浩が韓国の宗教史を「ハン思想」から概観する「ハンと韓国宗教史」（二〇〇一年）を執筆している。学術研究情報サービスによれば、題名もしくは小項目に「ハン思想」を含む論文は、二〇二一年時点で八〇程度である。恨の論文数はおよそ五〇〇本に上ることから、恨と比べて「ハン思想」研究の業績数は微々たるものである。

(71) 意味は、大きい、高い、全体的で一つである一元論的な存在で、神羅万象の根本的実在でもある。他にも一、多という意味もあるが、一であると同時に多である概念であり、単一的であり唯一な存在である。古代の文献では白、道、圓など異なった名前で呼ばれ、儒教や仏教などの伝統宗教はもちろんのこと、東学や甑山思想、圓仏教などの民族宗教は、「ハン思想」を宗教的・哲学的に昇華させたものだという。パク・ジェジュ「ハン思想の議論に関する総合的な考察」『韓国固有思想・文化論』（韓国精神文化研究院、二〇〇四年）、二一三－二六五頁

(72) 小倉紀蔵『韓国、ひき裂かれるコスモス』（東京：平凡社、二〇〇一年）、三六頁

(73) 小倉紀蔵「朝鮮の美と時間意識」『立命館法学』（立命館大学法学会、二〇一〇年五・六号）、四〇八頁

(74) 金慶珠『恨の国・韓国』（東京：翔伝社、二〇一五年）、一二頁

(75) 韓国哲学編纂委員会『韓国哲学事典』（ソウル：東方の光、二〇一一年）

(76) Chang-Hee Son"Haan（한、恨）of Minjung Theology and Han（한、韓）of Han Philosophy"（UNIVERSITY PRESS OF AMERICA, 2000）は国内外を問わず、恨と「ハン思想」について本格的に考察した唯一の書籍である。恨とハン思想とは全く別ものであり、恨は他国の文化からも見出せるが、「ハン思想」は古代から存在する韓国固有の思想であり、恨を克服する力を持っていると結論付けている。「ハン思想」研究者が恨を語る際には、「ハン思想」の中に包括的に恨が含まれるという認識を示す。例えば李光濬は『カウンセリングにおける禅心理学研究』（九四頁）で恨と「ハン思想」の関係について触れており、恨は「ハン思想」によ

って生じる「短所」であるとしている。逆に恨研究者は「ハン思想」についてほとんど言及していない。

(77) 前掲『コロニアリズムの超克』、二九八―二九九頁

(78) シン・チャンソク「序文」金珍他『恨の学際的研究』（ソウル：哲学と現実社、二〇〇四年）、六頁　同著の内容は次の四つ。①恨の構造に対する哲学的考察②宗教学的アプローチ（仏教・儒教・カトリック）による恨の問題の考察③精神分析やフェミニズムの観点による恨の治療や解放についての考察④文学や映画における恨と芸術についての考察。

(79) 崔祥鎭、キム・ギボム「韓国人の民族的情緒、恨」『文化心理学　現代韓国人の心理分析』（坡州：知識産業社、二〇一一年）、一一八―一一九頁

(80) 前掲「韓国人の民族的情緒、恨」、一二二頁

(81) ハン・ソンヨル、ハン・ミン、犬宮義行、シム・ギョンソプ『文化心理学』（ソウル：学志社、二〇一五年）、四三八―四五六頁

(82) 前掲『文化心理学』、四四五―四四六頁

(83) 前掲『文化心理学』、四四八―四四九頁

(84) 前掲『文化心理学』、四四九頁

(85) 上別府正信『韓国のアイデンティティ論としての恨：恨の言説の形成過程を中心に』（中央大学大学院博士論文、二〇〇八年）、二七六―二七八頁

(86) イ・シヒョン「火病の精神医学的接近」韓国精神文化研究院『形成と創造二一―一：韓国人の火病―その精神文化的診断と処方』（韓国精神文化研究院、一九九七年）、七一―七二頁

(87) ミン・ソンギル他は「恨に関する精神医学的研究」『神経精神医学』（三六―四）（大韓神経精神医学会、一九九七年）において、恨は解かれるものという前提で議論を展開する。恨は韓国人固有の情緒であり、恨を火病の原因と考え治療の対象とみなす。韓国人は恨を解く手段として民謡、芸術（パンソリ）、仮面劇などを発達させてきたという。

（88）「噂の名講義クォン・スヨン　われわれは憤怒の民族⁉」『気付いたら大人』（tvN STORY）https://www.youtube.com/watch?v=PkbKDR6zj7U（確認日二〇二二年一一月七日）
（89）前掲『韓国のアイデンティティ論としての恨：恨の言説の形成過程を中心に』、二八七－二九〇頁
（90）総務省「日本人の韓国に対する親近感調査」（令和二年度）https://survey.gov-online.go.jp/r02/r02-gaiko/2-1.html（確認日二〇二一年九月一七日）二〇一〇年代には親近感度が低迷していたが、二〇二二年になって回復した。
（91）小倉紀蔵『韓流インパクト　ルックコリアと日本の主体化』（東京：講談社、二〇〇五年）、一〇頁
（92）豊田有恒『日本人と韓国人ここが大違い』（東京：ネスコ、一九八五年）、九九－一〇〇頁
（93）加瀬英明『「恨」の韓国人「畏る」日本人』（東京：講談社、一九八八年）、六四－六六頁
（94）呉善花『続スカートの風　恨を楽しむ人々』（東京：三交社、一九九一年）、八三頁
（95）前掲『続スカートの風　恨を楽しむ人々』、八四－八五頁
（96）千二斗「韓国的〈恨〉について―特に日本のものの哀れとの比較を中心に」『朝鮮学報』（一三一）（朝鮮学会、一九八九年）を呉善花が参照した形跡は見られない。
（97）呉善花『新スカートの風　日韓＝合わせ鏡の世界』（東京：三交社、一九九二年）、一七八頁
（98）栗村良一『「恨の国」見聞録　現代ソウル一六景』（東京：共同通信社、一九九五年）、一九五頁
（99）前掲『「恨の国」見聞録　現代ソウル一六景』、二三〇頁
（100）前掲『「恨の国」見聞録　現代ソウル一六景』、一一一頁
（101）前掲『「恨の国」見聞録　現代ソウル一六景』、二一二頁
（102）近年の古田博司は『韓国・韓国人の品性』（東京：ＷＡＣ、二〇一七年）、『韓国・北朝鮮の悲劇』（東京：ＷＡＣ、二〇一八年）などを執筆し、保守系論壇『正論』などで嫌韓論をリードしている。
（103）古田博司『悲しさに笑う韓国人』（東京：人間の科学社、一九八六年）、二一〇－二一一頁
（104）前掲『悲しさに笑う韓国人』、二一一頁

(105) 前掲『悲しさに笑う韓国人』、二一〇―二一一頁
(106) 古田博司『朝鮮民族を読み解く』（東京：筑摩書房、二〇〇五年）、一五〇頁
(107) 「恨」『ウィキペディア』https://ja.wikipedia.org/wiki/恨（確認日二〇二一年七月一日）
(108) 前掲『朝鮮民族を読み解く』、一五〇頁
(109) 「韓国人の恨」『韓国民族文化大百科事典』https://terms.naver.com/entry.naver?docId=532214&cid=46655&categoryId=46655#TABLE_OF_CONTENT7（確認日二〇二一年九月一七日）
(110) 小倉紀蔵『韓国は一個の哲学である』（東京：講談社、一九九八年）、四七頁
(111) 金烈圭「韓国人―恨の内と外」『韓国再発見』（東京：朝日文庫、一九八八年）、四八頁
(112) 小倉紀蔵『心で知る、韓国』（東京：岩波書店、二〇一二年）、四―六頁
(113) 前掲『韓国は一個の哲学である』、四五頁
(114) 伊藤昌亮『ネット右派の歴史社会学　アンダーグラウンド平成史一九九〇―二〇〇〇年』（東京：青弓社、二〇一九年）、四〇七頁
(115) 本文では⑨整形大国が⑩となっている。市川孝一「〈韓流ブーム〉から〈嫌韓ブーム〉へ」朴順愛他編『大衆文化とナショナリズム』（東京：森話社、二〇一六年）、一八六―一九二頁
(116) 『恨の法定』は二〇二〇年に新装版として小学館より再発刊されている。
(117) 檀君だけは紳士的に描いている。
(118) 井沢元彦『恨の法廷』（東京：日本経済新聞社、一九九一年）、二五六―二五七頁
(119) 前掲『恨の法廷』、一六二頁
(120) 井沢元彦「日・韓〈誤解〉の〈真犯人は〉『一〇〇人の九九九冊不透明な時代を読み解く』（東京：小学館、一九九六年）、六四頁
(121) 井沢元彦「〈恨〉の民族は今日も敵を必要としている」『ＳＡＰＩＯ』（五四四）（東京：小学館、二〇一三年三月号）、

二四頁
(122) 前掲「〈恨〉の民族は今日も敵を必要としている」、二四頁
(123) 金烈圭『韓国人の心理』(東京：ごま書房、一九七八年)、一九四頁
(124) 金容雲『日韓の宗教的意識と天理教』(奈良：天理教道友社、一九八五年)、四九頁
(125) 黄文雄『恨韓論』(東京：宝島社、二〇一四年)、一九六頁
(126) 松木國俊『こうして捏造された韓国「千年の恨み」』(東京：WAC、二〇一四年)、五六頁
(127) シンシアリー『韓国人による震韓論』(東京：扶桑社新書、二〇一五年)、六八頁
(128) 室屋克実監修『日朝古代史　嘘と恨の原点』(東京：宝島社、二〇一七年)、八頁
(129) 室谷克実監修のMOOKは朝鮮王朝よりさらに歴史を遡って恨を歴史の中に探す内容となっている。例えば『日朝古代史　嘘と恨の原点』は第一章「古代から始まっていた半島気質の原点」、第二章「古代から変わらぬ癖　火病の原点」、第三章「もはや国民のDNA　嘘と恨の原点」という章立てとなっており、『日朝中世史　恨みの起源』(東京：宝島社、二〇一五年)では第一章「恨みの起源Ⅰ　モンゴル支配下の高麗」、第二章「恨みの起源Ⅱ　李朝朝鮮」、第三章「恨みの増幅　日韓併合までの李氏朝鮮」、第四章「恨みの淵源　蹂躙された古代朝鮮」、第五章「恨みの拡散　韓国の偽史と偽英雄譚」という構成になっている。
(130) 金烈圭『恨脈怨流』(ソウル：主友、一九八一年)、二〇八－二三九頁
(131) 前掲『こうして捏造された韓国「千年の恨み」』、五九頁
(132) 前掲『こうして捏造された韓国「千年の恨み」』、六二頁
(133) 「恨」『韓国民族文化大百科事典』https://terms.naver.com/entry.nhn?docId=532214&cid=46655&categoryId=46655(確認日二〇二〇年六月一三日)
(134) 南富鎮『近代日本と朝鮮人像の形成』(東京：勉誠出版、二〇〇二年)、六五頁
(135) 井沢元彦「朝鮮民族の〈恨〉は恨み辛みや不満を生きる力に転換した情態」『NEWSポストセブン　週刊ポスト』(二

〇一三年一二月二〇・二七日）https://ironna.jp/article/1368（確認日二〇二〇年三月一〇日）
(136) 前掲『恨韓論』、二〇九頁
(137) 山本峯章『韓国人は、なぜノーベル賞を獲れないのか？　和の日本　恨の韓国』（東京：ベストブック、二〇一三年）、一一三頁
(138) 前掲『韓国は一個の哲学である』、小倉紀蔵『韓国人のしくみ』（東京：講談社現代新書、二〇〇一年）など。
(139) 呉善花『韓国を蝕む儒教の怨念』（東京：小学館、二〇一九年）、二二七頁
(140) 前掲『こうして捏造された韓国「千年の恨み」』、四頁
(141) 前掲『恨韓論』、八頁
(142) 前掲『恨韓論』、二二二頁
(143) 前掲『続スカートの風　恨を楽しむ人々』、八六頁
(144) 前掲『韓国を蝕む儒教の怨念』、二四一頁
(145) 前掲『日朝古代史　嘘と恨の原点』、八頁
(146) 前掲『日韓の宗教意識と天理教』、二一一－七〇頁
(147) 前掲『韓国人は、なぜノーベル賞を獲れないのか？　和の日本　恨の韓国』、二五頁
(148) 前掲『恨韓論』、一九二頁
(149) 前掲『恨韓論』、一九五頁
(150) 西尾幹二「正論　世界にうずまく〈恨〉の不気味さ」『産経新聞』（二〇一六年一二月一九日）https://www.sankei.com/column/news/161219/clm1612190006-n1.html（確認日二〇二〇年三月一五日）
(151) 滝沢秀樹「怨と恨—民衆史の方法論に関連して」『韓国社会の転換　変革期の民衆世界』（東京：御茶の水書房、一九八八年）、二五八－二九五頁
(152) 千二斗「韓国的恨の逆説的構造—ニーチェ、シュラーなどルサンチマン論との対比を通して」『韓国的恨の明と暗』（広

島：エミスク企画、二〇〇二年）、一九二－二〇二頁

(153) 滝沢秀樹と千二斗は、恨はルサンチマンとは異なると主張した。

(154) 前掲『朝鮮民族を読み解く』、一五〇－一五二頁

(155) 「人格障害…年相応の行動が出来ない」『東亜日報』（二〇〇三年二月一六日）https://www.donga.com/jp/Search/article/all/20030216/273047/1（確認日：二〇二三年二月一七日）

(156) 「（統計の中の経済）〈憂鬱な〉韓国・〈怖い〉韓国…精神健康〈赤信号〉」『ニューストマト』（二〇一六年四月一日）https://www.newstomato.com/ReadNews.aspx?no=640682（確認日二〇二三年二月一七日）

(157) 厚生労働省「知ることから始めよう　みんなのメンタルヘルス」https://www.mhlw.go.jp/kokoro/know/disease_personality.html（確認日二〇二一年九月一七日）

(158) 「韓国人は、なぜ〈ファビョる〉のか？　年間一一万人以上が患う〈火病〉と〈恨（ハン）〉の真実」『日刊サイゾー』（二〇一五年二月二七日）https://www.cyzo.com/2015/02/post_20792_entry.html（確認日二〇二二年一一月三日）

(159) 前掲『韓国を蝕む儒教の怨念』、二五〇頁

(160) 「恨（感情）」『ナムウィキ』https://namu.wiki/w/한(감정)（確認日二〇二二年一一月五日）

(161) 真鍋祐子「日韓関係を歪める言葉―ねじ曲げられた〈恨〉」佐野正人編『思想・文化空間としての日韓関係』（東京：明石書店、二〇二一年）、五七頁

(162) 小倉紀蔵『韓国の行動原理』（東京：ＰＨＰ研究所、二〇二一年）、二六－二七頁

(163) 「恨」『ウィキペディア』https://ja.wikipedia.org/wiki/恨（確認日二〇二二年七月一日）

結論

「韓国人の民族性」として認識されてきた恨とは何だったのか。その一端をつかむために、ここまで筆を進めてきた。

「ナショナルアイデンティティーとしての恨」が認識され始めた時期は、六〇年代にまで遡る。一九四五年の植民地からの解放、一九五〇－五三年の朝鮮戦争を経て、一九六三年に発足した朴正熙政権は、北朝鮮との体制間競争に勝利し「祖国近代化」を成すことを国家目標に掲げ、国民総動員のためのナショナリズム高揚を狙って、文化政策――文化財や伝統文化といった「韓国的なるもの探し」――を推進した。

政治学者の米原謙らが「ナショナリズムとは〈国民的自尊心の表現〉であり、それは何らかの形で〈国民的〉と形容できるような集団意識の成立と集団への帰属を確認するための凝結核の二つの要素が必要である」(1)と述べているように、「日本の植民地でない」「北朝鮮でもない」といった「集団意識」を成立させた彼らには、新たな「凝結核」が必要であった。それが「韓国的なるもの探し」の持つ意味であり、「ナショナルアイデンティティーとしての恨」を誕生させた背景であると考えている。

既存の恨研究は、「恨とは何か」という恨の本質を解明しようとする思想研究を中心に展開されてきた。議論の始まりは、植民地期の詩人・金素月の作品論である。金素月の詩を代表する「悲哀」の叙事や情緒、「女性の受難」といったテーマは韓国文学の特徴とされ、恨こそが「民族文学」の核心だと受け止められるようになっていった。その後に進められた「恨のルーツ探し」では、恨が古代から朝鮮半島に見られることや東アジアの他国に見られないことを確認し、「恨はわれわれのナショナルアイデンティティーである」という認識が韓国社会に広がっていった。文学者に加えて、民主化運動のシンボル的存在だった詩人（金芝河）や民俗学研究者（金烈圭）なども恨について言及することで、「恨とは何か」という議論はますます白熱し、恨の定義は複雑化の一途を辿った。恨研究者たちは、膨れあがった恨の定義を整理統合する作業を行い、恨を一つの思想哲学として成立させていった。

しかし、二〇〇〇年代になると、「ナショナルアイデンティティーとしての恨」は急速に話題性を失う。「そもそも恨は韓国人の民族性だといえるのか」という疑義が唱えられ、植民地主義研究者は「ナショナルアイデンティティーとしての恨」をあっさりと否定した。他方で日本では、二〇〇〇年代以降に韓国の国際社会における存在感が増す中、韓国文化の核心として「恨の文化」に視線が注がれるようになる。その後、二〇一〇年代に嫌韓論が急拡大した際には、嫌韓言説内で「ナショナルアイデンティティーとしての恨」のトピックが多用された。この際に見られた日韓の恨認識におけるギャップは、本書を執筆する大きな動機となっている。

恨の先行研究を確認した結果、本書では、「恨とは何か」を問うことに重きを置くのではなく、「ナショナルアイデンティティーとしての恨」の誕生と消滅前後の過程で何があったのかを明らかにするために、「恨がなぜ語られたのか、どのような態度で語られたのか」を追うことにした。そこで注目したのが、解放後の韓国文化論を牽引したとされる文学者・李御寧の恨言説である。

日本の植民地統治下に生まれ、多感な時期に日本式教育を受けた李御寧は、六三年に新聞で連載したコラムをまとめて、韓国初の韓国文化エッセイ集『土の中に、あの風の中に』を発表した。同著で李御寧は、民俗芸能や説話、語彙、歴史などの幅広い分野について、韓国文化の特徴を書き並べた。今の視点で見ると、韓国の風土から「恨のようなもの」を感じ取っていたように読めるが、恨という言葉は同著の中でそれほど使われていない。むしろ、文中では「苦難」という言葉が繰り返されており、恨が「凝結核」に至るまでには、「苦難の歴史を共有するわれわれ」という「集団意識」が存在することが確認できた。

筆者が同著で特に注目したのは、李御寧の筆致に見られるネガティブさである。同著は全体として、わが文化は悲哀に満ちていて取るに足りないものだという「鬱屈した姿勢」で記されており、恨を民族文学として肯定的に捉えた金素月の作品論の論調とは全く様相が異なっている。

このような李御寧の自文化に対する否定的な態度から思い起こされるのは、植民地主義である。法学者で韓国のオリエンタリズムも研究するパク・ホンギュによれば、「朝鮮／韓国文化」という概念は一九三〇年に日本人によって初めて定義されたという。(2) そのため、朝鮮の自画像は、宗主国である日本にとって都合の良い言説や著述に依存せざるを得ず、自己や自国に対して不信感を抱かざるを得なかったのである。このように、『土の中に、あの風の中に』に散りばめられた「恨のようなもの」を鬱屈した態度で記述したことは、「恨のようなもの」が植民地主義の負の遺産であることを物語っている。李御寧自身も、二〇〇〇年代の同著に対するインタビューにおいて「伝統文化を否定的に描いたのは、期待と愛情に比例して失望と憎悪も大きかった」からだと答えている。

一方で、「非文明的で野蛮」「曖昧模糊」「主体性がない」といった数あるネガティブな自画像の中でも、比較的肯定的に記述されていたのが、朝鮮美術の特徴について柳宗悦が形容した「悲哀の美」である。柳宗悦の朝鮮芸術論は、「ナショナルアイデンティティーとしての恨」の根拠として、その後も語り継がれていく。

李御寧の鬱屈した恨言説は、その後大きく変容する。日本語版での初版は『恨の文化論』（七八）、増補版は『韓国人の心』（八二）と名付けられ、書籍名に恨が入った。これは、彼が六三年に書き連ねた「恨のようなもの」が「恨」であったことを彼自身が認めているということである。書籍名ばかりでなく、恨の中身にも変化が生じていた。日本語版の初版と増補版には、それぞれ「恨とうらみ」と「解しの文化」という新しいエッセイが書き加えられている。「恨はうらみとは異なる」という言説を日韓社会に広く流布させたのは「恨とうらみ」であったが、李御寧がより強調したかったのは「解しの文化」の方であったのだろう。韓国人の「民族性」とは、「〈恨〉を抱いていること」ではなく、「〈恨〉をうまく〈解〉してきたこと」だという言説に転換しようとしたのが、「解しの文化」であった。李御寧は「解しの文化」で、悲しみの情緒である恨とは逆の情緒である「興、シンミョン」についても指摘した。「陽気さ、カタルシス」を表すこの情緒は、二〇〇〇年代以降になると、恨に代わる「韓国人の情緒」として広く語られるようになっている。

書籍名である「恨の文化」について李御寧は、「虐げられ踏みにじられながらも、美しく穏やかな、あの望ましい世界――絶対に実現される証しのなかった心の世界――を目指していく文化」だとまとめている。このように「ナショナルアイデンティティーとしての恨」が植民地主義的視点から生まれたものであったにせよ、それをよりポジティブなものへ、より美しいものへと変容させようとしたことが分かる。李御寧の一連の恨論は、植民地の精神的後遺症の根深さと、新しいナショナルアイデンティティー獲得への渇望と、それを産み落とす「身もだえ」であったのである。「恨の文化」の誕生とは、他者によって押し付けられた自画像を自らの手で描き直す過程であると同時に、近現代の長きに渡って見出そうと奮闘してきた「韓国的なるもの」というナショナルアイデンティティーの発見、獲得の結果であった。換言するなら、「恨の誕生の物語」とは、植民地トラウマ克服の物語であり、韓国人による韓国人のアイデンティティー構築の物語だったと言えよう。

本書のもう一つの狙いは、市井の人々が恨をどのように捉えていたのかを明らかにすることであり、二〇一〇年代以降に日本で噴出した嫌韓論における恨言説を考察し、恨認識の日韓ギャップを浮き彫りにすることであった。

恨研究を見ていくと、文学界の恨に関する議論や金芝河の恨言説、金烈圭のシャーマニズムにおける怨恨や恨解きなどについては言及されているものの、それらだけでは普通の人々が抱く恨のイメージを捉え切れないと考え、新聞や映画における恨言説を考察した。

新聞調査では、庶民の暮らしや政治、人生などで、日常的に恨という言葉を用いている実態を明らかにした。こうした日常的な言い回しとして使用される恨は、「無念」や「悔い」に置き換えることができ、韓国固有の情緒としての意味合いはほとんどないことが分かった。一方で、「個人の恨」を綴った日常的な言い回しとしての恨が、四五年から七五年までの国家的イベント（日韓国交正常化、離散家族再会事業など）を通じて、「民族の恨」言説へと転換していく過程も読み取れた。

　映画調査では、文学界で綴られた「悲哀の美」とは熱量やイメージの異なる、熱くほとばしる情動的な恨を確認した。また、恨議論が活発化したのは七〇年代後半以降といわれてきたが[3]、六〇年代にはすでに、大衆の間に「恨の民族」という意識が形成されていたことも分かった。

　伝統芸能パンソリをテーマにした映画『西便制』（九三）は、口コミで広がって空前の大ヒットを記録し、パンソリブームといった社会現象を巻き起こした。こうした『西便制』シンドロームについて上別府（二〇〇八）は、「恨の文化」が絶頂期を迎えた瞬間であったと述べ、「アイデンティティーとしての恨」が存在する証左として、大衆の中に存在した「共同幻想」について言及している。そこで筆者は、『西便制』現象にまつわる当時の声をさらに拾い集め、例えば関係者のインタビューや観客のレビューから、『西便制』現象にまつわる恨の問題をさらに踏み込んで考察した。その結果、「苦難の歴史」の共有から生まれる恨の情緒を体現した『西便制』が、「恨の文化」は「われわれにしか理解できないもの」というある種の優越感を韓国の人々にもたらしめていたこと、そして、『西便制』が「ナショナルアイデンティティーとしての恨」と固有の伝統芸能であるパンソリとを強力に結び付けたことにより、人々が「われわれはついに〈われわれの文化〉を発見した＝〈韓国的なるもの〉を獲得した」と歓喜していた実態を浮かび上がらせた。『西便制』現象の持つ意味とは、植民地主義で汚された自画像しか持たなかった人々が、誇りを取り戻した瞬間だったということである。この瞬間こそが、真の意味での「恨の誕生」であったと筆者は考えている。

　しかし、「われわれの文化」の獲得の喜びもつかの間、二〇〇〇年代になると、「アイデンティティーとしての恨」は急速に求心力を失っていく。韓国が先進国入りし、植民地主義研究が台頭してくると、「恨の文化」を否定する研究者が現れた。人々が「恨の文化」に触れる機会は、ドラマや映画、バラードといったエンターテインメント、あるいは国語や音楽の教科書で紹介される文学作品や楽曲に限られるようになった。恨関連書籍の出版が二〇〇六年頃をピークに低調であることも論文検索統計で確認した。研究分野では、心理学や精神医学など、新たな分野における「意識構造」や「精神疾患」としての恨研究がひっそりと続いていた。社会心理学では恨について、国家や国民全体の苦難や貧しさと結び付くというより、不条理から目を背けて運命に責任転嫁し自らの精神負担軽減を図る心理として説明したり、精神医療では、怒りや不条理な思いを溜めすぎて心身の体調が崩れる「火病」と絡めて恨を語るなどした。

二〇二〇年代現在、「アイデンティティーとしての恨」は、韓国社会で完全に影を潜めている。一般市民が編集して作られるオンライン百科事典[4]にも、「恨はもともと韓国固有の情緒ではない」と記載され、「植民地主義」や「興の民族」といった見出しが列挙されている。

また、日本の嫌韓論では、恨と儒教を絡めて貶める言説が散見されたが、これは植民地当時に、「朝鮮社会は儒教制度のために停滞している」とした停滞性理論の焼き直しであることを指摘した。さらに、韓国でナショナルアイデンティティーとしてもてはやされた「恨の文化」とは議論された時代が異なる全く別のトピックである「意識構造としての恨」や「精神疾患に関わる恨」を持ち出して、新たな言説を生み出している実態を明らかにした。例えば、「恨は解けないもの」といった「恨の文化」における言説に、「意識構造としての恨」の議論や儒教を起因とする恨言説を「巧妙に援用」し、「儒教の国・韓国は永久に日本を恨み続けるヒステリックな反日国」という言説を作り出していることを確認した。

このような恨認識を巡る日韓ギャップは、嫌韓側に、韓国に対する蔑視感情があることは指摘するまでもなく、言説を通時的に整理したり「恨の物語」を全体として理解したりすることなく、関連トピックを「都合良く」取捨選択することで容易に生まれることも分かった。

注

（1）米原謙他『東アジアのナショナリズムと近代』（大阪：大阪大学出版会、二〇一一年）、八頁
（2）朴洪圭「オリエンタリズム、人類学、韓国文化」韓国伝統文化大学校伝統文化研究所編『韓国文化とオリエンタリズム』（ソウル：ポゴサ、二〇一二年）、三五頁
（3）上別府正信『韓国のアイデンティティとしての恨：恨の言説の形成過程を中心に』（中央大学大学院博士論文、二〇〇八年）、四四九頁など
（4）「恨（感情）」『ナムウィキ』https://namu.wiki/w/（한：감정）（確認日二〇二二年一一月五日）

補論

一章　序論

一節　韓国宗教文化の背景整理

一、「大伝統と周辺」の枠組みから見た韓国宗教史

日韓では、外来宗教の土着化の様相が異なるといわれている。日本では外来宗教が土着宗教と習合しながら定着したため両者が渾然一体となっているのに対して、朝鮮半島では外来宗教が「大伝統」として君臨し、その後も正統性を保持するために純化を続けた一方、土着宗教は正統性のない混ざりものとみなされ「周辺」へと追いやられた(1)。

1　朝鮮時代までの宗教空間

四世紀末に中国から伝来した仏教は、高麗時代までの九〇〇年間、朝鮮半島において政治や精神文化で大きな役割を果たした。仏教は、国家の存立や王権の正統性、民衆の精神的統合の象徴として国教化され[2]、他国からの侵入が頻繁だったことから、護国仏教の性格が強かった。世界文化遺産に登録されている海印寺大蔵経板殿に保管されている高麗八万大蔵経の製作にも、護国仏教の性格が表れている。また、他の時代の「大伝統」と比して他宗教に寛容で、他宗教との習合も見られる。朝鮮時代になって国教の地位を失うが、現在も宗教人口の一六%[3]を仏教徒が占めており、釈迦誕生節は国民の祝日に定められている。

二〇一五年の統計庁の宗教統計によると、儒教信徒数の割合はわずか〇・二%であるにも関わらず、現代韓国社会は儒教社会だとよく耳にする。というのも、儒教が宗教や思想哲学に留まらず、韓国の人々の倫理観や生活習慣に根を張っているためである。

仏教に代わって儒教（朱子学）が国家の統治理念となったのは、朝鮮時代（一四－一九世紀）のことである。中華文明圏内における唯一の「正統な教え」として朝鮮半島の新たな「大伝統」となった儒教は、中央では党争を繰り返して正統性を争い、原理主義化した。一方、このとき国教の地位を追われ、周辺に追いやられたのが仏教である。僧侶は賤民に格下げされ、寺は都から閉め出された。名刹がソウルから遠く離れた地方の名山にしかないのは、そのためである。また、朝鮮時代に禅宗と教宗が一つの宗派に統廃合されたことで、特定の宗派に偏らず各宗派が共通の教理を持つ「通仏教」も、韓国仏教の特徴の一つとなった。巫俗や道教との習合も、朝鮮時代に本格的に進んだといわれている。

朝鮮の儒教は、純化を進めた結果、朱子学一辺倒になった。人倫道徳を具現化した『朱子家礼』を範として編纂した『四礼便覧』は支配階級から民間にまで流布し、『四礼便覧』に準じた儀礼や作法が、形式に則って忠実に行われるようになった。言葉使いや食事作法など、韓国人の身体化された日常の中に儒教が根付いているのはこのためである。中でも、儒教文化の象徴として重視されたのは祭祀《チェサ》であった。祭祀とは、先祖に食事を捧げて追慕する儀礼で、年長者の奉養という孝思想の延長に当たるものである。二〇〇〇年代以降急速に衰退し始めるまで、正月や秋夕ともなると親族中が集まって祭祀が行われていた。

古来から信仰されてきた巫俗も、儒教によって弾圧された宗教の一つであった。巫俗とは複数の神を祀り、除災招福のために神託や儀礼を行う民俗宗教である。[4]古代には王朝と結び付いていたが、儒教が流入してからは「野蛮」な土着宗教として「周辺」へ追いやられた。しかし、儒教では扱えない諸問題に対処することで、消滅することなく現代まで生き残った。

2　植民地期の宗教空間

近代に入ると、朝鮮半島の宗主国が中国から日本に移る。一九一〇年から四五年までの日本統治時代には、神道を通じて朝鮮半島の人々をも教化、統合しようとする国家神道体制によって宗教的領域が再編成された。信教の自由は国家の安寧を妨げない範囲においてのみ認められ、神社は国家儀礼＝公的領域を担う超越的な存在・施設として、私的領域に位置付けられる各宗教の上に君臨した（「神社非宗教論」）。

また同時期の宗教は公認宗教とそうでないものとに分類された。仏教とキリスト教、日本由来の教派神道は公認宗教とされ、法的秩序の内部に位置付けられ統治側の「包摂」の対象となった。だが、それ以外の巫俗や洞祭などは法的秩序外に位置付けられ、「迷信」として「排除」の対象となった。[5]一九世紀末から二〇世紀初頭に発生した民族宗教の天道教や甑山教は、「類似宗教」という曖昧な地位に分類された。「類似宗教」は法的秩序外に置かれたが、時には「包摂」の対象にもなり得るという、支配層にとって都合の良い区分であった。

朝鮮総督府の所轄部署にも、そのことがよく表れている。「公認宗教」は学務局社会課や内務局地方課が管轄したが、「類似宗教」をはじめとする非公認宗教は警務局保安課が、「迷信」に分類された信仰形態や組織は警務局衛生課が管轄し監視した。

朝鮮時代の国教であった儒教は、権限や役割が大幅に縮小された。郷校はもともと、教育機関であるとともに、聖賢や祖先を崇拝し追慕する宗教的役割も担っていた。しかし、郷校の宗教性が認められず、学問的教化団体の「儒道」として学務局社会課の管轄に置かれるか、あるいは「儒教系類似宗教」として監視されることもあった(6)。

一九一九年の三・一独立運動では、宗教団体の組織力が一定の役割を果たしたといわれている。だが三・一運動以降、監視体制が厳格化し、半島では日本統治に対抗するような表立った政治活動はできなくなった。日中戦争勃発後の戦時体制期になると、学校での神社参拝強要など、国家神道体制の強化が顕著になっていった。

3　解放後のキリスト教

解放後の韓国では、精神文化たる「大伝統」が、アメリカからもたらされたプロテスタントにスイッチした(7)。今世紀のプロテスタント宣教史の中において「宣教の奇跡」といわれるほど著しく成長し、プロテスタントが一部の知識人にしか受容されなかった日本とは対照的であった。

プロテスタントが急激に信徒数を伸ばしたのは、一九七〇‐八〇年代の高度成長期である。二〇二一年の調べによると、人口あたりの宗教人口の割合はプロテスタントが一七%、仏教が一六%、カトリックが六%、無宗教が六〇％で、宗教人口の最大勢力となっている。(8) 二〇〇〇年代以降、宗教人口そのものが減少傾向にあるとはいえ、現在でもプロテスタントの社会的影響力は、他宗教を圧倒する。

韓国ではカトリックを「天主教」または「カトリック」、プロテスタントを「基督教」または「改新教」と呼び、互いを区別して牽制し、正統性を争っている。本書では、韓国での呼称にならい、韓国のプロテスタントを改新教と呼ぶことにする。

改新教の教派別割合は、長老派が七〇・七％、監理教（メソジスト）が九・八％、聖潔派（ホーリネス運動）が六・二％、浸礼派（バプテスト）が四・七％となっている。改新教内にも「大伝統」が存在する。改新教の「大伝統」に位置付けられるのは、主流派である長老派（長老教）である。

長老派は、一九世紀にアメリカ人宣教師がもたらした保守的神学を堅持する保守的で排他的な教派である。長老派内でも「純化」の動きは非常に盛んで、「正統性」を競い合う中で大分裂が起き、現在は二〇〇を超える派閥が存在するという。長老派の最大組織である「朝鮮イエス教長老会（一九四九年に大韓イエス教長老会に改称）」内では、植民地期中に神社参拝の対応を巡り拒否を貫いた「高神派」が一九四六年に分離し、五三年には自由主義神学（リベラル）の人々が独立して「韓国基督教長老会」を作った。五九年には、エキュメニカル運動（教派を超えた結束を目指す主義）を進めるＷＣＣ（世界教会協議会）への加入の是非を巡り、「大韓イエス教長老会」本体が加入反対の「合同派（福音派）」と加入支持の「統合派（エキュメニカル派）」に大分裂した。

一方で、朝鮮時代の予言書である『鄭鑑録』などのメシアニズムや解怨思想と結び付き、他宗教との習合が進んだ土着的キリスト教は、純化し続ける主流派から糾弾され、「異端」決議がされている。日本でも有名な統一教（世界平和統一家庭連合）や新天地イエス教会といった教団がそれである。

二、「恨／恨解き」（解怨思想）の枠組みから見た韓国宗教史

1　朝鮮時代の葬祭礼（儒教・巫俗）

高麗時代（九一八－一三九二）までの埋葬には、巫俗式の土葬と仏教式の火葬とがあり、墓場には巫俗の宗教職能者であるムーダン（무당）や僧侶が呼ばれたという。(9)

儒教が国教化(10)された朝鮮王朝では、国家的な怨霊の処理や厄払いといった解怨儀礼においても儒教化が進んだ。朝鮮王朝は建国当初から近代化されるまで、厲祭（여제《ヨジェ》）という儒教式慰霊祭を執り行っていた。非正常な死を遂げた無主孤魂(11)のための慰霊祭で、生者に害を与える厲鬼（여귀《ヨグィ》）を城隍神（서낭신《ソナンシン》、村の護り神）の力によって退けるというものである。これらの解怨儀礼は、高麗王朝においては、仏教や巫俗が担当したが、朝鮮王朝では、一部を儒教が代替した。

個人レベルの葬祭礼も、巫俗から儒教に置き換わった。死んだ先代を祖先として祀ってこそ、家族や子孫が安寧でいられると考えたため、結婚して男子を設け、天寿を全うした「正常な死者」は、『朱子家礼』に則った儒教式葬礼で送った。

「正常な死」があるということは、もう一方に「非正常な死」も存在したということである。未婚で若くして死んだ者、直系の子孫がなく祭祀の祀り手のない者、客死者や事故死者、自死者などの「非正常な死者」は、ささやかな葬式で済まされ、その後の祭祀も略式にするか行われなかった。

また「非正常な死者」は、不本意に命が尽きたために深い怨恨を抱いていると考えられ、鬼神（귀신《クイシン》）や怨霊（원령《ウォルリョン》）の名で呼ばれた。鬼神や怨霊は自らの無念を伝えようと、遺族や親近者の所に頻繁に舞い戻

っては病や事故、事業の不振、家畜の急死などの災いをもたらすと恐れられた。こうした怨恨を抱く死者の供養を担ってきたのが巫俗である。

2　巫俗の「恨解き」（鎮魂）儀礼

では、解怨儀礼や個人レベルの葬祭礼を担っていた巫俗とは、どのような宗教なのか。巫俗は、民衆の生活と密接に関わり、生活上の欲求に応えてきた現世主義的、除災招福的な民俗宗教である。民俗宗教が故に、標準化された教義や組織された教団を持たず、儀礼も地域によって異なっている。いわゆるシャーマンに該当するムーダンは、死霊などの超自然的存在と交流を持ち、卜占、治病、家祭などの担い手である。ムーダンが行う除災招福の儀礼はクッ（굿）と呼ばれた。クッは幸運・幸福をもたらすウラル・アルタイ語を語源としている[12]。

クッは「恨」と絡めて語られることが多い。巫俗研究者の朴日栄は、クッに「恨─恨解き」の概念を適用し、三段階で説明した[13]。クッの初段階は、「恨」を認識する段階である。死霊と生者が意思疎通する空唱（口寄）を通じて、死霊がいかに救われておらず平安でないかを認識しようとした。次は、「恨」の解決策を模索する段階である。前段階で認識された苦痛や不調和を解決しようとする「恨解き」を行う。最終段階は死霊との間の軋轢を解消し、調和を獲得する段階だという。

クッには多くの種類があるが、目的別に分類すると、①怨霊を追い出し病気を治療する「治病クッ」②怨霊を追い出し幸運を得る「祈福祭」③死霊の迷いを解きあの世へと送る「死霊祭」の三つである。「死霊祭」はあらゆる死者の地上への未練や恨みに対応しており、地域によって様々な呼称がある[14]。また、クッは現世主義的目的で行われるため、「死霊祭」も、この世の安全をはかるという意味合いが強い。

儒教の祭祀の場合、祀られる側に父系親族や世代などの縛りがあるが、巫俗の「死霊祭」は祀られる側に対していかなる制約も設けていない。儒教的な枠に入ることも可能な死者の「死霊祭」(15)もあれば、幼児や未婚の若者、離婚女性など、儒教の枠からはみ出す死者も祀ることができる。

怨霊には、死因ごとに個別の呼称が存在する。怨恨を抱く霊を恐れる風習は日本にもあるが、個別の呼称が存在するのを見ると韓国の方が恐れが強いようにも思える。未婚の死霊は極めて恐ろしいと考えられ、若い男性の死霊はモンダル鬼神（몽달귀신《モンダルクィシン》）、女性は女鬼（여귀《ヨグィ》）・孫閣氏（손각씨《ソンガクシ》）の名で呼ばれた。川や海、池などで溺れて死んだ霊である水鬼神（물귀신《ムルグィシン》）は放っておくと絶対に浮かばれないと考えられ、水死・溺死者も同様に恐れられた。

伝統社会では、こうした怨霊がこの世に戻って祟らないよう、あらゆる方法で防ごうとした。遺体の顔に網の目を被せたり、胸部に石を載せたりして埋葬したのである。また、未婚の死霊の怨恨を取り除く最も効果的な方法は、結婚させることだと信じられてきた。死後結婚をさせて、あの世で幸せになってもらおうというのである。

死者の遺族や関係者の手によって、死者同士あるいは死者と生者を結婚させる慣習のことを死後結婚という。この慣習は世界各地に分布しており、文化人類学では「ghost marriage」と称し、韓国では死後結婚・死後婚・死婚・魂魄婚姻・チュグンホニン（죽은 혼인：死んだ婚姻）・チュグンホンサ（죽은 혼사：死んだ婚事）などと呼ばれている(16)。

死後結婚は、韓国の伝統的結婚式とほぼ同じように進められる。伝統的結婚式ではまず、新郎新婦の相性を占うために四柱を交換して挙式の日を決めたあと、日本の結納・結納返しに当たる礼物・土産品を贈答する。その後、新郎新婦と両家の親族が新婦宅に集まって婚礼の儀式である「大礼」を行い、そこで新婚初夜と第二夜を過ごし、三日目に新郎宅に席を移して後礼を行う。それが終わると盛大な祝宴を催すのが慣わしであった。

死後結婚では新郎新婦がこの世に存在しないため、ホスアビ（호수아비）と呼ばれるカカシ人形を作り、両人の宿る依り代として用いる。近代化以降は写真を供えることも多く、人形と写真を組み合わせる場合もある。ホスアビの背丈は一メートルほどで、顔には白い紙を被せ、目鼻口を描いて化粧を施し、花婿・花嫁衣装を着せる。風変わりなのは、人形に生殖器を付けることである。性的結合は死者の恨みを解くために重要な役割を果たすと考えられたためである(17)。両家一同が見守る中、人形を対面させ拝礼を行い酒杯を交わす「大礼」の儀礼を進めたあと、別室に新しい布団を敷き、人形二体を寝かせて明かりを消し、初夜の床入れを演出する。ムーダンが主導する場合、徹夜でクッを行い、翌朝には式で使用した人形や布団などを全て焼きはらう。こうして初夜を過ごした新郎新婦の死霊は、煙に乗って無事にあの世へ行き着くと信じられた。

死後結婚によって結ばれた両家は、通常の結婚と同じように親密に交際し、日常生活でも頻繁に往来するようになる。三年喪である「大祥」の儀礼が終われば、夫婦は祭祀も享けられるようになる。死後結婚を行うことで、鬼神・怨霊と恐れられ遠ざけられていた死霊が、一転して子孫を加護し、限りない恩恵を与える祖霊に昇格できるのである。といっても、死後結婚によって結ばれた夫婦に子はいないため、夫婦の祭祀の祀り手を得るには養子をとる必要がある。独身男女は養子を迎えることができないため、死後結婚は、養子を迎える体制を整えることを意味する。それまで遺族が肩代わりしてきた祭祀を養子が担当することで、直系子孫による祭祀という大原則に立ち戻れる。特に済州島や全羅南道珍島では、養子を迎えるためのこうした死後結婚を行う事例(18)が少なくなかった。

3　民族宗教に見る「解怨思想」

韓国では近代以降に発生する民族思想を基盤にした宗教を「民族宗教」と呼ぶ。韓国新宗教研究者の盧吉明は、民族宗教の教団の特徴の一つに、「解怨思想」を挙げている。[19] こうした教団は、支配層や列強に抑圧されてきた民族、民衆の恨を解こうとして発生したという。[20] 解怨思想の他にも開闢思想や地上天国思想、救世主思想、選民思想などが見られ、儒仏巫などの伝統思想間の習合も盛んに起きているという。

巫俗の解怨（恨解き）は個人や家族または部落を主な対象とするが、民族宗教における解怨は民族や国家ないし人類にまでその対象が広がる。また、巫俗では怨みを解くまでで終わるが、民族宗教では解怨してマイナスをゼロに戻すだけでなく、プラスの再創造を行おうとする。

解怨思想を持つ代表的な民族宗教として、甑山教を挙げられる。甑山教は韓末期に設立され、東学農民戦争失敗後の社会的混乱の中、人間世界を救うために「降世」したという姜甑山（一八七一－一九〇九）を崇拝対象としている。姜甑山は、歴史上、人類の全ての宗教や文化、制度、原理は、互いに排他的で対立しており、数多くの戦争で血に染められ、[21] 多くの怨恨が蓄積されてきたことに着目し、全ての禍の原因とされる怨恨を解消して新しい歴史を創造するために「天地公事」という宗教儀礼を行った。

趙載国は、こうした甑山教の「解怨相生思想」は、巫俗の怨恨概念から発展したものだと述べている。一方で、巫俗の恨解きは個人の次元あるいは家族の次元であるが、甑山教の解怨は集団的かつ普遍的次元であり、また「解怨」に加えて平和共存的な「相生」へと導こうとしたという。[22]

また、キリスト教系民族宗教にも解怨思想が見られる。統一教の「先祖解怨」は死んだ先祖の霊を「解怨」し、「祝福」によって子孫を加護し恩恵を与える「善霊」に変える儀式である。セイル修道院にも、「選ばれたものの怨恨を解くのが審判の役事[23]」といった教義が見られる。

二節　韓国キリスト教史

一、一九世紀末から植民地期の歴史

朝鮮半島においてプロテスタントの本格的な受容が始まったのは、一九世紀末からである。一九世紀末の開化運動期には、自強独立が求められたため、近代化教育や医療などの西洋文明とセットで布教が進められた。受容期の宣教師にはアメリカ人が多かったため[24]、アメリカの福音主義的プロテスタントの影響を受け、保守的傾向が現在も色濃く残っている。

この受容期には、「畿清型」と「西北型」という二つの受容の型が存在したという。「畿清型」とは、ソウルを中心とする知識人による受容である。祖国を近代化し国権を回復する力となる救国宗教として受容したため、宣教師は政教分離の信仰を求めたものの、言論活動や政治運動に熱心な姿勢を崩さなかった。また、「日本の宗教ではない」という理由から民族主義者も入信し、日本の植民地統治期最大の独立運動である三・一運動の原動力の一つとなった。

もう一つの「西北型」とは、半島北部の農村地帯を中心とする貧農・庶民層の受容である。こうした入信が、全体の約八割[25]ともいわれている[26]。貧農・庶民信者は、復興会を通じて増えていった。特に、大韓帝国が日本によって外交権を剥奪された一九〇七年に開催された「平壌大復興会」で信者数を伸ばし、復興会は三・一運動後も盛り上がり続けた。それというのも、亡国の喪失感の穴埋めとしてメシアを渇望しユートピアに希望を求め[27]、神から選ばれた民だとされるイスラエルの選民思想に自らを重ねたからである。宣教の奇

跡的成功に感激した外国人宣教師も「Chosen（朝鮮）」の表記に神から選ばれし人々、即ち「選民」の意味を与え、『選民』という雑誌も発刊された。[28]

しかし、一九一九年の三・一運動をきっかけに事態は一変する。朝鮮総督府は、反日民族主義者を弾圧するようになり、それ以外にはある程度の自由を与えるなど、弾圧と懐柔を使い分けた。こうした統治システムの変化の中、キリスト教は「公認宗教」の座を守るためもあって、民族主義色を潜めていった。知識人の信者は先鋭的な政治運動から手を引き、代わりに農村の近代化運動や夜間学校などの社会啓蒙運動に力を入れた。一方、神秘主義的信仰によって貧困や亡国の挫折を克服しようという現実逃避の場でもあった復興会は、引き続き盛んに催された。[29]

日中戦争から始まった戦時体制期に当たる一九三七年には、神社参拝が国民儀礼として強要されるようになった。一部の信徒は偶像崇拝だとして抵抗したが、多くの公職者や信徒は政教分離の信仰に変化していたため、「神社参拝は宗教行為ではない」（神社非宗教論）という統治イデオロギーを受け入れ、参拝を実践した。四一年には宣教師が朝鮮半島から追放され、朝鮮総督府のもと、日本基督教朝鮮教団が組織され、日本基督教に編入された。

二、解放後の急成長

1　教勢拡大と祈福的な信仰

植民地期の改新教の信者数は人口の数%に満たなかったようだが、ペ・ドクマンによれば、五〇年に六〇万人、六〇年に一〇四万人、七〇年に二一九万人[30]にまで膨れ上がったという。統計庁の別の資料によると、八五年に六四八万人、九五年に八七六万人、二〇〇五年に八六一万人、二〇一五年に九六七万人となっている。七〇年代から八〇年代にかけて躍進が著しいことが分かる。

実は経済成長と改新教の拡大は比例関係にある。[31] 改新教は、朴正熙政権の「祖国近代化」のキャッチフレーズに呼応するように、「民族の福音化」にいそしんだ。「福音化」とは教勢拡大のことである。教勢拡張主義、つまり教団の数的成長や規模拡大という指向性は、排他的な競争主義を生んだ。教派間の競争だけでなく、個別の教会がそれぞれの信徒数や献金額を競い合った。

改新教の教勢拡張主義の象徴ともいえるのがメガ・チャーチの存在である。二〇〇七年時点で世界十大メガ・チャーチの半数以上が韓国に存在しており、単一教会において世界最大の教会である汝矣島純福音教会には、二〇二一年現在、五七万人の信徒が所属している。七〇－八〇年代に出現したこうしたメガ・チャーチは、ソウル南部の江南や盆唐に集中しており、江南開発プロジェクトでこのエリアに移り住んだ中産層を取り込んだといわれている。[32]

高度成長期の教勢拡大は、経済開発によって農業社会から産業社会へと変化を遂げ、伝統的農村社会が崩壊し、大規模な離農と急激な都市化が起きたことと関連している。都市に押し寄せる地方出身者の心の拠り所となったのが、教会だったのである。日本では新宗教が、六〇－七〇年代に貧・病・争などの庶民の抱える身近な問題に取り組み、出稼ぎ層の社交の場としての機能を果たしたのに対して、韓国では改新教がこれらの機能を担ったとされる。汝矣島純福音教会のケースでは、趙鏞基（一九三六－二〇二一）牧師が、霊的に満たされ、物質に恵まれ、病苦から解放されるという「救いの三重祝福」と、祈祷と聖霊の力による病気治しを行ったことで、六〇年代に急成長を遂げたとされる。

こうした例を見ても、改新教は、贖罪を受け神の意志を世に広めるという信仰以外に、イエスの力で無病長寿や事業繁栄を成就しようとする除災招福的な性格を持っていたことは明らかである。この傾向は教派を問わず共通しており、八〇年代までは「治病や物質的な祝福」に関する説教が普段から行われ、信者も日常生活を送る中で抱える諸問題の解決を教会に求めた[34]。

（33）

2　親米保守の改新教

また改新教は、アメリカ教会の成長戦略や成長モデル（量的成長を神学的に正当化した教会成長学）を積極的に模倣した。説教や音楽、例話などの形式面でもアメリカモデルを取り入れている[35]。七〇－八〇年代には、ビリー・グラハム伝道集会（七三）、Explo'74（七四）、七七民族福音化聖会（七七）、八〇世界福音化大会（八〇）、韓国教会宣教一〇〇周年記念大会（八四）など、アメリカプロテスタントの文化を移植した超大型伝道集会を開催している。

政治的スタンスにも、アメリカが影響している。アメリカの庇護のもと、冷戦の最前線に位置付けられた韓国は、共産国家と対峙するために反共化した。初代大統領である李承晩は、米国のプリンストン大学の政治学博士学位を持つクリスチャンで、改新教を強力に支援したことから、五〇年代には改新教が事実上の国教のようでもあった[36]。

李承晩以降は、軍人による政権が長く続いた。朴正熙は、政治を担う正当性を得ようと、反共（反北朝鮮）政策を国是とした。改新教もアメリカの影響下で反共・親米とシンクロしていることから、朴正熙の軍事クーデター時および維新体制期や、その後の全斗煥新軍事政権期も、政権を支援ないし消極的に肯定した。集会の自由が制限された軍事政権期に、一〇〇万人規模の伝道集会をソウルで開催できたのも、政府と改新教が良好な関係にあった証左と言える[37]。民主化後も、改新教は保守政権と協調関係を築き、信者の多くが保守政党を支持している。改新教の「国家朝餐祈祷会」に大統領が参加する伝統が、朴正熙時代から続いているというのは有名な話である。

一方で、経済格差問題や人権問題、軍事独裁政権の打倒や民主主義といった問題には感度が鈍かった。カトリックの一部が民主化運動を展開したり、長老派内の分裂によって生まれた自由主義神学を掲げる韓国基督教長老会の一部からは民衆神学が生まれたりもした。とはいえ、キリスト教全体から見れば、決して大きな勢力とはいえなかった。

3　海外宣教とボランティア

九〇年代に入ると、国内での飽和状態から、日本などの非キリスト教国家だけでなく、キリスト教国家への逆宣教が活発になった。アフガニスタンでボランティア活動をしていた改新教のセンムル教会の海外宣教師二三人が、二〇〇七年にタリバンに拉致され二人が殺害されるというショッキングな事件もあったように、世界に派遣される韓国人宣教師数は、アメリカに次ぐ世界二位であるという。(38)

また、キリスト教を信条とするNGO団体が数多く存在し、支援活動・社会奉仕活動も盛んである。二〇一三年のKCOC（韓国国際開発協力民間協議会）の報告書によれば、加盟NGO団体の六七％が宗教的なバックグラウンドを持ち、そのうちキリスト教系が七九・三％、仏教系が残りの二〇・七％を占めている。(39)

またチョン・ジャファンによると、医療保険制度が未整備だった時代には、キリスト教の付属施設である祈祷院が、障がい者やアルコール中毒者などのサポート、高齢者施設のようなホスピス的な役割を果たしてきたという。(40)

補論に収録した論稿は、儒仏巫が多元的に併存する韓国宗教の土壌で、世界宗教であるキリスト教がどのように受容され定着したのかという問題関心から出発している。プロテスタントが朝鮮半島の新たな「大伝統」となる一方、伝統宗教や思想と習合したキリスト教神学は、「周辺」に追いやられた。こうしたキリスト教神学の中には、教義の根幹に恨を取り入れ、プロテスタントとは異なる独自の救済観を提供しているケースがある。

注

(1) 伊藤亜人「〈事大の礼〉と〈大伝統〉」伊藤亜人編『もっと知りたい韓国〈一〉』(東京：弘文堂、一九九七年)、二二頁
(2) 伊藤亜人他「韓国」文化庁『海外宗教事情に関する調査報告書　平成一七年度』http://www.bunka.go.jp/shukyouhoujin/pdf/h17kaigai.pdf
(3)「韓国人の宗教　一九八四－二〇二一(一)宗教現況」『韓国ギャラップ』https://www.gallup.co.kr/gallupdb/reportContent.asp?seqNo=1208(確認日二〇二二年二月七日)
(4) 丹羽泉「韓国宗教の諸相」『宗教研究』(三四七、七九－四)(東京：日本宗教学会、二〇〇六年)、二〇－二一頁
(5) 青野正明「植民地朝鮮の神社に祀られなかった神々－宗教的な法的秩序の内と外」磯前順一他編『他者論的転回－宗教と公共空間』(京都：ナカニシヤ出版、二〇一六年)、五二頁
(6) 金泰勲「宗教概念と帝国史」磯前順一他編著『植民地朝鮮と宗教』(東京：三元社、二〇一三年)、四七－四九頁
青野正明「宗教と信仰」日本植民地研究会編『日本植民地研究の論点』(東京：岩波書店、二〇一八年)、一六〇頁
(7) 秀村研二「二〇世紀韓国キリスト教の展開」杉本良男編『宗教と文明化』(東京：ドメス出版、二〇〇二年)、九九頁
(8) 前掲「韓国人の宗教　一九八四－二〇二一(一)宗教現況」『韓国ギャラップ』
(9) 古田博司「儒礼教化以前朝鮮葬祭法復原攷」『朝鮮学報』(一五二)(朝鮮学会、一九九四年)、一頁

（10） 前掲「儒礼教化以前朝鮮葬祭法復原攷」、一頁
（11）『國朝五禮儀序例』によれば、厲祭の対象となる死者は、刀で切られて死んだ者、水禍・泥棒に遭い死んだ者、戦闘で死んだ者、自死した者、子供を持たず死んだ者など、天寿を全うしていない者である。
（12） 依田千百子『朝鮮民俗文化の研究』（東京：瑠璃書房、一九八五年）、三一五頁
（13） 朴日栄『韓国巫教の理解』（ソウル：ブンド出版社、一九九九年）、六八頁
（14） ソウル、京畿道、黄海道の「チノギクッ（진혼귀굿／지노귀굿）」、半島東側地域の「オグクッ（오구굿）」、平安道の「十王クッ（시왕굿）」などが挙げられる。
（15） 朝鮮半島南部に位置する全羅南道に古くから伝わる「シッキムクッ（씻김굿）」とは次のようなものである。「シッキムクッ」には、「（死者の魂を）洗うクッ」という意味があり、ムーダンが、この世に未練を残した死者の「恨」を解き、あの世に行けるよう祈願する儀礼である。稲藁製の莫蓙を巻いて死者の胴体に見立て、その上に死者の頭として魂（白紙の人形）とコメを入れた食器を置き、さらにその上に釜のふたを乗せて帽子にする。ムーダンは巫歌を唱いながら、箒で霊魂の依り代を頭の先から下端まで丁寧に何回も掃く。ヨモギを浸した水、香水、井華水の三つで洗い清め、最後に食器の中のコメを魂の依り代に向かって投げ付ける。この儀礼によって、穢れが除去され浄化された死者の霊魂は、未練を捨ててあの世へと旅立てると考えられている。
「死霊祭」では、死者の霊が死因や死後の境遇、現在の心境などを語る「ノップドゥリ（넋푸두리）」「ノットゥリ（넋두리）」「シソル（시설）」などといわれる「口寄せ」が設定されている。「シッキムクッ」ではムーダンが「死霊祭」を執行するが、死霊はムーダンにではなく遺族の一人に憑依する。儀礼の中心のムーダンは、トランス状態にはならない。「シッキムクッ」には、死んだ直後に棺の前で行う「チンシッキムクッ（진 씻김굿）」と、死後三年目に行う「マルンシッキムクッ（마른 씻김굿）」がある。これらの儀礼は、日本の東北地方のイタコの行う「新口」や「古口」、沖縄地方のマブイアカン・タマスウカビなどとも類似する。
（16） 竹田旦『祖先崇拝と比較民俗学』（東京：吉川弘文館、一九九四年）、一七三頁

(17) 安田ひろみ「韓国の女性」綾部恒雄編『女の民族誌I　アジア編』(東京：弘文堂、一九九七年)、五八頁
(18) 前掲『祖先崇拝と比較民俗学』、二一三頁
(19) 蘆吉明『韓国新興宗教研究』(ソウル：経世院、一九九六年)、五七頁
(20) 前掲『韓国新興宗教研究』、五八－五九頁
(21) 趙載国『韓国の民衆宗教とキリスト教』(東京：新教出版社、一九九八年)、一三七頁
(22) 前掲『韓国の民衆宗教とキリスト教』、一八九頁
(23) 蘆吉明『韓国の新興宗教』(大邱：カトリック新聞社、一九九七年)、一五七頁
(24) 浅見雅一・安延苑『韓国とキリスト教』(東京：中央公論新社、二〇一二年)、一二頁
(25) 前掲『韓国とキリスト教』、九五頁
(26) 韓国キリスト教に信者の急増が見られた時期は①韓末の開化運動の時期(一九世紀末)②国権喪失の時期(一九〇五－一〇年ごろ)③三・一運動の時期(一九一九年)④解放直後から朝鮮戦争にかけての時期(一九四五－五五年)⑤近代化と軍事独裁政権期(一九六〇－七〇年)といわれている。
伊藤亜人『アジア読本　韓国』(東京：河出書房新社、一九九六年)、二六三頁
(27) 前掲『アジア読本　韓国』、二六四頁
(28) 前掲『韓国とキリスト教』、一五四頁
(29) 韓国基督教歴史研究所『韓国キリスト教の受難と抵抗』(東京：新教出版社、一九九五年)、一九六頁
(30) ペ・ドクマン「韓国基督教の高度成長」キム・フンス他編『韓国基督教史探求』(ソウル：大韓基督教書会、二〇一一年)、二一三頁
(31) 李進亀「改新教と成長主義イデオロギー」『当代批評』(一二)(ソウル：センガゲナム、二〇〇〇年秋季号)、二二六頁
(32) 前掲「韓国基督教の高度成長」、二三五頁
(33) キム・フンス『韓国戦争と祈福信仰拡散研究』(ソウル：韓国基督教歴史研究所、一九九九年)、一八九頁

(34) 前掲『韓国戦争と祈福信仰拡散研究』、一三八―一四一頁
(35) 崔亨黙他『無礼者たちのクリスマス―韓国キリスト教保守主義批判』（大阪：かんよう出版、二〇一四年）、一〇頁
(36) 前掲『韓国とキリスト教』、一一八頁
(37) 前掲「韓国基督教の高度成長」、二二四頁
(38) キム・ウンス「韓国基督教と海外宣教」キム・フンス他編『韓国基督教史探求』（ソウル：大韓基督教書会、二〇一一年）、二四三頁
(39) 宋柔奈・川口純「韓国における国際協力の発展過程に関する一考察―市民社会の活動に着目して」『ボランティア学研究』（一七）（国際ボランティア学会、二〇一七年）、一〇八―一〇九頁
(40) チョン・ジャファン「韓国の祈祷院の社会的機能分析」『社会科学研究』（一七）（カトリック大学社会科学研究所、二〇〇一年）、一一四頁

二章　民衆神学と恨：民衆救済を目指す試み

一節　民衆神学と徐南洞

一、発生の経緯

保守的な伝統的神学のアンチテーゼとして登場したのが民衆《ミンジュン》神学である。

民衆神学が提唱された一九七〇年代の軍事独裁政権期は、驚異的な経済成長を遂げていく反面、経済成長を支える労働者は長時間労働と低賃金で酷使された。一方、改新教の主流派は政教分離を唱えつつ、実質は反共である軍事独裁政権を支持していたため[1]、クリスチャンは貧困や不安定な生活の解消を求めて体制批判をするのではなく、復興会や大型伝道集会に拠り所を求めた。

民主化運動が大衆に拡大する前の七〇年代に運動をけん引していたのは学生や知識人で、そこにはリベラルなクリスチャンも含まれていた。

民衆神学を確立した中心人物は、リベラルな神学者の徐南洞である。彼は、当時の改新教の状況を次のように語っている。

　社会の構造的矛盾を見ることを知らない教会の指導者たち、政治・経済の制度的矛盾とは無関係の観念的神学、企業と経営能力に変質してしまった教会拡張、反共の保塁に隠れて眠りこける教会、あらゆる社会的不義を知っていながらも、組織教会の存続を憂えて物言わぬ教権、こういったものがわれわれの実情である。(2)

個人救済と教勢拡大にのみ目を向け、社会問題を傍観し続ける主流派教会や、それを支える伝統的神学に対する批判として徐南洞が提唱した実践神学が、民衆神学である。その後、新約聖書学者の安炳茂、文化神学者の玄永学など、複数の神学者によって民衆神学はさらに整えられていった。(3)

本章では、徐南洞のイエス観と恨論を中心に、民衆神学について考察する。

二、民衆神学の提唱者・徐南洞と民衆神学の形成

徐南洞（一九一八－八四）は、一九五〇年代に改新教主流派の長老会から分派した韓国基督教長老会の牧師であった。リベラルな自由主義神学を重んじる韓国基督教長老会が母体となる韓国神学大学（現韓神大学）

などで教授を歴任した組織神学者でもある。七三年に、軍事独裁政権に抵抗する「韓国キリスト教者宣言」を発表したことで政権から弾圧され、七五年には延世大学の教授職を解任された。翌七六年には「明洞事件」[4]により政府転覆反動の罪で逮捕され、二二カ月間収監されている。釈放後の七八年に、韓国基督教長老会の宣教教育院院長に就任し、「民衆教会」の指導者養成に尽力した。

徐南洞の神学者としての研究業績には論文集『転換時代の神学』（ソウル：韓国神学研究所、一九七六）と『民衆神学の探究』（ソウル：ハンギル社、一九八三）がある。前期の『転換時代の神学』では、六〇－七〇年代の欧米神学（進歩主義神学）を紹介した。後期の『民衆神学の探究』では七〇－八〇年代の発表論文をまとめ、民主化運動とともに登場した「民衆」の概念を、神学的に解明しようとした。

徐南洞が延世大学で教鞭を執り始めた六〇年代の韓国神学界は、欧米から神学を学ぶ段階で、徐自身も欧米神学を紹介する論文を書いている。他方、一部の神学者からは、「土着神学」も序々に芽生えていった。「土着神学」とは、韓国文化の伝統と歴史の中で福音を理解しようとする神学のことで、欧米からの輸入であった神学の独自性を高めようとしたものである。尹聖範は儒教、邊鮮煥は仏教、柳東植は巫俗と比較する神学を提唱し、徐南洞は統一教の教義について「独創的神学」[5]だと評価するなどした。こうした動きについて神学界の主流を成す伝統的神学者は批判を浴びせ、大論争になった。

欧米の神学の中でも、六五年頃から「世俗化神学」が注目されるようになった。急変する世界や科学技術文明、あるいは近代化や都市化などがもたらした新たな社会問題に目を向けたJ・A・Tロビンソン（『神の誠実』）、ハーヴィー・コックス（『世俗都市』）、ボンフェッファー（『獄中書簡』『共に生きる生活』）などが紹介された。

徐南洞は「世俗化神学」を紹介しつつ、現代韓国社会と神学を結合させる神学を形成していった。[6]論文「聖霊の時代[7]」の中で、今日の「聖霊の第三時代」は脱キリスト教の時代で、自らにしか目を向けてこなかった教会は、これ以上井の中の蛙に留まることなく、近代化や都市化から生じる社会問題に目を向けるべきだとしている。

徐南洞が民衆神学を成立させるのに核心的な影響を受けたのは、「解放の神学」と詩人・金芝河の思想である。「解放の神学[8]」とは、数世紀にわたってキリスト教国家に経済支配されてきた地域で興った神学運動で、六〇年代後半に南米を中心に展開された。「解放の神学」では、経済的抑圧を神の御心に反するものと考え、支配からの解放を訴えた。七〇年代になると「解放の神学」は南米以外の第三世界に拡散し、「黒人神学」などに影響を与えた。

徐南洞は、カトリック教圏の解放の神学を、非キリスト教圏である韓国的文脈に沿わせて展開しようとした。前出の論文「聖霊の時代」において、今日を「民衆の時代」と捉え、教会に「民衆の教会」になるよう求めた。

金芝河については、「神学の第一の主題として民衆に関心を寄せるようになった直接的な契機は、一人の民衆詩人を知るようになったところにある[9]」と述べており、金芝河の文学と政治行動に影響を受けたことを明らかにしている。複数の論文で、民衆闘争の「典拠」として金芝河の作品を引用しており、金芝河の語った恨のイメージ（＝過酷な現実を反映した苦痛、政治的な挫折感）を「民衆」の心性と捉え、その解放を訴えた。

このように民衆神学は、第三世界の「民衆」の解放という意味では解放の神学の、韓国的文脈という意味では土着神学や金芝河の影響で成立している。

八〇年代以降になると、民衆神学を英語表記した「Minjung Theology」として海外でも知られるようになり、北東アジアの解放の神学として関連書籍が多くの国で翻訳された[10]。しかし、世界に認知されるようになった八〇年代後半には、本国での勢いをすでに失っていた。提唱者である徐南洞の早すぎる死（八四年）と共に、韓国社会が経済的に安定し、冷戦終結により社会主義という幻想が消滅したことも要因となったであろう。

神学としては脚光を浴びなくなるも、民衆神学は民衆教会運動という新しい運動に進展した。この運動は、七〇年代の全泰壱焼身事件に刺激されて結成された「首都圏特殊宣教委員会」の活動の一環として始まった。スラム街で布教を行う牧師らが始めたものが、複数の教会へと拡大したものである[11]。民衆教会運動の指導者は、徐南洞や安炳茂ら民衆神学者から神学教育を受け、社会の最底辺層を布教対象とし、彼らの通える教会を目指したが、財政難から信徒数が伸び悩んだ。現在、民衆神学の影響を受けている教会は、香隣教会など極一部に限られている。

二節　民衆神学の方法論：神学を超える方法論

民衆神学はその独創性が海外で注目されることがあった一方、反共である神学界の主流派からは「パルゲンイ（アカ）神学」と糾弾され異端視された。「独創的」と評価、あるいは「異端的」と非難される理由は、神学の中心に神やイエスではなく「民衆」を置いたためである。また、「典拠」と「合流」という独特の方法論が用いられている点も評価の分かれる理由の一つに挙げられる。この方法論は、神学の枠（啓示／神学的規範）を超える「脱神学（反神学ともいう）」の核となっている。ここでは、民衆神学の三つの重要な概念「民衆」「典拠」「合流」について整理する。

一、「民衆」：苦難と疎外

「民衆」とは、七〇－八〇年代の独裁政権や独裁資本に反対する運動圏《ウンドンクォン》陣営によって生み出された造語で、独裁資本と対決し民主化運動を推進するに当たって、農民、労働者、知識人、学生など様々な階層を統合しようとして生まれた概念である。

冷戦イデオロギーの影響を強く受けている韓国社会では、社会主義的用語である「階級」は使いにくく、また支配者が利用して手垢のついた「民族」に代わる呼称でもあった。[12] 民主化運動を支えるために生まれたこの民衆論は、民衆文化運動（大学での仮面劇、マダン劇など）に展開していった。民衆神学はこうした民衆論を神学的に解釈しようとしたもので、民衆神学がさらに民衆史学や民衆社会学に発展していった。

民衆神学でも「民衆」が神学の核心となっており、その他の民衆論と同じく、「民衆」を社会経済史的な「生産関係の収奪性[13]」の観点で捉えた一方で、神学の視点から次のように解釈している。

聖書にはもう一つの側面を持った民衆があります。それは獄につながれた人々に代表されますが、盗人、殺人者、詐欺師、売春婦などのような「社会の敗残者」であります。イエスの時代において見るならば、障害者、病人、婦女子、孤児、娼婦、流れ者のような、社会の底辺の階級の人々です。これが一般の民衆論者の民衆理解とは異なっています。[14]

労働者などの一般的「民衆」の中に、「盗人、殺人者、病人、娼婦」など「社会の敗残者＝社会の底辺の階級」も取り込んだのである。[15]

徐南洞はさらに、「ルカによる福音書」に描かれたこれらの「民衆」を、金芝河の民衆論と連結していった。金芝河の民衆論は、「権力者」と「民衆」、「公義回復」といった概念で説明される。権力者は当初「民衆」の支持によって権力を獲得、保持するが、長い歳月の中で徐々に「民衆」を抑圧し始める。こうした誤った権力を元の位置に戻す公義回復運動が歴史の持つ意味であり、「民衆」は、歴史における「神の公義回復の担い手、行為者」[16]であるとした。徐南洞はこうした金芝河の民衆論を踏襲し、聖書や教会史に限らず、朝鮮半島の「民衆闘争史」にも「民衆」の解放が行われてきた「聖なる歴史」があることを、イエスや聖霊、十字架などの神学用語を用いて説明しようとした。

二、「典拠」：聖書の権威の相対化

徐南洞の民衆神学で最も特徴的なのは「典拠（point of reference）」の概念である。徐南洞は、イエスや聖書を「民衆」を理解するための道具として捉え、聖書を「民衆」について学ぶための「典拠」つまり参考書だとした。

聖書自体が絶対的な標準であるというのは、私が理解するところでは聖書自体がすでに拒否しています。

……それで私は聖書を典拠（point of reference）として見ているのです。これをわかりやすく言えば、参考書というものなのです。こういった目で見ると、教会史も典拠になるだけでなく、特に韓国の社会・文化・経済の展開過程においても民衆の伝統も、一つの典拠にすることができます。[17]（強調引用者）

また次の引用では、「聖書」や「文字」そのものではなく「事件」が「神の救済の啓示」だとし、[18]「歴史的事件」の内容を見るべきだとした。

さらにそのためには、聖書の一字一句に捉われた逐語霊感説などの伝統神学（キリスト論、救済論、予定論など）を一旦保留にする、つまり神学を脱するべきだとした（「脱神学」[19]）。次の引用は、聖書の中で「歴史的事件」は「物語（イヤギ）」として登場すると主張している箇所である。

一部のキリスト教信者は、聖書自体が神の啓示であると信じる。本来神は人間を救おうとしてこのような歴史的事件を起こされた。それが啓示なのである。聖書自体が啓示なのではない。聖書とは歴史的事件を記述した書に過ぎない。文字が啓示なのではない。神が実際に行った人間救済、人間解放、歴史的事件を通して新しい歴史を導いた事件が神の救済の啓示である。[20]

社会史的アプローチは、言わば脱神学化過程の第一歩である。……社会史的なアプローチのために、聖書の歴史的・発生的「核」、すなわち啓示というべきものが、見出しうると思われる。その「核」すなわち啓示とは、歴史的事件である。したがって「初めに言葉（タバル、ロゴス、道）があった」のではなく「初めに事件があった」と言うべきであろう。ある歴史的事件が啓示なのである。……われわれが聖書が神の啓示の書であるというのは、その霊感的性格のためではなく、またその叙述的真理性のためではなく、聖書がその啓示的な歴史を報道しているからである。……それゆえに、啓示、初めのXは、神学的論述として伝達されるのではなく、歴史的事件であるゆえに「物語（イヤギ）」として入れられ、伝えられるのである。歴史的な論述ではできないのである。歴史的論述は客観的で、また過去のものになってしまうのに対して、「物語」は、その原啓示の再生であるということができる。[21]（強調引用者）

これまで聖書の一字一句が啓示だとばかり考えてきたために、「物語」は歪曲され隠されているので、聖書における隠れた「物語」を探さなければならないとして、徐南洞は聖書に見られるパラダイム的な「典拠」、つまり人間解放の救済史として「出エジプト事件」と「イエスの十字架の事件」の「物語」を挙げている。これらの「物語」の真意は、社会経済史的に見ることで理解できるという。[22]ここでは「出エジプト事件」を紹介する。

徐南洞は「出エジプト事件」を、社会経済史的次元で発生した政治的事件と解釈した。紀元前一三世紀のエジプトのラメセス三世の時代に、その国の土木と農業の奴隷として働いていたヘブル人が、モーセの指導のもと、抑圧的な支配体制に対抗し脱出したことが、「出エジプト事件」の「物語」の核心[23]だという。しかし、伝統神学では、この社会経済史的経緯が一切省かれ、全能なる神の超自然的な力によって人間が救われた宗教的事件に昇華[24]されてしまったと指摘した。

要するに、聖書に登場する「物語」は、宗教的意味を持つのと同時に、歴史と政治に根差した実際の事件であったが、政治的事件であることが忘れられているために、政治的文脈を強調する（政治的事件を復元する）ことが、民衆神学の使命[25]だという。また、聖書的メッセージを現代に伝えるときには、「救い」よりも「解放」という表現がより妥当だという主張にも[26]、政治的文脈を重視する姿勢が表われている。

逐語霊感説の根強い韓国の神学界で、聖書の文字そのものを啓示とみなさないアプローチは異色であったが、民衆神学が神学の枠組みを超えて他分野と繋がれたのは、聖書を「典拠」とみなした故であった。徐南洞をはじめとする民衆神学者は、神の救済史の「典拠」を聖書だけに留めず、教会史や社会経済史、文学史など、キリスト教神学とは関係のない分野にまで広げている。この聖書は「典拠」であるというスタンスによって、キリスト教神学から見れば世俗的な韓国の民衆史や韓国文化との「融合（＝合流）」が始まった。

三、「合流」：世俗的文脈の取り込み

「合流」という概念も大変ユニークで、「合流」こそが韓国神学の中で最も独創的だという評価もあるくらいである[27]。「合流」については、論文「二つの物語の合流」（一九七九）を中心に概説する。この論文は「民衆」に対する歴史と民衆神学の目的について書かれたものである。

「合流」の根底には二つの概念がある。一つは、世俗化神学から生まれた「普遍史（universal history）」であり、もう一つは「神の宣教」である。

韓国の歴史においても、神は、不断に介入しつつ、わが民衆を束縛から解放する「救済史」を展開して来たのだと思います。無数の人々が生命をかけて、この民衆解放の作業のために戦いつつ推進してきたということが、それを物語っています。言い換えると、普遍的な啓示を読み取ることのできるように心が開かれているならば、神の宣教というものは、韓国の歴史――それが政治史であれ、経済史であれ、

文学史であれ――においても、そのまま実践されているように思うのです。[28]

「普遍史」とは、「救済史と世俗史」、「原歴史と歴史」といった二元論的な歴史理解をやめ、すべての歴史は神によって動かされる「神律的実在」と捉えるものである。伝統神学においては、神の意志が働くキリスト教の宣教史のみを「神の救済史」だとするが、神は「普遍史」の中で働くのだから、韓国史からもイエスや神の軌跡を当然見出せるはずだとした。[29]

「神の宣教」とは、六〇年代に世界教会で一般化され、七〇年代になって韓国教会にも登場し始めた宣教戦略である。それまでの宣教が個人の霊魂の救済を中心とする「教会の宣教」だったとすれば、これからの宣教は世界全体、すなわち、政治、経済、文化を含むあらゆる領域での救いを目標に置くというものである。

改新教のリベラルな陣営は、この「神の宣教」を神学的な拠り所とした。「教会」は、この世に神の国を実現するための「神の宣教」の道具に過ぎない[30]としたのである。

また、「合流」は、宗教的に権威付けされたキリスト教の宣教史や聖書の歴史を相対化し、それ以外のものと同列に扱うことを前提とする。論文「二つの物語の合流」の「二つの物語」とは、「キリスト教的な文脈」と韓国民衆の歴史と文化という「世俗的な文脈」のことである。キリスト教的な文脈とは①聖書②教会史のことであり、世俗的な文脈とは①民衆運動史[31]②文学史と芸術史[32]③宗教史を指す。徐南洞は、これらのキリスト教的な文脈と世俗的な文脈を「合流」させて、そこから民衆による公義回復の痕跡である「典拠」を探し出すべきだとしたのである。

次の引用からは、徐南洞が韓国で展開されている「神の宣教」、つまり民衆運動を解釈するための「典拠」を探ろうとしていたことが分かる。

韓国の歴史的・政治的現実において、教会は神（精神的刷新）と革命（構造的刷新）を統一すべきであり、具体的には韓国の民衆運動の歴史的伝統を、現代の解放神学のノミできれいに整え、民権運動の一里程標として暗示することを、金芝河の文学は意図しているわけだが、これに対応する韓国教会の神学とは、現在の「神の宣教」を解釈する作業であると、私は考える。……今韓国で展開されている「神の宣教」、その要諦である民権運動を解釈するには何らかの典拠が必要である。[33]

「二つの物語の合流」の「典拠」として徐南洞が挙げたのは、七〇年に起きたクリスチャン全泰壱焼身自死事件とそこから広がる民衆運動、そして金芝河の「張日譚」の構想メモ[34]である。

ここでは、「二つの物語の合流」が特によく現れていると徐南洞が評価している[35]「張日譚」の構想メモについて取り上げる。このメモには、東学とキリスト教の統一、底辺社会と天の一致、地上の糧（飯）と天上の糧（自由）の一致などのモチーフ[36]が登場する。これについて徐南洞は、「神と革命の統一」がテーマになっているとした[37]。また、「張日譚」の物語は、キリスト教的モチーフと韓国民衆史的モチーフが「合流」しており、作品の形式にも民俗芸能であるパンソリ[38]を取り入れていることから、形式面でも「合流」していると考えた。キリスト教的文脈と韓国的文脈を、同一の体系内で同時に解決しようとする[39]金芝河の作品観は、異質のものをキリスト教に「合流」させようとする、徐南洞の民衆神学と一致すると解釈したのである。

このように、民衆神学は改新教主流派へのアンチテーゼとして生まれており、今、目の前で起きている民衆運動に目を向けさせようと、神の救済史を「民衆」の救済史として捉え直そうとした。神学的には「典拠」という新たな考え方を用いて、聖書を逐語的にではなく歴史的事件を記した「物語」として理解しようとし、聖書や教会史を韓国の世俗史（世俗文化）と「合流」させるという土着化を進めた。

三節　民衆神学におけるイエス：十字架刑と復活

徐南洞が「典拠」や「合流」という概念を用いて新たな神学を構築しようとした目的は、教勢拡大にだけ目を向け、伝統神学に凝り固まる教会を、民衆運動（民主化運動）へといざなうことであった。そこで徐南洞はその目的に沿ったイエス観を提示する。神学において重要なイエスの公生涯、十字架による死、復活という出来事について、民衆神学ではどのように解釈したのだろうか。

一、「民衆」イエスと政治犯としての十字架刑

1　「民衆」としてのイエス

次は、徐南洞の、モーセとイエスの比較に関する記述である。

民衆の指導者モーセは宮中出身者として、一人の「指導者」として、民衆の前に出て彼らを導いたが、歴史のイエスはそれとは異なります。イエス自身一人の大工であり、彼に従っていた人々というのは漁師程度であったわけでありますが、これらの人たちは当時の社会構造からみると「民衆」という階層に属していた人々であったことだけは、はっきりしています。また当時制度的な教育がないこともあったが、イエスは貧しいため、本来の教育も受けられなかった。ともあれイエスは「民衆」の一人であった(40)

と思うのです。

モーセがエリート指導者であったのに対して、イエスは職業を見ても恵まれない階層の人間であり、社会の底辺の階級つまり「民衆」だと理解した。イエスを「民衆」と捉える思想は、田川健三のマルコ福音書の注釈を援用することで、さらに深まっていく。田川は、マルコ神学の主題はイエスではなく「民衆」であり、マルコ神学に立てばイエスは「民衆」を代表する象徴で、「民衆」が一つの人格的存在として記述される時にイエスが現れるとした[41]。

また、イエスの移動には常にオクロス（群衆、民衆）がついて回ったが、「イエスの取り巻き」について徐南洞は次のように記述している[42]。

その群衆の中には病人と身体障害者が数多くいた。足の不自由な人、目の見えない人、耳が聞こえない人、口のきけない人、手の不自由な人というように、体の不自由な人が多かった。彼らは、家庭で、村で、これといった人間扱いが受けられない人々であった。その上、また病人も多く、ライ《ママ》病患者、精神障害者、悪鬼に憑りつかれたというような人々が多数混っていた。取り巻いた群れの重要な要素であった。

徐南洞は、イエスの取り巻きである「民衆」とイエスとの間に同一性を見出そうとしたが、このことは神の子としてのイエスの神性について新たな神学的解釈を生むことになる。次は徐南洞がイエスの神性（三位一体）について記述した箇所である。

イエスが神の子であるという時も、つきつめて見ると教理としてではなく、「実証的」にそうなのです。私の知るところ、私の経験からして、彼は神的感化を及ぼしてきたし、及ぼしつつある。……またイエスの本性はわれわれとは異なると言われるが、それも問題である。もちろん彼の人間性と我々の人間性の間には「堕落」以前と以後の差があると言いうるかといえば、そうではありません。歴史的に宗教的力量を発揮したか否かの違いなのです。……イエスは神性を持っていると言われるが、その「神性」というものも、神学的に言うならば実は「事件」を起こした神の側面を指している。(44)（強調引用者）

神学史では、キリストの神性を強調する「上からのキリスト論」と、それとは対照的にキリストの人性や歴史的イエスについて論を展開する「下からのキリスト論」が激しく対立してきた。伝統神学では、「下からのキリスト論」をしばしば異端扱いしてきた。この引用の通りキリストの人性を強調し、「民衆」とイエスを同一視した徐南洞も、伝統的神学から異端視された。(45)

２　政治犯としての十字架刑

徐南洞は、イエスを「民衆」の解放者に位置付け、イエスの「十字架の事件」とは、市民権のない卑しい身分の者が、ゼロテ党のような政治活動をしたことで十字架刑に処された「政治的事件」であったと捉え直した。(46)

取税人や罪人を取り巻きとしていたイエスは、支配体制に対する抵抗者と見られた。イエスの直接的な起訴理由(47)は神聖冒涜罪という宗教的罪ではなく、エルサレムの神殿体制に真っ向から挑戦したという、「政治犯」として十字架刑にかけられたというのである。徐南洞はイエスの使命について次のように説明している。

イエスの第一の使命は、支配者の側から罪人であるとレッテルづけられた人々を、自らも罪人であるかのようにちぢこまって振る舞うようにさせるといった抑圧や魔法から解き放ったということではないだろうか。罪を犯したから罪を赦すといった芝居ではないのである。彼らは罪人ではないにもかかわらず、罪人とレッテルづけられ、罪人でもないのに、支配者が罪人であると言うので、「さようでございます。私は罪人でございます」と言って、支配者の言語を内面化していたのである。そのようなものを剥がして、人間らしく堂々と生きよ、というのが解放である。それが救いなのである。(48)

無学が故に律法を学べず、支配者から一方的に「罪人」とレッテルを張られ抑圧されている「民衆」を、政治的に解放するために現れた政治指導者がイエスだとした。ここでいう「罪」とは、キリスト教でいう、人間が神の戒めを破ったことで生まれたものではなく、人間（支配者）が人間（民衆）を支配するために作った装置・規範（レッテル）のことである。

さらに徐南洞は、次のように十字架事件に隠された真意を読み解こうとした。

当時のローマ帝国の法によれば、政治犯のみが十字架刑に処せられたのであった。だからこそ、イエスの死とは単純なる死（death）、すなわち自然死ではなく、義なる者が殺害（murder）された場合のものであり、それは歴史的事実であり、政治的事件である。この歴史的事実、政治的事件、すなわちイエスが殺害されたということは、その事実、その事件が持つ本来的な力としてわれわれの贖罪と解放をなさしめるものである。これこそが、われわれが信仰する「イエスの十字架」なのである。……自然死というのは神の創造過程の働きであり、それはある意味では祝福である。それは生命の否定ではなく、新しい生に対する進化論的な契機となる。病死、事故死というのは、生のもつ最大の衝撃的な不幸であり、悲しみである。これこそ生に対する呪いである。……しかし、義の戦いを戦う戦場において殺害された者（十字架刑）の死には、そのような死の、すなわち最後の勝利に向けての戦いである。[49]（強調引用者）

イエスの十字架の死は、「民衆」が直面する不義に立ち向かった義のイエスが、一方的に罪人のレッテルを張られるという政治的不義によって、犠牲の死に追い込まれた政治的事件だと解釈した。

しかし教会は、十字架刑が刑法上執行されたにも関わらず、十字架刑から「刑」の要素を脱落させ、政治的事件という本来の「歴史的事実」を隠して宗教の領域へと昇華させ、十字架は人間の贖罪のための徴《しるし》で、偉大なる愛を表す永遠の象徴としてのみ捉えているとした。

3　人間解放の見本としての十字架の代贖

人類の罪を贖うための十字架の代贖の意義についても、徐南洞は「キリストが私に代って十字架上で死んだという時、彼はどこまでも〈他者〉です。他人が別の場所で私の罪を贖うために苦難に遇われたということですが、これを無視するわけではないですが、これがあたかもキリスト教の本質であるかのように考えるのは間違いだと思います[50]」と語っている。また、「聖書全体が、神を解放させる歴史的過程についての記録でありますが、その中でも出エジプトの事件やイエスの振る舞い、特に彼の死である十字架の事件は、人間解放の見本であるといえましょう。人間解放、まさにここにキリスト教信仰とそのメッセージの核心がある」とした。[51]

このように徐南洞の神学の核心は「人間解放」、つまり韓国教会がもっと「民衆」に寄り添い、「民衆」の政治的解放者になるべきだというものであった。[52]だからこそ、「イエスの十字架」事件を、贖罪の徴という宗教的な象徴としてのみ捉えることを否定した。

二、メシア王国と復活：民衆の覚醒

次に、イエスの復活についての徐南洞の見解を確認する。十字架にかけられたイエスが、眠っている初穂として死人の中から復活したとされる復活信仰は、神学上極めて重要なものである。

1　メシア王国

復活信仰に触れる前に、まずは徐南洞の考えた「メシア王国」について見ておく。

神の国とメシア王国は二つとも必要なものです。新しい社会を建設するためには、「メシア王国」は、そして信仰の篤い人が今死んでも行くことができる「神の国」は、なければならないのです。……キリスト教はこの二つの象徴を併せ持つものであります。しかし今日の教会の状況においては、われわれはメシア王国を最も強調すべきでありましょう。この点、キリスト教は社会変革者と協力して、社会を建設していかなければなりません。……しかし今日の歴史的状況を重視する民衆神学は、これまで忘れ去られてきた「メシア王国」の思想を、中心教理として台頭させなければならないと思います。[53]（強調引用者）

終末にメシアが復活したときに、信仰者も復活してメシアとともに暮らすという「神の国」に対して、「メシア王国」とは地上でメシアが統治する新しい社会のことである。これは「千年王国」ともいう。言い換えれば、「神の国」は死後に訪れる世界で、「メシア王国」は現世に作られる世界のことである。徐南洞は伝統神学が目標を「神の国」に置くことで[54]、信徒は「メシア王国」信仰を喪失し、社会変革の意志を失ってしまったとした。

2　復活信仰

徐南洞はこの「メシア王国」の思想に復活信仰を関連付けて、次のように語る。

> 復活とは、死体の甦り（resuscitation）であり、この世に帰ってくることではなく、霊妙なる体で新しい社会に復活（resurrection）することである。メシアの国（政治）とは彼岸的なものではなく、この歴史上に到来する新しい時代、新しい社会、新しい政治を言うのである。復活と千年王国は、一つの事件の両面である。それにも関わらず、現実の教会と神学においては、この両者が分離されて、千年王国という象徴は異端と称したり、あるいは過激であるといって追放してしまい、復活の信仰は彼岸・他界・天堂（天国）において復活するものとして、その本来の意味内容は変質してしまったのである。いわば復活信仰は非政治化されてしまったのである。非政治化されてしまった復活信仰は、いかにその信仰を告白してみても、現実変革の力になりえないのである[55]。（強調引用者）

このように本来のイエスの復活とは、伝統的神学とは逆の此岸的で政治的なものとして捉えるべきで、「メシア王国」にイエスが蘇ることの「歴史的・政治的象徴[56]」だとした[57]。復活信仰は、義の戦いに倒れた死者を慰め、残された者に義の戦いを続けさせるべく鼓舞するためのものだともしている。

3　「復活の現場化」と民衆の覚醒

復活信仰はユダヤ教の黙示文学において顕著となった信仰であり、……強大国の間断なき侵略と、支配と従属の強要に対する、イスラエルの熱心党の独立運動が、戦場で倒れ行く戦友の屍を踏み越えつつ前進し続けるとき、その倒れた戦友に対する復活を確信したものであり、そのような復活信仰なくしては義の戦いを持続することはできなかったのである[58]。

このような復活信仰をもとに、韓国教会は「民衆」の経験する現場で「復活の現場化」を目指すべきだとした。「現場化」とは、社会的政治的実践のことである。抑圧されていたガリラヤの「民衆」が立ち上がって復活したイエスと出会ったように、韓国教会も貧しい者、抑圧された者、疎外された者と共に社会変革を行う民衆運動や民衆蜂起の現場で、復活したイエスに出会うべきだとした[59]。「復活の現場化」の具体例には、全泰壱事件を挙げており、彼の母親の証言を引用している。

泰壱が死んだ後、愛する数多くの兄弟たちが、泰壱の精神を受け継いで労働運動に参加し、それによって苦しみを受けたりしているのを見るとき、私は泰壱の復活を彼らの内に見る思いがする。労働者の力強い運動の中に、泰壱は勢いよく燃えさかるであろう。私は労働者の確固たる権利意識と強烈な精神の内に泰壱の復活を見たい(60)。

全泰壱の不法と不義に対する義憤が労働運動の現場で共有され、彼の遺志を受け継いだ「民衆」が運動に目覚めて運動に参画する時、全泰壱はイエスのように復活する。徐南洞は「代贖（宗教的な犠牲）」と「解放（政治的な解放）」の一致こそが民衆神学の核心であり、「復活の現場化」なき復活信仰は、葉だけが生い茂ったイチジクの木のように、単なる観念に過ぎないとした。「イエスの復活」とは歴史の主人である「民衆の覚醒」のことであり、これこそが民衆神学による復活信仰の解釈だと語っている(61)。

三、民衆がメシアである：民衆の受難

1　受難のキリストと受難の民衆

イエスの復活とは「民衆が覚醒すること」だと説いていることからも明らかなように、徐南洞は「民衆」に絶対的な信頼を寄せる。そこで唱えられたのが、「民衆がメシアである(62)」という言説である。民衆神学が説いた「民衆」とメシアの関係については、モルトマン(63)や李正培が「イエスの救済の唯一性から逸脱するもの」と異論を唱えている。ここでは「民衆がメシアである」という徐南洞の発言の真意について考える。

徐南洞は「民衆」を「社会の矛盾の構造により疎外、抑圧され、体が不自由なために無視され、ついには監獄につながれる人間(64)」だとした上で、「民衆」について次のように語る。

聖書は彼らこそ新しい歴史の主人となると約束している。……なぜ彼らが新しい歴史の主人なのか。新しい歴史についての洞察と、新しい出来事というのはこのようにしてなめた苦痛を通してのみやってくるのである。既得権を持っている人々は、新しい歴史を開くことはできない。冠をかぶり、既得権のため見えないのである。苦しみを通してのみ、ある種の新しい歴史の夜明けが浸み入るように出てきているのである。[65]（強調引用者）

メシアは苦難の隣人の化身として、われわれに接近するのである。このような意味において民衆はメシアである。われわれがメシアに会うということは、このような隣人の痛みを私が意識するというか、そうすることによって、新しい時代の扉が開くようになっているのであり、そのような意味において、今苦難に遭っている人が、新しい歴史、新しい社会を建設する主役になるということである。[66]（強調引用者）

民衆がメシアである。しかしそれは何らかの英雄的な力を持ってなされることではない。彼らの苦痛を通じて、彼らの苦痛が訴えるものが契機となって、今よりも義の社会を建設する契機になるのである。そのような意味において、彼らが新しい歴史を開くであろう、苦難のメシアであるということである。[67]（強調引用者）

徐南洞は、「新しい歴史の主人」となるメシアの条件を「苦痛／苦難」に遭っていることだとした。

近現代の韓国社会は、自民族の歴史に苦難を見出し、苦難の民族であると自認してきた。キリスト教も同様で、植民地支配といった歴史的苦難を経験する中で、韓国教会には独自の民族主義的な聖書解釈が登場した。マックス・ウェーバーの「苦難の神義論」を取り込み、自分たちの苦難の歴史を、旧約聖書に示された古代ユダヤ民族の経験と重ねたのがまさに本書で取り上げた咸錫憲の『苦難の韓国民衆史』である。[68]

しかし、キリスト教における一般的な苦難の意味と民衆神学における「民衆の苦難」は異なる。キリスト教における苦難としてまず想起されるのは、人間の罪を贖うために罪のないイエスが十字架の苦痛を受ける「代受苦」である。この受難こそが真理の証となり、信徒はキリストの苦難を模範とし、自己犠牲を払ってでも神と隣人に仕えようとする。[69] この時の苦難の主体はあくまでもイエスであったが、徐南洞は、「民衆」を主体とし、「民衆」の苦難の中にイエスが現存（化身）するとした。

苦難の主体がイエスから「民衆」に代わることによって、独特の救済観が生まれた。ドイツの神学者のモルトマンは伝統的神学と民衆神学のキリスト論の本質的な違いについて、伝統的神学は自らの神学的伝統である宗教改革者たちが主張する「キリストのみ」の排他的「〈代理贖罪〉のキリスト論」[70]であるが、民衆神学は「自己を最も小さな者に同一化」し、共に苦難を受ける「神との〈連帯〉のキリスト論」[71]だと規定している。イエスの代贖によって垂直的に救済されるのではなく、イエスの化身である「民衆」との連帯による救済のイメージは、金芝河の「金冠のイエス」にも見られる。

ここで補足しておくが、徐南洞における「民衆がメシアである」という発言は、存在論的な意味において「民衆」とイエスを「同一化」したわけではなく、苦難というファクターを通して「民衆」とイエスを「同一視」したものである。「民衆」について「メシア的性格」「メシア的機能」「メシア役」「メシア性」という語を多用している[72]ことからも、徐南洞が「民衆」と「メシア」をイコールでは捉えていないことが分かる。

2　苦難に遭う民衆のメシア性

最後に、徐南洞の「民衆のメシア性」が語られる際に登場する有名な喩え話、ルカ福音書一〇章の「善きサマリア人の比喩」(73)の解釈について取り上げる。

「善きサマリア人の比喩」は、イエスと律法学者が議論を交わす中で出てきた喩え話で、「本当の隣人とは誰か」を問い、律法学者の傲慢さを指摘するエピソードである。徐南洞はこの比喩で、誰が隣人なのかではなく「誰がキリストなのか」という伝統的神学とは異なる問いを立てた(74)。

> 筆者はこの比喩において、キリストの役にあたっているのは「強盗に襲われた者」であると考える。強盗に襲われて、着物をはぎ取られ、なぐりつけられ、半殺しにされて助けを求めるその人こそが、その人の苦しみの声（恨）こそが、通り過ぎていく人々に対する、キリストの召しなのである。その人に対する態度こそ、キリストに対する態度である。その苦しみの声に対する各人の応答と行動においてこそ、人間の内に潜在している人間性が実現もされようし、さもなければ窒息してしまったりもする。そこにこそ救いと滅びの分かれ道がある。筆者は、このように訪ねて来られるキリストの姿を「世俗的キリスト」と命名したことがあるが、言うまでもなくこの比喩は、ユダヤ教神学、神殿宗教の枠組みを批判したものである。その姿をまた「恨のキリスト」と言ってもよいだろう(75)。（強調引用者）

強盗に襲われ傷付いた旅人こそが「キリストの役」を担っており、これを「苦難に遭う民衆のメシア性」と呼んだ(76)。われわれは苦難に遭う隣人の声（恨）(77)からのみキリストに出会えるとした。

四節　「恨の神学」：キリスト教と恨の出会い

一、「民衆」と恨

1　イエスの復活における恨と恨解き

徐南洞は聖書から、抑圧された「民衆」[78]の恨を見出し、「民衆」と恨の関係を「人を外から見れば肉体であり、中から見れば魂であるように、民衆も外から見れば民衆であり、中から見れば恨である」[79]と語り、恨と「民衆」を不可分の関係と捉えた。

民衆の問題は恨なのである。……このような民衆の恨は、詩人金芝河によって、深く取り上げられた。われわれにある恨とは、極めて意味深長なものである。……しかし共通して感じることができるものとして、恨とは無念の思いであり、特に酷い目に遇いながらも、物言えぬ、あるものである。民衆神学の課題はこの民衆の恨を晴らそうとすることである。[80]（強調引用者）

徐南洞を筆頭とする民衆神学者の多くは、恨をテーマに論文を執筆している。[81]彼自身も「恨の形象化とその神学的省察」および「恨の司祭」の二本の論文を残しており、徐南洞神学を理解する上で、恨は重要なキーワードとなっている。本節では主に論文「恨の形象化とその神学的省察」から、徐南洞にとっての恨と恨解き[82]について考察する。

恨の由来については、「韓国人は長い歴史を通じて、絶え間なく周辺強大国の侵略に苦しめられた民族で、弱小民族としてその存在を恨と考えた[83]」とし、「弱者の敗北意識、虚無感と諦念が支配する感情」と「弱者としての生の執念を含んでいる感情」という相反する二つのイメージで説明した。前者は昇華されれば芸術表現や「黄鳥歌」をはじめ「井邑詞」「青山別曲」などの古典文学、パンソリや仮面劇のルーツとなり、後者は時として革命や反乱のエネルギーとなり「万積の乱、洪景来の乱、東学党の蜂起、活貧党の闘争、三・一運動、四・一九革命などの民衆の復活伝統、社会革命の気勢として噴出[84]」してきたという。

次はイエスの復活について、恨と「恨晴らし（恨解き）」の言葉で説明している部分である。

イエスの復活とは、殺害されたイエスの復活のことである。復活とは、殺害された者の抗議であり、恨晴らしであり、侵害された神の義の回復である。恨とは無念な思いのうちに死んだ（殺された）者の魂であり、その訴えである。特に不法に殺害されたにもかかわらず、その死が法的に正当なものとして偽装され、反対に真実と事実の正当な解明と抗議が禁止・抑圧・黙殺されたところに起こる、抑圧された感情である。これが恨である。隠蔽された真実、抑圧された正義、殺害された生命が恨として残って—その魂魄が星宿のあの世に行きされないで、なおこの世に残って幽霊のごとく、流言飛語のごとく関係者たちの間にうろつきまわるのが恨である。死の否定、隠された事実の露呈、真理と生命の勝利—これが復活である。復活とは恨晴らしなのである[85]。（強調引用者）

徐南洞が語る恨は、「真実の解明」や「正義」が抑圧された空間で発生する感情とされており、恨論に多く見られた伝統社会の女性や、運命に翻弄されてきた、か弱い民族の例は登場しない。「恨晴らし」は決死の抗議であり、隠蔽されたものの解明暴露という実効的な結果が伴ったものとなるため、悲哀の感情の昇華やカタルシスなどでもない。

さらに、恨をいかに取り除くか、恨解きするかについて注目し、恨解きは一つの「プロテスト」であるべきだと主張した。恨解きや解怨思想を儀礼や教義の中に組み込んだ巫俗や甑山教などの宗教的恨解きでは不十分だとし、むしろ宗教的かつ個人的救済のみを追求する宗教は、抑圧された「民衆」の渇望を非政治的方向に向かわせる麻薬剤にしかならず、不当な体制を永続させることになるとした。

2　金芝河の「張日譚」と断思想

徐南洞は、金芝河の作品と恨論を重視したが[86]、中でも前述した「張日譚」について「七〇年代の韓国民衆の社会伝記であり、民衆神学の実例、〈合流〉概念の実例[87]」だと評価し、「張日譚」とは、「韓国民衆の恨とイエス・キリストを同一化し張日譚の行脚においてキリストの事業を同一化した救いと解放の話[88]」だとした。また徐南洞は、金芝河の「断」思想[89]も重視した。金芝河は、政治的な抑圧に抵抗する憤怒であり行動の原動力である恨には、暴力を止揚する「断」が必要で、悪循環を断つ「恨と断の弁証法」によって恨は成立するとした。徐南洞はこの「断」思想も自らの恨論に取り入れている。

> 「断の哲学」には二つの意味がある。積極的には「民衆」の抑圧された恨をエネルギー化して社会変革の力にするということであり、消極的にはそうする過程で報復に流れないようにして、悪循環を断とうということである[90]。

「張日譚」における恨の神学は、社会主義の革命とも異なるし、伝統的な贖罪神学、つまりすべてを赦すアガペ的な博愛とも一線を画す。徐南洞によれば、「張日譚の民衆神学は、民衆の恨を解き放ち、かつ慰める恨の司祭職としての教会を語り、また民衆が自己の正体を確立させる過程において、自らの解放と救済を捜し求め(91)」るものだという。つまり徐南洞の考える恨解きとは、復讐心を燃やし続け報復に流れることを否定しつつ、政治的な抑圧に対して個人的に昇華し忘却することなく、不義や現状への不満に抵抗し変革していくことであるといえる。

二、罪と恨：不条理なレッテル貼り

次は徐南洞が罪と恨について語った箇所である。

歴史的に、そして大まかなわれわれの経験から見るとき、罪すなわち罪を犯すということは、力ある者が、弱く貧しい者におっかぶせる濡衣か、レッテルである場合が多い。イエスが殺された時代もそうであった。その時代の宗教的支配集団が、職業が卑しいとか、無知であるとか、また貧しいという社会的偏見をもとにして貼り付けたレッテルが罪だったのである。……このような社会学的分析なしに、宗教的に罪を語るのは危険である。実際にわれわれが当面している問題とは恨の問題なのである。罪の問題ではなく、罪を犯すようになる、諸々の社会条件が問題となっているのである。罪の問題ではなく、横暴の問題である(92)。（強調引用者）

> このような研究と伝統的な神学の体系を勘案するとき、罪の問題以上に、恨の問題が議論されなければならないことが分かる。……罪論に先立って恨すなわち「罪に定めた事情」（sin against）が問題とならなければならない。いわゆる「罪人たち」とは「罪に定められた人々」（those who are sinned against）すなわち、無念の人々である。言うならば「罪」とは支配者の言語であり、支配者（王）が民衆に付けている「支配者の言語」であるのに対し、民衆という言葉は、民衆の自己主権を主張する内容を持つ「民衆の言語」であるようにである。[93]（強調引用者）

一般的に「罪」には、法律・規律に反する「世俗的な罪（犯罪：crime）」と道徳律・戒律などに反する「宗教的な罪（原罪：sin）」とがあるとされる。キリスト教神学では後者の罪を議論してきたが、徐南洞は宗教的な罪を「過小評価しようとするわけではない[94]」としつつも、「宗教的な罪」の問題よりも「世俗的な罪」の矛盾の解決に注力した。

> 宗教的・哲学的意味における罪は、実際のところ、民衆にはそれほど深刻なものではありません。イエスは、哲学的・神学的な罪の問題を解決するために来られたのではありません。したがって、今日、民衆神学が関心を寄せている問題は、社会的な不条理、構造的な矛盾をどのように解決するかにあります。このような構造的な矛盾こそ、「罪」であるからです。[95]（強調引用者）

このように、支配者から「世俗的な罪」を押し付けられレッテル貼りをされる不条理こそが「民衆の恨」[96]であるとした。さらに、民衆の恨にキリスト教の「贖罪」の意味を見出して、「民衆はメシアである」とは「恨の贖罪性」[97]、つまり恨には贖罪の力があるのだとした。そして、キリスト教神学は「民衆」の恨に寄り添った「恨の神学」を目指すべきだとした。

三、「恨の司祭」：不条理を除去する恨解き

徐南洞は民衆の傷を癒し、卑屈になった彼らの主体性を取り戻すため、彼らの不条理を糾弾し、彼らの胸中に積もり積もった恨を晴らし慰める「恨の司祭」になれ[98]と説く。

恨を解き晴らす所とは、それは人格的・道徳的次元において、悔い改めと慈善事業だけでなされるのではなく、法律的・政治的・経済的次元において、構造的な変革がなされることによって成就するのである。実際、社会の構造的次元において、不条理が除去されることこそ、神の義が立つことであり、イエスの十字架刑の贖罪が発効することなのである。そしてそれは、成熟した完全な意味における、道徳と宗教の次元なのである[99]。

「法律的・政治的・経済的次元」での「不条理」の除去こそが民衆神学の目標だとし、次のように説明する。

体制変化は、当然強調されるべきでありますが、それだけを絶対化し、ドグマ化するわけにはいきません。民衆の神学は、今具体的に市井に生きる人々の要求と必要に、関心を寄せているのです。この少ない月給でどう生きていけばよいのか、息子の大学登録金（授業料）をどう工面すればよいのか、といっ

たことが庶民大衆の心配事でありますが、この問題がいかに解決されるべきかということを、民衆神学は一次的に考えるのです。[100]（括弧の補足・強調は引用者）

民衆が抱える問題の解決が目的であるとしているのを見ても、伝統的神学と民衆神学とでは、「救済の対象」が明らかに異なっている。

伝統的神学の救済は神の一方的な恩寵のことなので、救済対象は神を信じる個人（クリスチャン）に限定される。しかし、民衆神学では不特定多数の「民衆」、抑圧される者が救済対象となっている。「民衆」の心性の象徴が恨であるが故に、教会の役割は、罪を赦すこと以上に、「どのようにして〈民衆〉の恨を晴らすか」[101]になるという。そのため民衆神学は、「民衆」に貧富の格差をもたらす構造やその主体を糾弾し変革を求めるという、「自力的」[102]な救済へと向かう。

伝統的神学で、自分の罪を贖うために他者の苦難をキリストの代贖として受け止めるのは、「他力的救済」である。一方、徐南洞は、神学的前提を聖霊論的立場に置き、人は、「聖霊の働きによって自発的な決断として下すことができる」[104]とした。イエスの事件は「自分の選択と決断の中で起きることに意義がある」[103]とし、「自力的救済」を強調している。

伝統的神学と民衆神学とでは、「不義」の解釈も異なっている。伝統的神学における「不義」とは、無神論である共産主義や神を冒涜する「異端」のことで、「不義」は聖書や神学の範疇にある。しかし、民衆神学における「不義」は、民主化を弾圧して貧困を与え、「民衆」を苦しめる軍事独裁政権という「世俗的な為政者」を指している。今、現在の韓国社会における問題点を聖書と絡め、「（世俗的・政治的な）不義からの解放」を説いているのである。

五節　小結

民衆神学は、劣悪な労働環境や貧富の格差で生活に苦しみ、民主化運動で弾圧される「民衆」に韓国教会が寄り添うことを求めて、自由主義神学者である徐南洞が提唱したものである。

徐南洞の問題関心は、軍事独裁政権の中で疲弊する「民衆」に、いかに寄り添い支えるかにあった。そのため、軍事独裁政権期の社会的救済から目を背ける主流派教会に対するアンチテーゼとして、軍事独裁政権下の韓国社会で神学をどう意味付け、どう行動に移すかを実践的に考えようとした。

欧米の世俗化神学や解放の神学、韓国の抵抗詩人・金芝河の思想を取り込み、プロテスタント神学の立場から民主化運動に参加することの意義を理論化した民衆神学は、一九七〇年代後半から八〇年代序盤の民主化運動を理論面で後押しし、韓国的な神学として一時期は世界から注目を浴びた。

提唱者の徐南洞は、韓国の民主化運動を担う「民衆」について、神学用語を用いて理論化しようとした。「民衆」は、強いられてきた苦難故に、有史の中で「神の公義」を回復させる担い手となることができ、神の救済史において中心的な役割を果たす歴史的な主役になると位置付けた。聖書に記されているのは実は「民衆の解放」の歴史だったとし、宗教的な救済を政治的な解放に読み替えた。

こうした理論構築に当たって、徐南洞は「典拠」や「合流」という概念を用い、韓国教会の逐語的な聖書解釈を否定し、聖書やキリスト教宣教史以外の世俗史（韓国社会や文化、経済など）からも解放の歴史を読み取ろうとした。「合流」は宗教的文脈と世俗的文脈（韓国的文脈）を併せて捉えることを指すが、金芝河の「張日譚」はまさにその事例だとした。

徐南洞はイエスの十字架、復活、罪など、伝統的神学の再解釈を行った。まずイエス自身も貧しい社会的被抑圧者の「民衆」であったことを指摘し、イエスが「民衆」を解放する政治指導者であることを強調した。伝統的神学ではイエスの十字架刑について、「贖罪の徴」という宗教的犠牲の側面だけで見るが、十字架刑とは政治的な陰謀（不義）によって政治犯として処刑された事件であり、民衆を覚醒させ解放することに「十字架の贖罪」の本当の意味があるとした。復活信仰についても観念的な解釈を否定し、「民衆の経験する現場（民衆に寄り添うこと）」で、「復活したイエスと出会う（覚醒する）」べきだとした。また、弱く貧しい者が、支配者に濡衣や罪のレッテルを貼られて卑屈になっていることを指摘し、構造的な問題の解決を求めた。さらに、不条理なレッテル貼りという苦難を強いられる民衆の恨には贖罪の意味があるとした。

また金芝河が、恨をエネルギーとして民主化運動に立ち上がることを民衆に求めたとするなら、徐南洞は道徳的次元ではなく、社会の構造的次元で不条理を除去することこそが恨解きだとし、韓国教会に、民衆に寄り添う「恨の司祭」になることを求めた。

注

（1）柳東植『韓国のキリスト教』（東京：東京大学出版会、一九八七年）、一四三頁
（2）徐南洞『民衆神学の探求』（東京：新教出版社、一九八九年）、五六頁
（3）民衆神学に関する初めての論文は『基督教思想』（一九七五年）で発表された「イエス・教会史・韓国教会」であり、神学的輪郭がはっきりしてくるのは七九年ごろである。

（4）一九七五年に大統領緊急処置法第九号が発令され、いかなる反政府活動も禁止されるという中で七六年三月一日の三・一独立運動五七周年を記念する新旧教合同祈祷会において「民主救国宣言」を発表し、朴政権の退陣を要求した事件。一八人の牧師やキリスト教指導者が拘束・起訴された。

（5）一九六〇年代後半以降に統一教の神学書である『原理講論』について「独創的だ」などと論文や講演で評価した。こうした徐南洞の発言は神学界でセンセーションを巻き起こした。

（6）柳東植『韓国キリスト教神学思想史』（東京：教文館、一九八六年）、二五七頁

（7）前掲『韓国キリスト教神学思想史』、二五六頁

（8）解放神学と民衆神学は次のように比較できる。

①「解放神学」は「下からの視点」を重視して排除・抑圧された者の解放を目指し、「貧しき者」は憐みの福音の対象ではなく新しい人類の形成者であるとした。「民衆神学」は「貧しき者」をさらに発展・拡大させ、社会的に抑圧され差別されてきた「民衆」に焦点を当てた。

②「解放神学」は具体的な社会状況をコンテキストにしながら、「教会史」を解放のための闘争史として捉えた。「民衆神学」は教会史だけでなく世俗的な韓国の「民衆史」をも救済史の中に位置付けた。

③両神学とも「出エジプト記」を社会的不正に対する解放のモチーフと捉えた。

④両神学とも人間イエスを「貧しき者・民衆」として、十字架を権力者の政治的な陰謀として描いた。

⑤両神学とも伝統神学への挑戦、反省から生まれており、実践を重要視した。

（9）前掲『民衆神学の探求』、二四五－二四六頁

（10）金永秀「韓国〈民衆神学〉の社会的、神学的位置について」『沖縄キリスト教学院論集』（二）（沖縄キリスト教学院大学、二〇〇六年）、二二頁

（11）朴聖焌『民衆神学の形成と展開』（東京：新教出版社、一九九七年）、三一四頁

（12）前掲「韓国〈民衆神学〉の社会的、神学的位置について」、二三－二四頁

(13)「民衆は勤労者であれ農民であれ、生産に直接従事していながらも、彼ら自身が当然受けなければならない利益を正当に受けられず、かえって奪われているという点である。言い換えると〈被搾取性〉を民衆の基本的特徴とするとき、それはどこまでも、生産関係において民衆を見ようとしている」前掲『民衆神学の探求』、二四八頁
(14) 前掲『民衆神学の探求』、二五〇頁
(15) 前掲『民衆神学の探求』、二五〇頁
(16) 前掲『民衆神学の探求』、六二頁
(17) 前掲『民衆神学の探求』、二六一頁
(18) 前掲『民衆神学の探求』、二六一－二六二頁
(19) 前掲『民衆神学の探求』、三九四－三九五頁
(20) 前掲『民衆神学の探求』、三三〇頁
(21) 前掲『民衆神学の探求』、三九五－三九六頁
(22) 前掲『民衆神学の探求』、二三二頁
(23) 前掲『民衆神学の探求』、六七頁
(24) 前掲『民衆神学の探求』、三三一頁
(25) 前掲『民衆神学の探求』、三三二頁
(26) 前掲『民衆神学の探求』、二三八頁
(27)「民衆神学の探究」古朝鮮檀国学会他監修『韓国哲学事典』（ソウル：東方の光、二〇一一年）、五九一頁
(28) 前掲『民衆神学の探求』、二三八－二三九頁
(29) 前掲『韓国キリスト教神学思想史』、二五七頁
(30) 前掲『民衆神学の形成と展開』、三八頁
(31) ①三別抄②万積の乱③壬申倭乱④洪景来の乱⑤壬戌民乱⑥東学革命⑦活貧党の闘争⑧独立協会・万民共同会⑨三・一運

動⑩四・一九革命
(32) 徐南洞は韓国の文学や芸術史は民衆の内面を表しているとした。その系譜は郷歌―景幾体歌―別曲―高麗歌謡―長歌―俗謡―時調―歌辞―風謡―国文小説―パンソリ―仮面劇で、民衆文化の極致が仮面劇・パンソリだとした。パンソリや仮面劇は韓国人の民衆意識を極めて特有な方式で表現しており、抑圧された民衆の恨を芸術的に昇華したものだと指摘した。またパンソリと仮面劇は情緒的に恨を表現しているだけでなく、支配者の体制、道徳、権力、体面などを揶揄と風刺で批判、抵抗し、それによって民衆は自己を解放し、ひいては新しい世界の到来に対する渇望を表しているという。前掲『民衆神学の探求』、九六―九七頁
(33) 前掲『民衆神学の探求』、六二頁
(34) 「張日譚」のあらすじは次の通り。
張日譚は白丁と売春婦の息子として生まれた林巨正のような義賊であった。絶望し、苦しみもがく中で、ある日悟りを開き解放を説く説法者となり、牢獄に繋がれても他の盗賊に「革命」を説いた。その後脱獄して娼婦たちのいる路地裏に隠れると、「足裏が天である」「天はそなたらの腐った子宮の中にいる」「神はどん底にいる」と宣言して鶏龍山にこもり、海東極楽教を宣布した。この世は末世であり、やがて新しい世が訪れ海東に極楽が訪れるというものである。労働者や農民を伝道し、侍天主、養天主、行天主の三段階の修業を教え共同所有や革命行動を訴えた。荒野にいたって祭壇を築き、古いものをすべて炎の中で焼き尽くす革命、そして暴力は避けられないが「断」が望ましいことも教えた。彼は群衆とともに悪魔の居城ソウルに向かって進軍する。群衆はみな乞食が腰から下げる空きカンを手にしている。極楽とは「飯を分け合うこと」であり「メシが天である」と宣布するが、進軍の途中で戦いに敗れて指名手配され、首に懸賞金が懸けられる。裏切り者ユダスの密告により捕えられると、反共法、国家保安法、内乱罪などの罪名を着せられ、斬首刑になった。だがその三日後に復活し、その首が裏切り者の首をはねてその者の体に憑いた。
(35) 前掲『民衆神学の探求』、一一〇頁
(36) 他にも人間精神の霊的刷新と社会構造の正義の革命の統一、理念と実践の統一、個人の祈りと集団行動の統一などを挙

げている。

(37) 前掲『民衆神学の探求』、一一一頁

(38)「張日譚」の構想メモはパンソリの辞説（語り）として書かれており、その内容はイエスの物語を編んだ「ヨハネによる福音書」の進行とよく似ているという。

(39) 金芝河は「張日譚」の構想メモにおいて多文化の融合する世界観について次のように語っている。
「イエスの業績と崔水雲、全琫準の闘争が原始キリスト教の共同体的生活様式への憧憬とわが民族の長い強靭な民衆運動の愛着が、フランツ・ファノンの暴力論、キリスト教の原罪論的人間観、カトリック教会の〈行天主〉思想に仏教の輪廻説、林巨正や洪吉童の活民思想、東学の〈侍天主、養天主〉思想などが結合、融合しあるいは矛盾し衝突している」

(40) 前掲『民衆神学の探求』、二六八―二六九頁

(41) 前掲『民衆神学の探求』、三〇二頁

(42) 前掲『民衆神学の探求』、三〇〇頁

(43) 前掲『民衆神学の探求』、七〇頁

(44) 前掲『民衆神学の探求』、二六七頁

(45) キム・ヨンハン「韓国教会と民衆神学」『改革思想』(三)（韓国基督教思想研究所、一九九〇年）、二七頁

(46) 前掲『民衆神学の探求』、三三一頁

(47) 前掲『民衆神学の探求』、七二頁

(48) 前掲『民衆神学の探求』、三〇二頁

(49) 前掲『民衆神学の探求』、四〇七―四〇八頁

(50) 前掲『民衆神学の探求』、二三三頁

(51) 前掲『民衆神学の探求』、二三八頁

(52) 前掲『民衆神学の探求』、三〇二頁
(53) 前掲『民衆神学の探求』、二七四頁
(54) 前掲『民衆神学の探求』、二七三頁
(55) 前掲『民衆神学の探求』、四〇九－四一〇頁
(56) 「復活については、聖書によれば人間の復活とは明らかにメシア王国における復活です。今死ぬことがあっても、メシアが来ればまた復活してメシア王国に参与することになります。未来の新しい歴史においてわれわれが蘇ることに対する象徴が復活なのです。ところが伝統的なキリスト教においては、この点が通念的に忘れ去られております。復活と他界的天国を結び付けているわけです。これは誤りです。復活というのはわれわれが共同で〈新しい歴史〉にもう一度入っていくことを意味するもので、それは一つの歴史的・政治的象徴であるからです」前掲『民衆神学の探求』、二七五頁
(57) 前掲『民衆神学の探求』、四〇八頁
(58) 前掲『民衆神学の探求』、四〇八頁
(59) 前掲『民衆神学の探求』、四一五頁
(60) 前掲『民衆神学の探求』、四一五頁
(61) 前掲『民衆神学の探求』、二七六－二七七頁
(62) 前掲『民衆神学の探求』、三〇八頁
(63) 前掲「韓国〈民衆神学〉の社会的、神学的位置について」、二五頁
(64) 前掲『民衆神学の探求』、三〇七頁
(65) 前掲『民衆神学の探求』、三〇七頁
(66) 前掲『民衆神学の探求』、三〇七－八頁
(67) 前掲『民衆神学の探求』、三〇八頁
(68) 飯田剛史「宗教的伝統とキリスト教の発展」小林孝行編『変貌する現代韓国社会』（京都：世界思想社、二〇〇〇年）、

一五〇頁
(69) 後藤喜良「苦難」『新キリスト教辞典』(東京：いのちのことば社、一九九一年)、三六九頁
(70) 前掲「韓国〈民衆神学〉の社会的、神学的位置について」、二五頁
(71) 前掲「韓国〈民衆神学〉の社会的、神学的位置について」、二五頁
(72) イム・テス『第二宗教改革を指向する民衆神学』(ソウル：大韓基督教書会、二〇〇二年)、九九頁
(73) あるユダヤ人の旅人が強盗に襲われた半死半生で道に倒れていたとき、祭司長やレビ人などの地位の高い者は見て見ぬふりをして去って行ったが、ユダヤ人から蔑視されていたサマリア人はその旅人を介抱し世話をした。
(74) 前掲『民衆神学』、九九頁
(75) 前掲『民衆神学の探求』、一五三頁
(76) 前掲『民衆神学の探求』、一七〇頁
(77) 前掲『民衆神学の探求』、一七〇頁
(78) 前掲『民衆神学の探求』、三四三頁
(79) 前掲『民衆神学の形成と展開』、二〇五頁
(80) 前掲『民衆神学の探求』、三四三頁
(81) 恨を持つ人とは具体的に「貧しい人々、捕われた人々、目が見えない人々、圧迫されている人々」(ルカ四章一八節)、「渇いた人々、空腹の人々、病気の人々、ぼろを着た人々、監獄に閉じ込められた人々」(マタイ二五章一八節)、「冷遇、蔑視、差別されている人々、縛られ、殴られ、拷問を受け、殺される人々」(ヘブライ一一章)のことである。
(82) 「恨晴らし」は日本語訳の違いによるもので、韓国語では한풀이(恨解き)と書かれている。
(83) 前掲『民衆神学の探求』、一二一頁
(84) 前掲『民衆神学の探求』、一二二頁
(85) 前掲『民衆神学の探求』、四〇八頁

(86) 論文「恨の形象化とその神学的省察」では恨の事例として一〇の作品や事例が紹介されている。そのうちの三つが金芝河の作品（「声の来歴」「マルトゥク」「張日譚」の構想メモ）。
(87) 前掲『民衆神学の探求』、一四九頁
(88) 前掲『民衆神学の探求』、一四九頁
(89) 金芝河は一九七六年九月二八日に行われた「弁護人反対尋問」で「断」について言及した。金芝河「金芝河裁判記録　弁護人補充反対尋問」『苦行』（東京：中央公論、一九七八年）、四三五頁
(90) 前掲『民衆神学の探求』、二八五‐二八六頁
(91) 前掲『民衆神学の探求』、一一二頁
(92) 前掲『民衆神学の探求』、二八八頁
(93) 前掲『民衆神学の探求』、三四三‐三四四頁
(94) 前掲『民衆神学の探求』、一五二頁
(95) 前掲『民衆神学の探求』、二八八頁　引用の後に「しかしもう一つ付け加えておきたいことは、民衆神学を主張しているからといって、人間の実存的な領域において問題となっている罪を、過小評価しようということでは決してありません」とも語っている。
(96) 前掲『民衆神学の探求』、五七頁
(97) 前掲『民衆神学の探求』、一七〇頁
(98) 前掲『民衆神学の探求』、二八三頁
(99) 前掲『民衆神学の探求』、一七〇頁
(100) 前掲『民衆神学の探求』、二八〇頁
(101) 前掲『民衆神学の探求』、二八八頁
(102) 前掲『民衆神学の探求』、二三三頁

(103) 前掲『民衆神学の探求』、二三三頁

(104) 前掲『民衆神学の探求』、二三三頁

エピローグ

「恨の物語」の旅を終えて：「キラキラ韓国」と「イライラ韓国」が混在する日本社会で

二〇〇〇年代以降、韓国社会は飛躍的に経済成長し、大衆文化が世界的に注目を浴びるまでになった。そのため、経済と大衆文化の分野では、「日本に追いつくことと日本を隠すこと」という言説はもはや不要であるばかりか、二〇二〇年代にはむしろ「日本は成長のない停滞した国になった」という言説に置き換わった。韓国のナショナルアイデンティティーは、「女性の受難史」からも、日本の植民地主義からも脱却しつつある、あるいは脱却したように見える。そのような現状の中、六〇年代以降猛烈に追い求め、構築してきたナショナルアイデンティティーについても客観視する見方が、韓国社会では加速している。

日本が長い停滞期に沈む中、韓国側は精神面でも急速に変化を続けている。

ベストセラー作家であり哲学者である卓石山は、二〇二一年に『韓国的なものはない—愛国中毒症（국뽕《クッポン》）時代を超えて』を著した。국뽕《クッポン》とは、国とヒロポンの合成語で、国粋的な態度を示す、インターネットから生まれた造語である。奇しくも、「韓国的なるもの」を獲得した韓国の物語を描いた本書と共鳴するかのように、「韓国的なるもの」に溺れることに警鐘を鳴らすのが同著の狙いである。同著の中で彼は、固定不変な韓国的なものなどなく、固有の物を過度に強調し、外国文化を排斥する動きを批判する。自国愛を取り戻し自文化を守り育てたのが二〇〇〇年代までの韓国なら、二〇二〇年代は自国愛に溺れない精神性の獲得へとさらに成長を遂げようというのである。

アイドルグループＢＴＳは二〇二一年現在、世界的スターに君臨したが、国連でスピーチを行う彼らを「国の誇り」と持ち上げる国内の言論に対して、卓石山は、彼らの成功は彼らの努力や能力がもたらしたものに過ぎないとし、文化の固有性やそこから派生する優越主義を否定し牽制しようとした(1)。こうした文化と「国籍」を意識的に切り離そうとする態度は、優生思想に踏み躙られた植民地体験があるからこそ生まれたといえるかもしれない。

卓石山の文面からは、精神的な余裕のようなものも感じられる。アイデンティティー獲得までは列強や先進国に追い付こうと焦燥感に溢れていたとするなら、今は一呼吸置いて俯瞰的に物事を判断できる、そんな精神的余裕を手に入れているのである。

翻って、日本における恨言説とは何だったのだろうか。

「民謡アリラン」「金素月の詩」「白磁の美学（柳宗悦）」「金芝河と民主化運動」「民衆神学」「李御寧の韓国文化論」「韓国のシャーマニズム」「国民歌手チョー・ヨンピル」「伝統芸能のパンソリ」「パンソリ映画『西

便制』」。これらは本書に登場した素材やテーマだが、いずれも日本社会において韓流が大量に押し寄せる二〇〇〇年以前からあった韓国のイメージである。その共通点は「恨」である。

朝鮮人参やチョゴリ、モッといった「恨」とは関連のない韓国文化を代表するものや世界観も日本社会で紹介されてきたが、ここ五〇年近く、日本社会が隣国を見るキーワードとして「恨」は欠かすことのできないものであった。韓流ブーム以降に出版された、大衆向けの新書を見ても、恨にページが割かれているのを多数確認できる(2)。また、二〇一〇年代に入ってから出版されたKPOPをテーマとした一般書にも、「恨はモチベーション(3)」という項目が含まれているほどである。

日本における評論家・ジャーナリスト、研究者の恨言説を振り返ってみて、明らかになったことがある。恨を文化として捉えるのではなく、その議論は脇にどけ、異文化に暮らす人々の「意識構造」としての恨言説に偏重していたことである。つまり、韓国人はこういったメンタリティーを持つ人々だというステレオタイプ的な「国民性・民族性」を規定するために、恨を用いたということである。

そもそも恨については、語彙レベルと、知識人が議論し構築してきた恨言説とで位相が異なっている。恨は、日常生活で使われる無念やフラストレーション、悲哀、怨念を意味する言葉であった。韓国の知識人は、日常に溶け込んだ雑多な恨を磨き上げて純化し「恨の文化」を作り上げ、それに人々が呼応し、ナショナルアイデンティティーとして受け入れた。一方で、語彙レベルでの恨や情熱的な恨といった恨のイメージも肌感覚として持っており、韓国の普通の人々が恨とは何かと聞かれても安易には答えられない理由がそこにある。

日韓の恨言説が噛み合わず、議論に登場する素材に一致点がほとんど見られないのは、恨を通して「見たいもの」が日韓で異なっていたからに他ならない。

韓国は解放後、ナショナルアイデンティティーに繋がる「固有の文化」を創出しようと、文学作品や伝統芸能、民俗宗教といった素材に着目した。その際、恨の持つイメージの一部である曖昧模糊とした主体性のなさ、語彙レベルに存在する無念やフラストレーション、激しい欲望といった、ネガティブで雑多な恨から徐々に意識をそらしていった。対する日本は、韓国で盛んに議論された「解しの文化」や「シンミョン」といった「恨の文化」のポジティブな神髄にはほとんど目もくれず、儒教社会の党争のイメージ、左翼活動家やデモのヒステリックなイメージなどと恨を重ね、「隣国の国民性」を規定しようとしたのである。

こうした日韓の間にある溝は、知識や情報が増えるほど埋まっていくわけでもなく、むしろ深まっていく可能性すらある。「見たいように見る」つまり、自身のステレオタイプに捕らわれたまま「見る」のでは、同じ事実でも全く違って見えてしまうのである。不幸にも、こうしたある種の「妄想」は思考の過程でさらなる妄想を生んでエスカレートし、隣国の実像とは全くかけ離れた「虚像」を作り出す危険をはらんでいることを確認することができた。

ただ、このステレオタイプに捕らわれない視点を持つことは、容易なことでないこともまた事実である。日本の恨言説を見ていくと、異文化理解の壁にぶち当たって発生した、誤解に端を発する言説も多いことが浮かび上がった。「過去は水に流す」「穏便に済ませる」「人に迷惑をかけない」「ビジネスやスポーツに政治を持ち込まない」「デモや暴動は民度が低い」といった考え方は、戦後の多くの日本人が日本社会で生きる上で行動規範にしてきたものであると思う。しかし、現代韓国社会のあり方は、これらの価値観にそぐわないものが多かった。日本の嫌韓派たちが「モヤモヤ」してもやむを得ない部分もあったのである。

他方で、韓国における「恨の物語」を見てきた結果、あらためて気になったのは、宗主国として植民地主義を背負ったもう一つの当事者、日本側の物語がどうなったのかということである。

他民族を植民地にした帝国日本は、敗戦により強制的に植民地・占領地を失う。その結果、戦勝国となった他の列強諸国とは異なり、「宗主国」としてポストコロニアルな状況に向き合う試練が回避された。さらに、戦争放棄の憲法が経済優先の一国平和主義を歩ませ、被害国との関係でも政治的解決を図り、一定程度の共存関係を構築してきた。

だが、こうした現実は、「他民族を侵略した帝国後が戦後である」という自らの歴史を、国民が見つめ、かみしめる機会を奪っていたともいえる。もちろん戦後日本政府が周辺諸国に対して行った謝罪や補償について評価しないわけではない。しかし韓国が解放後、苛烈な「アイデンティティー探し」をしていた期間、日本は帝国という過去の歴史とそこから派生する後遺症や影響について思考停止状態に陥ったまま、かつて宗主国であったという過去が矮小化され忘却されて今に至っていると思われるのである。その結果、二〇二二年になっても「日本の帝国主義」に対する評価は、単純な肯定（右派）と単純な否定（左派）に二分されたまま、さらに大多数の国民は自国のアイデンティティーに無自覚・無関心なまま、放置が続いている。日本においては、植民地主義の克服という課題がいまだ先延ばしになっているという点は否定しようがないのである。

ここで、昨今の「キラキラ韓国」消費についても目を向けておく必要性があるだろう。「キラキラ韓国」という表象は今やグローバルに支持されるようになった魅力的なKコンテンツ、グルメ、ファッションといった若者・女性を中心とした韓国大衆文化の「無批判的・無条件的かつ肯定的側面のみの受容」とでも言っておこう。

日本は、植民地朝鮮に恨という自画像を押し付けた当事者でありながら、そのことを忘却し、八〇年代のソウル五輪ブーム、あるいは二〇〇〇年代以降のKカルチャーブーム到来時に、魅力的な隣国を発見したと無邪気に喜んだ。不届きにも、植民地主義的である自虐的・女性的・審美的な悲哀や哀愁である恨のイメージに魅了されもした。「キラキラ韓国」という現象は、韓国側の「理解不能」と思える行動だけを見て嫌悪感を示す「イライラ韓国」とは違った形で、やはり植民地主義を直視できていないために起こるのである。

今の日本の韓国観の多くは、「憧憬（他者過剰）」と「蔑視（他者不在）」の両極端に割れている印象を持つ。そのイメージがポジティブであれネガティブであれ、どちらも「韓国人は〇〇だ」という、自分のごくわずかな経験や見聞を根拠とした、一面的かつ乱暴なステレオタイプに過ぎない。対象を「とりあえず簡単に」理解したいという欲求は理解できなくもないが、分かりやすくするために「複雑なものを簡単にした説明」はステレオタイプを生みやすいという落とし穴が付きものである。本来自国であれ他国であれ、他者を簡単に「分かる」ことなどできないことは、日常の人間関係からも自明なはずである。

他者を見る時に、自分の中のステレオタイプに気付き、フラットな視点を保つために、人類学者の関根康正が述べた「他者了解」[4]という概念を紹介してエピローグを終えることにしたい。関根は「異文化理解」という言葉そのものに、ステレオタイプが内蔵されているという指摘である。この言葉は、「自文化＝自国＝分かり合えるもの」と「異文化＝外国＝分かり合えないもの」という二つのステレオタイプが前提になっているからである。そこで関根は、「異文化」を「他者」という一枚岩ではない個々に置き換える。そしてさらに、「理解」を、自分の身体の思考である経験として分かり、自己の変容を伴う他者への受け止めという寛容性を示す「了解」に言い換えている。自己内省しながら他者をステレオタイプ的に見ずに受け止めていく。他者を自分のこととして受け止め、他者から自分が学び変わっていく。そんな態度が今求められているように思うのである。本書が、世界を席巻するキラキラとしたKカルチャーと険悪な日韓関係が同時進行するという日本社会の「モヤモヤ」の解決の一助になれば幸いである。

注

（1）卓石山『韓国的なものはない―愛国中毒症（국뽕）時代を超えて』（波州：開かれた本達、二〇二一年）

（2）これらは二〇〇〇年代以降に出版された新書の小項目である。金栄勲「なぜ〈恨〉は〈恨み〉ではないのか」『韓国人の作法』（東京：集英社新書、二〇一〇年）、黒田勝弘「恨のスポーツナショナリズム」『韓国反日感情の正体』（東京：角川学芸出版、二〇一三年）、宮家邦彦「ホジャとハンの違いは何か」『哀しき半島国家韓国の結末』（東京：PHP研究所、二〇一四年）、黒田勝弘「韓国人の恨の物語」『反日VS.反韓』（東京：KADOKAWA、二〇一九年）

（3）西森路代『K-POPがアジアを制覇する』（東京：原書房、二〇一一年）

（4）関根康正「他者を自分のように語れないか？―異文化理解から他者了解へ」杉島敬志編『人類学的実践の再構築』（京都：世界思想社、二〇〇一年）、三三四頁

あとがき

中学生の頃だと思う。一冊の本をたまたま手に取り読んだ。文学少年でもなかった筆者を強く惹き付けた書籍であった。訳書なのに軽やかであり、高尚かつ美しい文体は忘れられない。読了後に「なんと悲しい民族なのだ」と思ったのは今でも鮮明に記憶している。その本とは李御寧の『韓国人の心』である。

その当時はまさか数十年後にこの本をテーマに研究し、体を壊すほどにもがき苦しむなどとは思っていなかった。高度経済成長期の日本で李御寧の書籍が評価されたのは、そこに内在する植民地主義のためという理由もあるだろうが、やはりあの物悲しくも美しい文体にあったことは、それを体験した者として記しておきたい。

二〇二二年、本書にも登場した韓国の知性の巨人、文学思想界の重鎮である李御寧先生、金芝河先生が逝去された。特に李御寧先生は逝去後に関連書籍が多く出版され、ベストセラーになっている。あらためて韓国社会でのインパクトの大きさを痛感した。お二人のご冥福をお祈りしたい。

あとがき

本書では、恨をテーマに韓国を知ろうと試みた。もしかすると韓国に住む今の若い人々にとっての恨とは、日本文化における「わび・さび」「もののあわれ」のようなものといえるかもしれない。「わび・さび」「もののあわれ」も教科書の中で習う美的感覚であり、日本社会の中で生きていても体感したことはないという人がいても不思議ではない「高尚なもの」である。筆者が「日本の美や日本の心って、もののあわれですよね」と質問されても、言葉を濁すしかない。

本書は東京大学大学院人文社会系研究科に提出した博士論文『韓国的キリスト教と恨：韓国土着キリスト教の救済論』をもとに、その後に発表した研究業績を大幅に加筆修正したものである。以下論文の初出は次の通りである。

プロローグ
「恨の物語」：「恨の文化」の誕生とその後
一章　恨の概要と問題意識
　書き下ろし
二章「恨」探求の始まり
一節　李御寧の見た恨Ⅰ：「恨の物語」の始まり
「韓国の恨言説：悲哀の民族性・植民地主義および六〇年代のエッセイブーム」『帝塚山学院研究論

集』（五四）（帝塚山学院大学、二〇一九年）

二節　恨のルーツ
博士論文の加筆修正および「咸錫憲の〈意志から見た韓国の歴史〉」『東京大学宗教学年報』（四〇）（東京大学宗教学研究室、二〇二一年）

三節　小結
書き下ろし

三章　「解し／解きの文化」の発見：大衆にとっての恨とパンソリ・巫俗

一節　大衆における恨：新聞調査
書き下ろし

二節　大衆における恨：映画調査
「恨と映画：六〇年代ホラー映画を中心に」『帝塚山学院研究論集』（一）（帝塚山学院大学、二〇二〇年）

三節　民主化運動における恨：金芝河の恨
「金芝河の〈恨言説〉：六〇年代の恨言説との比較を中心に」『宗教学研究』（三七）（宗教問題研究所、二〇二〇年）

四節　李御寧の見た恨Ⅱ：「解し／解きの文化」の発見
「李御寧の恨言説を辿る：『土の中に、あの風の中に』（六三）に追加された二本のエッセイを中心に」『帝塚山学院研究論集』（三）（帝塚山学院大学、二〇二二年）

五節　小結

書き下ろし

四章「恨の文化」の完成：われわれの文化の獲得

一節　李御寧の見た恨Ⅲ：純化と付加価値による「恨の文化」の完成

「李御寧の恨言説を辿る：『土の中に、あの風の中に』（六三）に追加された二本のエッセイを中心に」『帝塚山学院研究論集』（三）（帝塚山学院大学、二〇一二年）

二節　韓国文化論の興隆と恨言説の集大成

博士論文を大幅に加筆修正

三節「われわれの文化」の獲得

「パンソリ映画『西便制』に見られる恨言説：我が文化の獲得」『帝塚山学院研究論集』（二）（帝塚山学院大学、二〇一一年）

四節　小結

書き下ろし

五章「恨の物語」のその後

一節　韓国におけるポストコロニアル研究の台頭

書き下ろし

二節「恨の文化」周辺における恨言説の広がり

「韓国の恨言説の日本における受容と展開：八〇年代から二〇一〇年代までの韓国文化論」『帝塚山学院大学　比較文化研究所』（二）（帝塚山学院大学、未刊行）を加筆修正

三節　日本の嫌韓論における恨言説

発表「日本の韓国文化論における恨：嫌韓右派の恨言説」『日本宗教学会七九回』（於駒澤大学、二〇二〇年九月）を大幅に修正し論文化

五節　小結

書き下ろし

結論

書き下ろし

補論

博士論文を大幅に加筆修正

エピローグ

書き下ろし

筆者は人を魅了する見えないもの、聖なるもの、宗教的なものに惹かれて、「怖いもの見たさ」で大学院を目指した。人の尊厳に関わる「譲れないもの」に強烈に惹かれ、「隣国のナショナリズム／ナショナルアイデンティティー」をテーマに本書を執筆できたことは、振り返れば大学院を目指した当時の思いが形になったようにも思える。

大学院時代は、大変素晴らしい環境で学べたのだが、頭脳明晰でない、文が書けない、移り気であるとい

う三重苦の中、食らいつこうと必死な日々だった。水曜ゼミの研究発表前は緊張で眠れなかったことは今でも忘れられない。奇跡的に就職できたら、今度は大学業務に追い立てられ、生来の遅筆も相まって納得いくまでに数十年を要した。

才能なくとも「諦めない馬鹿」という性格が故にここまで来たと思う。そんな小生を「愛すべき馬鹿」と多くの先生方、先輩方、同僚研究者、配偶者、出版社の方が支えてくれた。

宗教学会の重鎮である島薗進先生にご指導いただける機会に恵まれたことは幸いであった。大学院時代には先生の背中から多くを学び、その後も先生の学恩と学縁の中で生きていると思っている。留学時代に知り合った韓国の若手研究者には、翻訳の労や韓国語論文の送付などを助けていただいた。当時ソウル大学大学院に在学中であった現在長崎外国語大学で教鞭を執られている新里喜宣先生にも論文送付でお世話になった。

そして妻の善子がいなければおそらくこの書籍は完成しなかったであろう。研究の方向性や内容だけでなく、データ処理、論文の編集、校正などあらゆる面において助けてもらった。

出版・編集の労をとってくださったのは駿河台出版社の浅見忠仁氏である。また校閲作業は新里瑠璃子氏にお世話になった。浅見氏に小生の博士論文に興味を持っていただいてから大変長い年月が経っている。博士論文に比べれば見違えるような内容になっていると自負するが、あまりの遅筆を根気良く待ってくださった。ここに改めて御礼申し上げる。

研究に必要なのはやはり時間である。それを痛感したのは、コロナ禍で大学が長期に渡り休校となり、授業再開後もリモート授業となったときである。まともな大学生活を送れなかった学生には同情しても仕切れないが、その間、筆者も驚くほどに研究業績を上げることができた。研究の成果はしっかりと教育に還元したい。
本書は、左記の助成金を受けて行った研究業績および研究業績の一部である。助成金によって数多くの書籍を購入でき、現地調査をすることができた。また本書の出版に関しては帝塚山学院大学の出版助成を受けている。各機関に御礼申し上げる。

韓国学中央研究院韓国学中央研究院：korean grant（AKR二〇一五－二五）
韓国国際交流財団：二〇一八年韓国額研究者研究旅費支援プログラム
帝塚山学院大学：二〇一九年（若手研究）学長裁量予算
科学研究費：二〇K二〇〇五〇（若手研究）

二〇二二年十一月　研究室にて

参考引用文献（韓国人は韓国語読み）

一章
・赤川学『構築主義を再構築する』（東京：勁草書房、二〇〇六年）
・池上彰『知らないと恥をかく世界の大問題一一』（東京：角川新書、二〇二〇年）
・小倉紀蔵『心で知る、韓国』（東京：岩波書店、二〇〇五年）
・上別府正信『韓国のアイデンティティ論としての恨：恨の言説の形成過程を中心に』（中央大学大学院博士論文、二〇〇八年）
・川端亮『宗教の計量的分析－真如苑を事例として』（大阪大学大学院博士論文、二〇〇三年）https://ir.library.osaka-u.ac.jp/repo/ouka/all/1397/18137_Dissertation.pdf
・権明娥『植民地以降を思惟する』（ソウル：チェクセサン、二〇〇九年）
・呉善花『韓国を蝕む儒教の怨念』（東京：小学館新書、二〇一九年）
・高美淑『韓国の近代性　その起源を探して』（ソウル：チェクセサン、二〇〇一年）
・高美淑『啓蒙の時代：近代的時空間と民族の誕生』（ソウル：ブックドゥリマン、二〇一四年）
・佐藤雅浩『精神疾患言説の歴史社会学』（東京：新曜社、二〇一三年）
・沈善映「*THE COLONIAL ORIGIN OF "DISCOURSE OF HAN" AND ITS RELIGIOUS SIGNIFICANCE IN MODERN KOREA*」（筑波大学修士論文、一九九八年）

・ドラナンダ・ロヒモネ「韓国人はなぜデモがそんなに好きなのか」『ニューズウィーク日本版』(二〇一九年八月一九日)https://www.newsweekjapan.jp/stories/world/2019/08/post-12786_1.php(確認日二〇一九年九月二五日)
・箱田哲也「東亜日報との両国相互に対する認識調査」『朝日新聞』(二〇一〇年六月一〇日)
・松木國俊『こうして捏造された韓国「千年の恨み」』(東京:WAC、二〇一四年)
・文淳太他「恨」『韓国民族文化大百科事典』(二三)(ソウル:ウンジン出版社、一九九一年)
・『NAVERニュースライブラリー』https://newslibrary.naver.com/search/searchByDate.nhn

二章

・荒井章三『ユダヤ教の誕生』(東京:講談社、二〇一三年)
・アン・スミン「一九六〇年代のエッセイズム」(延世大学大学院碩士論文、二〇一五年)
・李郁珍「李光洙の〈改造論〉の意味の再考察」『埼玉女子短期大学研究紀要』(三五)(埼玉短期女子大学、二〇一七年)
・李御寧『土の中に、あの風の中に』(ソウル:文学思想、二〇〇八年)
・李御寧『恨の文化論』(東京:学生社、一九七八年)
・李御寧『韓国人の心　増補恨の文化論』(東京:学生社、一九八二年)
・李鍾聲「韓国キリスト教会の実態―過去・現在・未来―」『東京神学大学総合研究所紀要』(五)(東京神学大学、二〇〇二―二〇〇三年)
・李正培「咸錫憲の意志から見た韓国の歴史の中に現れた民族概念の神学的省察」『神学と世界』(五五)(監理教神学大学、二〇〇六年)
・伊藤亜人『アジア読本　韓国』(東京:河出書房新社、一九九六年)
・小倉紀蔵「李御寧」古田博司・小倉紀蔵編『韓国学のすべて』(東京:新書館、二〇〇二年)
・加藤隆『一神教の誕生』(東京:講談社現代新書、二〇〇二年)

・カン・ジンホ他「李御寧　戦後文学と〈偶像〉の破壊」『証言としての文学史』（ソウル：キプンセム、二〇〇三年）
・クォン・ボドゥレ他『一九六〇年代を問う』（ソウル：千年の想像、二〇一二年）
・権明娥『植民地以降を思惟する』（ソウル：チェクセサン、二〇〇九年）
・倉塚平「朝鮮キリスト教とナショナリズム」『現代民主主義の諸問題』（東京：御茶の水書房、一九八二年）
・木宮正史『ナショナリズムからみた韓国・北朝鮮近現代史』（東京：講談社、二〇一八年）
・キム・ウォン「〈韓国的なるもの〉の占有を巡る競争―民族中興、内在的発展、そして大衆文化の痕跡」『社会と歴史』（九三）（韓国社会史学会、二〇一二年）
・キム・ジュヒョン「一九六〇年代の〈韓国的なるもの〉の言説地形と新世代の意識」『尚虚学報』（尚虚学会、二〇〇六年）
・金東里「青山との距離―金素月論」『文学と人間』（ソウル：白民文化社、一九四八年）
・国際文化財団編『韓国文化のルーツ』（東京：サイマル出版会、一九八七年）
・沈善映「*THE COLONIAL ORIGIN OF "DISCOURSE OF HAN" AND ITS RELIGIOUS SIGNIFICANCE IN MODERN KOREA*」（筑波大学大学院修士論文、一九九八年）
・高崎宗司「柳宗悦」伊藤亜人他編『朝鮮を知る事典』（東京：平凡社、二〇一四年）
・崔夏林「柳宗悦の韓国美術観について」柳宗悦『韓国とその美術』（坡州：知識出版社、一九七四年）
・チョ・グァン「一九三〇年代咸錫憲の歴史認識と韓国史理解」『韓国思想史学』（二一）（韓国思想史学会、二〇〇三年）
・千二斗『韓国的恨の明と暗』（広島：エミスク企画、二〇〇四年）
・鄭百秀『コロニアリズムの超克』（東京：草風社、二〇〇七年）
・鄭百秀「韓国文学・文化論における民族中心主義と恨」高市順一編著『文化研究の新地平』（東京：はる書房、二〇〇七年）
・パク・コルスン「咸錫憲の歴史叙述と歴史認識」『韓国史学史学報』（二二）（韓国史学史学会、二〇一〇年）
・朴正熙『わが民族の進むべき道』（ソウル：東亜出版社、一九六二年）
・朴賢淑「咸錫憲における〈受難の女王〉解釈の推移について」『日本の神学』（四九）（日本基督教学会、二〇一〇年）

・咸錫憲『苦難の韓国民衆史』（東京：新教出版社、一九八〇年）
・ハン・スンオク「李御寧の帝国主義的視角と西洋の文献に見られる韓国文化比較」『ウリ語文研究』（二五）（ウリ語文学会、二〇〇五年）
・南富鎮『近代日本と朝鮮人像の形成』（東京：勉誠出版、二〇〇二年）
・柳宗悦「朝鮮の友に送る書」、「朝鮮人を思う」　鶴見俊輔編『近代思想体系二四　柳宗悦集』（東京：筑摩書房、一九七五年）

三章

・アサヒグラフ編『韓国再発見』（東京：朝日新聞社、一九八七年）
・李御寧「解しの文化」『西洋から見た東洋の朝』（ソウル：汎曙出版社、一九七五年）
・李御寧「解しの文化」『コリア評論』（二〇－一八四）（東京：コリア評論社、一九七七年）
・李御寧『韓国人の心　増補恨の文化論』（東京：学生社、一九八二年）
・李御寧「韓国人の意識構造」『海外事情』（三〇－四）（拓殖大学海外事情研究所、一九八二年）
・李圭泰『韓国人の情緒構造』（東京：新潮社、一九九四年）
・イ・サンヒョン『韓国シナリオ傑作二〇　恨』（ソウル：コミュニケーションブックス、二〇〇五年）
・イ・ホゴル「一九七〇年代の韓国映画」韓国映像資料院編『韓国映画史勉強：一九六〇－一九七九』（ソウル：イチェ、二〇〇四年）
・伊藤亜人『アジア読本　韓国』（東京：河出書房新社、一九九六年）
・伊藤亜人編『もっと知りたい韓国〈二〉』（東京：弘文堂、一九九七年）
・イ・ハナ『国家と映画』（ソウル：ヘアン、二〇一三年）
・イ・ヨンミ『韓国大衆芸術史、新派性で読む』（ソウル：プルン歴史、二〇一六年）
・袁沉『韓国映画と民族主義』（ソウル：博文社、二〇一六年）

参考引用文献

・小倉紀蔵『韓国、ひき裂かれるコスモス』（平凡社、二〇〇一年）
・上別府正信「金芝河と恨－闘争的なイメージの起源として」『韓国アイデンティティ論としての恨：恨言説の形成過程を中心に』（中央大学大学院博士論文、二〇〇八年）
・川村湊『ソウルの憂愁』（東京：草風館、一九八八年）
・韓国映画史研究所『新聞記事で見る韓国映画：一九六七』（ソウル：韓国映像資料院、二〇〇八年）
・権明娥『植民地以降を思惟する』（ソウル：チェクセサン、二〇〇九年）
・木宮正史『ナショナリズムから見た韓国・北朝鮮現代史』（東京：講談社、二〇一八年）
・金芝河『民衆の声』（東京：サイマル出版会、一九七四年）
・金芝河「現実同人第一宣言」『民衆の声』（東京：サイマル出版会、一九七四年）
・金芝河『不帰』（東京：中央公論社、一九七五年）
・金芝河『金芝河作品集一』（東京：青木書店、一九七六年）
・金芝河「金冠のイエス」『金芝河作品集二』（東京：青木書店、一九七六年）
・金芝河『苦行　獄中におけるわが戦い』（東京：中央公論社、一九七八年）
・金芝河「創造的統一の為に」『実践文学』（三）（ソウル：実践文学社、一九八二年）
・金珍「恨の希望哲学的解釈」金珍他『恨の学際的研究』（ソウル：哲学と現実社、二〇〇四年）
・金東里「朝鮮文学の指標─現段階の朝鮮文学の課題」『青年新聞』（ソウル：朝鮮青年文学家協会、一九四六年四月二日）
・キム・ミヒョン『韓国映画史：開化期から開花期まで』（東京：キネマ旬報社、二〇一〇年）
・金学鉉「恨」伊藤亜人他編『朝鮮を知る事典』（東京：平凡社、二〇〇〇年）
・金烈圭『韓国人の心理』（東京：ごま書房、一九七八年）
・金烈圭『恨脈怨流』（ソウル：主友、一九八一年）
・金烈圭「韓国人─恨の内と外」アサヒグラフ編『韓国再発見』（東京：朝日新聞社、一九八七年）

・国際文化財団編『韓国文化のルーツ―韓国人の精神世界を語る』（東京：サイマル出版会、一九八七年）
・小林正樹監督『怪談』（ＤＶＤ、東宝、二〇〇三年）
・徐京植「金芝河氏への手紙」『現代思想』（二三）（東京：青土社、一九九五年一〇月号）
・徐南洞『民衆神学の探究』（東京：新教出版社、一九八九年）
・白川豊「近現代文学史」野間秀樹編『韓国語教育論講座』（四）（東京：くろしお出版、二〇〇八年）
・瀬地山角『東アジアの家父長制』（東京：勁草書房、一九九六年）
・大衆叙事ジャンル研究会『大衆叙事ジャンルの全て五　幻想物』（ソウル：理論と実践、二〇一六年）
・滝澤秀樹『韓国社会の転換』（東京：御茶ノ水書房、一九八八年）
・崔吉城「巫俗と民族主義」『「親日」と「反日」の文化人類学』（東京：明石書店、二〇〇二年）
・趙東一他『パンソリの理解』（ソウル：創作と批評社、一九七八年）
・鄭百秀『コロニアリズムの超克』（東京：草風社、二〇〇七年）
・室謙二編『金芝河　私たちにとっての意味』（東京：三一書房、一九七六年）
・パク・ウンジョン「韓国女性のモダニティー経験と大衆文化：六〇年代の映画観覧を中心に」（江西大学大学院碩士論文、二〇〇〇年）
・辺仁植「恨―その悲劇と幻想の世界」『映画ＴＶ芸術』（ソウル：映画ＴＶ芸術社、一九六七年九月号）
・卞宰珠『恨と抵抗』（東京：創樹社、一九八一年）
・玄永学『韓国文化とキリスト教倫理』（ソウル：文学と知性社、一九八六年）
・ペク・ムニム『月下の女哭声』（ソウル：チェクセサン、二〇〇八年）
・編集部「恨を解く―韓国伝統文化の中に見る恨の根幹」『東西文学』（五〇）（ソウル：東西文学社、一九七八年八月号）
・ユン・ソクチン『韓国メロドラマの近代的想像力』（ソウル：プルン思想社、二〇〇四年）

四章

・李御寧『恨の文化論』（東京：学生社、一九七八年）
・李御寧『韓国人の心　増補恨の文化論』（東京：学生社、一九八二年）
・李圭泰『韓国人の恨』（ソウル：世宗出版公社、一九八〇年）
・伊藤哲司他編「韓国映画〈風の丘を越えて－西便制－〉を語り合う」『日韓の傷ついた関係の修復』（京都：北大路書房、二〇一一年）
・李清俊『西便制』（東京：早川書房、一九九四年）
・イム・ジンモ「絶対強者　趙容弼二」『新東亜』（五一九）（二〇〇二年一二月号）
・「〈風の丘を越えて－西便制〉特集」『キネマ旬報』（一一三五）（一九九四年七月上旬号）
・上別府正信「林権澤監督の映画『西便制』と恨」『韓国のアイデンティティ論としての恨－恨の言説の形成過程を中心に』（中央大学大学院博士論文、二〇〇八年）
・カン・ジュンマン『韓国現代史散策：一九九〇年代編　一巻』（ソウル：人物と思想社、二〇〇六年）
・金両基『オンドルと畳』（東京：大和書房、一九九〇年）
・権粛寅「大衆的韓国文化論の生産と消費－一九八〇年代後半以降を中心に」『精神文化研究』（七五）（韓国学中央研究院、一九九九年）
・高美淑『啓蒙の時代』（ソウル：ブックドゥラマン、二〇一四年）
・佐藤忠男『韓国映画の精神　林権澤監督とその時代』（東京：岩波書店、二〇〇〇年）
・書評「詩的な手段で民族の心を描く」『週刊東洋経済』（一九八二年九月一一日号）
・書評「日本的心情の純粋な形が韓国に」『週刊朝日』（一九七八年五月一二日号）
・徐光善他『恨のはなし』（ソウル：ポリ、一九八八年）
・崔吉城『恨の人類学』（東京：平河出版社、一九九四年）

・チェ・サンジン「〈恨〉の社会心理学的概念化の試み」『一九九一年度韓国心理学会年次学術発表大会論文目録』（韓国心理学会、一九九一年）
・チェ・ジョンム「〈西便制〉と〈族譜〉に見られるジェンダーの政治学、審美主義、文化的ナショナリズム」キム・ギョンヒョン他『林権澤、民族映画作り』（ソウル：ハンウル、二〇〇五年）
・千二斗「韓国的〈恨〉について―特に日本のもののあわれとの比較を中心に」『朝鮮学報』（一三一）（朝鮮学会、一九八九年）
・千二斗「韓国的恨の構造と機能について：特に日本のもののあわれとの比較を中心に」『国語国文学研究』（一三）（圓光大学校人文科学大学国語国文学科、一九九〇年）
・チョン・ソンイル対談『林権澤が林権澤を語る一』（ソウル：現実文化研究、二〇〇三年）
・パク・イルホ「国民歌手チョー・ヨンピル　音楽はその時代の歴史を反映するもの」『フォーブスコリア』（三三）（二〇〇五年一一月）http://forbes.joins.com/forbes/program/forbes_article/03773aid%252D20456200.html（確認日二〇〇五年一一月五日）
・福岡ユネスコ協会『林権澤は語る〈映画・パンソリ・時代〉』（福岡：弦書房、二〇一五年）
・古田富建「韓国の恨言説の黎明期：悲哀の民族性・植民地主義および六〇年代のエッセイブーム」『帝塚山学院大学研究論集リベラルアーツ学部』（帝塚山学院大学、二〇一九年）
・水野邦彦「〈恨〉の構造―『西便制』によせて―」『韓国社会意識素描』（東京：花伝社、二〇〇〇年）
・尹健次『現代韓国の思想』（東京：岩波書店、二〇〇〇年）
・『NAVER映画』https://movie.naver.com

五章

・青野正明「宗教と信仰」日本植民地研究会『日本植民地研究の論点』（東京：岩波書店、二〇一八年）
・粟村良一『「恨の国」見聞録　現代ソウル一六景』（東京：共同通信社、一九九五年）

・李圭泰『韓国人の情緒構造』（東京：新潮社、一九九四年）
・井沢元彦『恨の法廷』（東京：日本経済新聞社、一九九一年）
・井沢元彦「日・韓〈誤解〉の〈真犯人は〉」一〇〇人の九九九冊『不透明な時代を読み解く』（東京：小学館、一九九六年）
・井沢元彦「〈恨〉の民族は今日も敵を必要としている」『SAPIO』（五四四）（東京：小学館、二〇一三年一二月号）
・井沢元彦・呉善花『困った隣人韓国の急所』（東京：祥伝社、二〇一三年）
・井沢元彦「朝鮮民族の〈恨〉は恨み辛みや不満を生きる力に転換した情態」『NEWSポストセブン　週刊ポスト』（二〇一三年一二月二〇・二七日）https://ironna.jp/article/1368（確認日二〇二〇年三月一〇日）
・イ・シヒョン「火病の精神医学的接近」韓国精神文化研究院『形成と創造二ー一：韓国人の火病―その精神文化的診断と処方』（韓国精神文化研究院、一九九七年）
・イ・ジュンハン他『我が出版一〇〇年』（ソウル：玄岩社、二〇〇一年）
・市川孝一「〈韓流ブーム〉から〈嫌韓ブーム〉へ」朴順愛他編『大衆文化とナショナリズム』（東京：森話社、二〇一六年）
・伊藤昌亮『ネット右派の歴史社会学　アンダーグラウンド平成史一九九〇ー二〇〇〇年』（東京：青弓社、二〇一九年）
・林采成「戦後韓国における高度成長の起動と展開」『プロジェクト経済産業政策の歴史的考察成果物』（独立行政法人経済産業研究所、二〇一六年三月）https://www.rieti.go.jp/jp/publications/dp/16j020.pdf（確認日二〇二一年八月三〇日）
・小倉紀蔵『韓国、ひき裂かれるコスモス』（東京：平凡社、二〇〇一年）
・小倉紀蔵「朝鮮の美と時間意識」『立命館法学』（立命館法学学会、二〇一〇年五・六号）
・小倉紀蔵『韓流インパクト　ルックコリアと日本の主体化』（東京：講談社、二〇〇五年）
・小倉紀蔵『韓国の行動原理』（東京：ＰＨＰ研究所、二〇二一年）
・小倉紀蔵『韓国は一個の哲学である』（東京：講談社、一九九八年）
・小倉紀蔵『心で知る、韓国』（東京：岩波書店、二〇一二年）
・呉善花『続スカートの風　恨を楽しむ人々』（東京：三交社、一九九一年）

・呉善花『新スカートの風　日韓＝合わせ鏡の世界』（東京：三交社、一九九二年）
・呉善花『韓国を蝕む儒教の怨念』（東京：小学館、二〇一九年）
・加瀬英明『「恨」の韓国人「畏る」日本人』（東京：講談社、一九八八年）
・上別府正信『韓国のアイデンティティ論としての恨：恨の言説の形成過程を中心に』（中央大学大学院博士論文、二〇〇八年）
・韓国哲学編纂委員会『韓国哲学事典』（ソウル：東方の光、二〇一一年）
・木宮正史『韓国』（東京：筑摩書房、二〇〇三年）
・金慶珠『恨の国・韓国』（東京：翔伝社、二〇一五年）
・金哲『抵抗と絶望』（東京：大月書店、二〇一五年）
・キム・ハンスン「中学音楽教科書に収録された〈恨五百年〉楽譜の変遷研究」『音楽教育工学』（一二）（韓国音楽教育工学会、二〇一一年）
・金富子『継続する植民地主義とジェンダー』（東京：世織書房、二〇一一年）
・金烈圭『韓国人の心理』（東京：ごま書房、一九七八年）
・金烈圭『恨脈怨流』（ソウル：主友、一九八一年）
・金烈圭「韓国人─恨の内と外」『韓国再発見』（東京：朝日文庫、一九八八年）
・キム・ヨンジャク「韓国民族主義の全体像：思想的葛藤構造を中心に」キム・ヨンジャク編『韓国ナショナリズムの展開とグローバリズム』（ソウル：ペクサンソダン、二〇〇六年）
・金容雲『日韓の宗教意識と天理教』（奈良：天理教道友社、一九八五年）
・木村幹『近代韓国のナショナリズム』（京都：ナカニシヤ出版、二〇〇九年）
・権明娥『植民地以降を思惟する』（ソウル：チェクセサン、二〇〇九年）
・黄文雄『恨韓論』（東京：宝島社、二〇一四年）
・高美淑「恨は我が民族の固有の情緒か」『韓国の近代性、その起源を探して』（ソウル：チェクセサン、二〇〇一年）

・高美淑「西便制：〈恨〉と〈芸術〉の隠密な共謀」『この映画を見よ』（ソウル：クリンビ、二〇〇八年）
・高美淑『啓蒙の時代』（ソウル：ブックドゥラマン、二〇一四年）
・厚生労働省「知ることから始めよう　みんなのメンタルヘルス」https://www.mhlw.go.jp/kokoro/know/disease_personality.html（確認日二〇二一年九月一七日）
・シンシアリー『韓国人による震韓論』（東京：扶桑社新書、二〇一五年）
・申正一『ハン思想』（ソウル：ハン思想研究所、一九八一年）
・沈善映「*THE COLONIAL ORIGIN OF "DISCOURSE OF HAN" AND ITS RELIGIOUS SIGNIFICANCE IN MODERN KOREA*」（筑波大学大学院修士論文、一九九八年）
・シン・デチョル『我々の音楽、その味と音』（ソウル：民俗苑、二〇〇一年）
・シン・チャンソク「序文」金珍他『恨の学際的研究』（ソウル：哲学と現実社、二〇〇四年）
・ソン・ユギョン「我が伝統芸術は恨の情緒が底流にあるのか？」キム・ヨンソク他編『韓国の教養を読む　一　総合編』（ソウル：ヒューマニスト、二〇〇三年）
・滝沢秀樹「怨と恨―民衆史の方法論に関連して」『韓国社会の転換　変革期の民衆世界』（東京：御茶の水書房、一九八八年）
・崔祥鎭、キム・ギボム「韓国人の民族的情緒、恨」『文化心理学　現代韓国人の心理分析』（坡州：知識産業社、二〇一一年）
・チェ・ジョンム「〈西便制〉と〈族譜〉に見られるジェンダーの政治学、審美主義、文化的ナショナリズム」キム・ギョンヒョン他『林権澤、民族映画作り』（ソウル：ハンウル、二〇〇五年）
・チャ・ヘヨン「国語教科書と支配イデオロギー」『尚虚学報』（一五）（尚虚学会、二〇〇五年）
・千二斗「韓国的恨の逆説的構造―ニーチェ、シュラーなどルサンチマン論との対比を通して」『韓国的恨の明と暗』（広島：エミスク企画、二〇〇二年）
・鄭大均『日本（イルボン）のイメージ―韓国人の日本観』（東京：中央公論社、一九九八年）
・趙興胤『韓国の巫』（ソウル：民俗社、一九九七年）

・鄭百秀『コロニアリズムの超克』（東京：草風社、二〇〇七年）
・チョン・ヨンジン「国語教科の美意識と国家イデオロギー」カン・ジンホ他『国語教科書と国家イデオロギー』（ソウル：クルヌリム、二〇〇七年）
・チョン・ヨンテ『韓国近代と植民地近代化論争』（ソウル：プルン歴史、二〇一一年）
・豊田有恒『日本人と韓国人ここが大違い』（東京：ネスコ、一九八五年）
・南富鎮『近代日本と朝鮮人像の形成』（東京：勉誠出版、二〇〇二年）
・南富鎮『文学の植民地主義』（京都：世界思想社、二〇〇六年）
・西尾幹二「正論　世界にうずまく〈恨〉の不気味さ」『産経新聞』（二〇一六年一二月一九日）https://www.sankei.com/column/news/161219/clm1612190006-n1.html（確認日二〇二〇年三月一五日）
・パク・サンチョル「高等学校〈国語〉教科書と詩授業の教育内容―金素月のつつじの花を中心に」『文学教育学』（四二）（韓国文学教育学会、二〇一三年）
・パク・ジェジュ「ハン思想の議論に関する総合的な考察」『韓国固有思想・文化論』（韓国精神文化研究院、二〇〇四年）
・咸錫憲『苦難の韓国民衆史』（東京：新教出版社、一九八〇年）
・ハン・ソンヨル、ハン・ミン、犬宮義行、シム・ギョンソプ『文化心理学』（ソウル：学志社、二〇一五年）
・古田博司『悲しさに笑う韓国人』（千葉：人間の科学社、一九八六年）
・古田博司『朝鮮民族を読み解く』（東京：筑摩書房、二〇〇五年）
・松木國俊『こうして捏造された韓国「千年の恨み」』（東京：WAC、二〇一四年）
・松本厚治『韓国「反日主義」の起源』（東京：草思社、二〇一九年）
・真鍋祐子『烈士の誕生　韓国の民衆運動における恨の力学』（東京：平河出版社、一九九七年）
・真鍋祐子「日韓関係を歪める言葉－ねじ曲げられた〈恨〉」佐野正人編『思想・文化空間としての日韓関係』（東京：明石書店、二〇二一年）

・水野直樹『生活の中の植民地主義』（京都：人文書院、二〇〇四年）
・ミン・ソンギル他「恨に関する精神医学的研究」『神経精神医学』（三六‐四）（大韓神経精神医学会、一九九七年）
・室屋克実監修『日朝古代史　嘘と恨の原点』（東京：宝島社、二〇一七年）
・山本峯章『韓国人は、なぜノーベル賞を獲れないのか？　和の日本　恨の韓国』（東京：ベストブック、二〇一三年）
・ユン・サンウ「韓国の成長至上主義イデオロギーの歴史的変遷と再生産」『韓国社会』（一七‐一）（高麗大学校韓国社会研究所、二〇一六年）
・尹海東『植民地がつくった近代』（東京：三元社、二〇一七年）
・「王の男」『NAVER映画』https://movie.naver.com/movie/bi/mi/basic.nhn?code=39894（確認日二〇二一年六月三日）
・Chang-Hee Son"Haan（한、恨）of Minjung Theology and Han（한、韓）of Han Philosophy"（UNIVERSITY PRESS OF AMERICA, 2000）
・「韓国人の恨」『韓国民族文化大百科事典』https://terms.naver.com/entry.naver?docId=532214&cid=46655&categoryId=46655#TABLE_OF_CONTENT7（確認日二〇二一年九月一七日）
・「恨」『ウィキペディア』https://ja.wikipedia.org/wiki/恨（確認日二〇二一年一月二五日）

補論

一章

・浅見雅一・安延苑『韓国とキリスト教』（東京：中央公論新社、二〇一二年）
・青野正明「植民地朝鮮の神社に祀られなかった神々―宗教的な法的秩序の内と外」磯前順一他編『他者論的転回―宗教と公共空間』（京都：ナカニシヤ出版、二〇一六年）
・青野正明「宗教と信仰」日本植民地研究会編『日本植民地研究の論点』（東京：岩波書店、二〇一八年）

・伊藤亜人『アジア読本　韓国』（東京：河出書房新社、一九九六年）
・伊藤亜人「〈事大の礼〉と〈大伝統〉」伊藤亜人編『もっと知りたい韓国〈一〉』（東京：弘文堂、一九九七年）
・伊藤亜人他「韓国」文化庁『海外宗教事情に関する調査報告書　平成一七年度』http://www.bunka.go.jp/shukyouhoujin/pdf/h17kaigai.pdf（確認日二〇一二年十月三日）
・李進亀「改新教と成長主義イデオロギー」『当代批評』（一二）（ソウル：センガゲナム、二〇〇〇年秋季号）
・「韓国人の宗教　一九八四－二〇二一（一）宗教現況」『韓国ギャラップ』（韓国ギャラップ調査研究所）https://www.gallup.co.kr/gallupdb/reportContent.asp?seqNo=1208（確認日二〇二二年二月七日）
・韓国基督教歴史研究所『韓国キリスト教の受難と抵抗』（東京：新教出版社、一九九五年）
・キム・ウンス「韓国基督教と海外宣教」キム・フンス他編『韓国基督教史探求』（ソウル：大韓基督教書会、二〇一一年）
・金泰勲「宗教概念と帝国史」磯前順一他編『植民地朝鮮と宗教』（東京：三元社、二〇一三年）
・キム・フンス『韓国戦争と祈福信仰拡散研究』（ソウル：韓国基督教歴史研究所、一九九九年）
・倉塚平「朝鮮キリスト教とナショナリズム」『現代民主主義の諸問題』（東京：御茶の水書房、一九八二年）
・宋柔奈・川口純「韓国における国際協力の発展過程に関する一考察―市民社会の活動に着目して」『ボランティア学研究』（一七）（国際ボランティア学会、二〇一七年）
・竹田旦『祖先崇拝と比較民俗学』（東京：吉川弘文館、一九九四年）
・崔亨默他『無礼者たちのクリスマス－韓国キリスト教保守主義批判』（大阪：かんよう出版、二〇一四年）
・チョン・ジャファン「韓国の祈祷院の社会的機能分析」『社会科学研究』（一七）（カトリック大学校社会科学研究所、二〇〇一年）
・趙載国『韓国の民衆宗教とキリスト教』（東京：新教出版社、一九九八年）
・丹羽泉「韓国宗教の諸相」『宗教研究』（三四七、七九－四）（東京：日本宗教学会、二〇〇六年）
・盧吉明『韓国新興宗教研究』（ソウル：経世院、一九九六年）

・盧吉明『韓国の新興宗教』（大邱：カトリック新聞社、一九九七年）
・朴日栄『韓国巫教の理解』（ソウル：ブンド出版社、一九九九年）
・秀村研二「二〇世紀韓国キリスト教の展開」杉本良男編『宗教と文明化』（東京：ドメス出版、二〇〇二年）
・古田博司「儒礼教化以前朝鮮葬祭法復原攷」『朝鮮学報』（一五二）（朝鮮学会、一九九四年）
・ペ・ドクマン「韓国基督教の高度成長」キム・フンス他編『韓国基督教史探求』（ソウル：大韓基督教書会、二〇一一年）
・依田千百子『朝鮮民俗文化の研究』（東京：瑠璃書房、一九八五年）
・安田ひろみ「韓国の女性」綾部恒雄編『女の民族誌Ⅰ　アジア編』（東京：弘文堂、一九九七年）

二章

・飯田剛史「宗教的伝統とキリスト教の発展」小林孝行編『変貌する現代韓国社会』（京都：世界思想社、二〇〇〇年）
・イム・テス『第二宗教改革を指向する民衆神学』（ソウル：大韓基督教書会、二〇〇二年）
・金芝河「金芝河裁判記録　弁護人補充反対尋問」『苦行』（東京：中央公論、一九七八年）
・金永秀「韓国〈民衆神学〉の社会的、神学的位置について」『沖縄キリスト教学院論集』（二）（沖縄キリスト教学院大学、二〇〇六年）
・キム・ヨンハン「韓国教会と民衆神学」『改革思想』（三）（韓国基督教思想研究所、一九九〇年）
・後藤喜良「苦難」『新キリスト教辞典』（東京：いのちのことば社、一九九一年）
・古朝鮮檀国学会他監修『韓国哲学事典』（ソウル：東方の光、二〇一一年）
・徐南洞『民衆神学の探求』（東京：新教出版社、一九八九年）
・朴聖焌『民衆神学の形成と展開』（東京：新教出版社、一九九七年）
・柳東植『韓国のキリスト教』（東京：東京大学出版会、一九八七年）
・柳東植『韓国キリスト教神学思想史』（東京：教文館、一九八六年）

結論

・上別府正信『韓国のアイデンティティとしての恨：恨の言説の形成過程を中心に』（中央大学大学院博士論文、二〇〇八年）
・朴洪圭「オリエンタリズム、人類学、韓国文化」韓国伝統文化大学校伝統文化研究所編『韓国文化とオリエンタリズム』（ソウル：ポゴサ、二〇一二年）
・米原謙他『東アジアのナショナリズムと近代』（大阪：大阪大学出版会、二〇一一年）
・「恨（感情）」『ナムウィキ』https://namu.wiki/w/한（감정）（確認日二〇二二年一一月五日）

エピローグ

・金哲『抵抗と絶望』（東京：大月書店、二〇一五年）
・金栄勲『韓国人の作法』（東京：集英社新書、二〇一〇年）
・黒田勝弘『韓国反日感情の正体』（東京：角川学芸出版、二〇一三年）
・黒田勝弘『反日VS.反韓』（東京：KADOKAWA、二〇一九年）
・関根康正「他者を自分のように語れないか？―異文化理解から他者了解へ」杉島敬志編『人類学的実践の再構築』（京都：世界思想社、二〇〇一年）
・卓石山『韓国的なるものはない―愛国中毒症（국뽕）時代を超えて』（坡州：開かれた本達、二〇二一年）
・西森路代『K－POPがアジアを制覇する』（東京：原書房、二〇一一年）
・宮家邦彦『哀しき半島国家韓国の結末』（東京：PHP研究所、二〇一四年）
・『RISS（学術研究情報サービス）』http://www.riss.kr/index.do（確認日二〇二一年六月九日）

〈る〉

〈ひ〉

〈ふ〉

〈ほ〉

〈み〉

〈め〉

事項索引

人名索引

（韓国人名は日本語読みで排列している）

古田富建
ふるた・とみたて

1977年生。東京外国語大学外国語学部東アジア課程朝鮮語専攻卒、東京大学大学院人文社会系研究科博士課程修了。博士（文学）。専門は韓国近現代宗教文化。「韓国キリスト教系新宗教の祈祷院文化」『韓国朝鮮文化と社会』14号など論文多数。

島根大学外国語教育センター特別嘱託講師を経て、帝塚山学院大学リベラルーツ学部韓国語韓国文化専攻准教授を歴任、現在教授。21年度NHKラジオステップアップハングル講座講師。『くらべて覚える韓国語』（かんき出版）など韓国語参考書も多数執筆。

恨の誕生
李御寧、ナショナルアイデンティティー、植民地主義

2023年8月1日　初版1刷発行

著者――古田富建
発行人――上野名保子
発行――駿河台出版社
〒101-0062
東京都千代田区神田駿河台3-7
TEL. 03-3291-1676　FAX. 03-3291-1675
www.e-surugadai.com
DTP・印刷・製本――株式会社フォレスト
ブックデザイン――浅妻健司

ISBN 978-4-411-04045-9　C1039